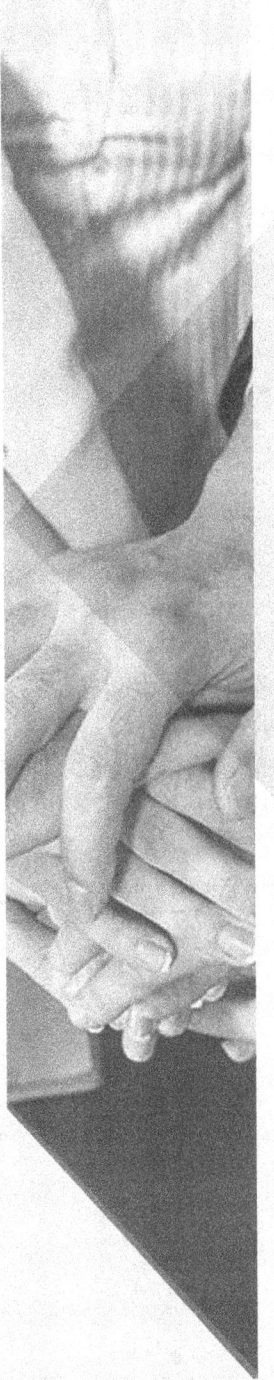

本书的出版受到国家社科基金项目（项目编号：17BTQ052）、国家统计局全国统计科学研究项目（项目编号：2016LY24）、黑龙江省自然科学基金项目（项目编号：G2015002）的共同资助，特此感谢！

# 产学研协同创新团队内部知识转移影响机理

CHANXUEYAN XIETONG CHUANGXINTUANDUI
NEIBUZHISHIZHUANYI YINGXIANGJILI

刘春艳 著

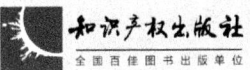

图书在版编目（CIP）数据

产学研协同创新团队内部知识转移影响机理 / 刘春艳著. — 北京：知识产权出版社，2017.11
ISBN 978-7-5130-5280-1

Ⅰ.①产… Ⅱ.①刘… Ⅲ.①产学研一体化－知识资源－转移－研究 Ⅳ.①G640

中国版本图书馆CIP数据核字（2017）第284406号

**内容提要**

科学界定了产学研协同创新团队的概念、内涵和特征，详细分析了产学研协同创新团队内部知识转移的含义及其独特的特点。依据系统论的思想构建了产学研协同创新团队内部知识转移系统的熵变模型，基于耗散结构理论构建了产学研协同创新团队内部知识转移过程模型，揭示了产学研协同创新团队内部知识转移的实质。以团队效能理论和复杂性科学为基本思想，提出了产学研协同创新团队内部知识转移影响机理的"I-P-O"理论模型；对各研究变量维度进行科学界定，构建了知识转移影响机理的概念模型；分析了各个影响因素对知识转移效能的影响程度与方式，确定了研究变量之间的假设关系，构建了本书的假设模型。采用小规模深度访谈的定性方法和统计分析的定量方法，设计了产学研协同创新团队内部知识转移影响机理的测量工具。选取调查对象进行问卷发放与回收，通过数据分析对产学研协同创新团队内部知识转移影响机理进行实证检验。最后提出了产学研协同创新团队内部知识转移效能的优化策略。

责任编辑：许 波　　　　　　　责任出版：孙婷婷

## 产学研协同创新团队内部知识转移影响机理

刘春艳 著

| | | | | |
|---|---|---|---|---|
| 出版发行： | 知识产权出版社有限责任公司 | 网　址： | http://www.ipph.cn | |
| 电　话： | 010-82004826 | | http://www.laichushu.com | |
| 社　址： | 北京市海淀区气象路50号院 | 邮　编： | 100081 | |
| 责编电话： | 010-82000860转8380 | 责编邮箱： | xbsun@163.com | |
| 发行电话： | 010-82000860转8101 | 发行传真： | 010-82000893 | |
| 印　刷： | 虎彩印艺股份有限公司 | 经　销： | 各大网上书店、新华书店及相关专业书店 | |
| 开　本： | 720mm×1000mm　1/16 | 印　张： | 21.25 | |
| 版　次： | 2017年11月第1版 | 印　次： | 2017年11月第1次印刷 | |
| 字　数： | 266千字 | 定　价： | 66.00元 | |

ISBN 978-7-5130-5280-1

出版权专有　侵权必究

如有印装质量问题，本社负责调换。

# 前 言

党的十八大以来,我国把创新驱动、提升自主创新能力作为国家发展的重要战略。习近平同志在2014年两院院士大会上的讲话中强调,大力开展协同创新,形成促进自主创新的强大合力。协同创新的主要运作形式是产学研协同创新,因此产学研协同创新已经成为创新型国家提高自主创新能力的全新组织模式,它是整合创新资源、提高创新效率的有效途径。在产学研协同创新组织中,协同创新团队是保证其协同创新活动成功开展的关键。目前,我国产学研协同创新团队多数是以协同创新中心为依托,以承担国家或地区战略发展需求和重大科技任务为目的,以推动科学研究、人才培养、产业创新为目标,从事与科技创新相关的知识创造性活动,比一般知识密集型组织更强调知识创新。

产学研协同创新团队成员间的知识在流动中不断增值,通过知识转移来实现资源互补、协同发展,知识在各个成员之间能否顺畅流动决定了产学研协同创新能力的大小。因此,知识转移是产学研协同创新活动的本质,是产学研协同创新活动的必要过程。知识转移的成功有效推动了高校、科研院所的科学研究和人才培养水平及企业的创新能力,加快了区域经济乃至全国经济的发展速度,对我国国家创新系统的形成和发展具有重大意义。

但是,科学认识产学研协同创新中知识转移的规律,并在实践中驾驭它并非易事。文献调研和实地调研发现,目前在我国产学研协同创新团队中,团队成员之间的知识分享和知识吸收普遍存在一定的困难与障碍,既制约了知识转移活动效果,也影响了团队协同创新水平。因此,急需解决如何提高我国产学研协同创新团队内部知识转移的效能问题。

本书基于知识协同、复杂性科学、团队效能等理论和思想,采用结构方程建模的研究方法,以产学研协同创新团队为对象,系统研究团队内部知识转移的影响机理。本书丰富和发展了产学研协同创新团队内部知识转移活动的理论和观点,为产学研协同创新团队内部知识转移的实践提供了可行性建议和参考。

本书主要研究内容包括:

借鉴团队的定义并结合产学研协同创新的含义,界定了产学研协同创新团队的概念,从目标层面、操作层面、组织层面阐述了产学研协同创新团队的内涵和特征;科学界定了产学研协同创新团队内部知识转移的含义,从任务复杂性、转移主体之间的知识深度与宽度、转移的知识特性、团队内部信任关系的建立时间、多重调控等方面分析了产学研协同创新团队内部知识转移的独有特点。

依据系统论的思想分析产学研协同创新团队内部知识转移系统的耗散结构特征,构建产学研协同创新团队内部知识转移系统的熵变模型,分析知识转移系统的耗散结构演化。并基于耗散结构理论构建了产学研协同创新团队内部知识转移过程模型,分析知识转移构成要素和主要过程,揭示产学研协同创新团队内部知识转移的实质。

以团队效能理论和复杂性科学为基本思想,提出产学研协同创新团队内部知识转移影响机理的"I-P-O"理论模型;对各研究变量维度进行科学界定,构建知识转移影响机理的概念模型;分析各个影响因素对知识转移效能的影响程度与方式,确定研究变量之间的假设关系,构建本书的假设模型。

在国内外相关文献研究基础上，设计产学研协同创新团队内部知识转移影响机理的初始测量问题；采用小规模深度访谈的方法对初始量表进行必要的定性修订，通过小样本预先调查对初始测量量表进行信度和效度的定量评估；在定性修订与定量评估的基础上，构建产学研协同创新团队内部知识转移影响机理的正式测量量表。

运用正式测量量表，选取调查对象进行问卷发放与回收，通过数据分析对产学研协同创新团队内部知识转移影响机理进行实证检验，主要包括：实证数据的描述性统计分析，分析方法的介绍和统计分析软件的选取，测量模型验证，结构模型验证；汇总实证研究结果并进行讨论。

最后，从产学研协同创新团队的微观视角、产学研各组织的中观视角、政府相关部门的宏观视角，立体化全方位地提出产学研协同创新团队内部知识转移效能的优化策略。

本书的主要学术贡献在于：基于耗散结构理论构建了产学研协同创新团队内部知识转移过程模型，揭示了其知识转移的实质；基于团队效能理论和复杂性科学的思想构建了产学研协同创新团队内部知识转移影响机理的理论模型，分析了知识转移系统中各输入要素如何通过知识转移过程中团队互动的中介作用来影响知识转移效能，并运用PLS结构方程建模方法实证检验了沟通质量、创新支持在产学研协同创新团队内部知识转移影响机理中的中介作用，发现了沟通质量、创新支持对知识转移发挥更大作用的条件；基于实证研究结论，提出产学研协同创新团队内部知识转移效能的优化策略。

在研究与写作阶段，笔者有幸得到了吉林大学公共卫生学院王伟教授、吉林大学管理学院毕强教授以及黑龙江大学信息管理学院院长马海群教授的悉心指导，在此深致谢意！另外，也非常感谢为调研提供帮助的朋友们！最后，感谢我的爱人张显和宝贝女儿张瑞桐，你们是我完成写作的最好理由和支撑！

本书引用的参考文献虽已一一标注,但难免会有疏漏,敬请谅解!由于著者水平有限,不足之处,欢迎斧正!

刘春艳

2017年8月于哈尔滨

# 目 录

**第1章 绪 论** ………………………………001
  1.1 本书研究背景、目的与意义 ………………001
  1.2 国内外研究文献综述 …………………………006
  1.3 本书总体设计 …………………………………036

**第2章 产学研协同创新团队内部知识转移的基本理论** ………051
  2.1 产学研协同创新团队的含义和特征 ………051
  2.2 产学研协同创新团队内部知识转移的内涵与特点 …………060
  2.3 理论基础 ………………………………………070
  2.4 本章小结 ………………………………………081

**第3章 产学研协同创新团队内部知识转移过程研究** ………086
  3.1 产学研协同创新团队内部知识转移系统的耗散结构分析 …086
  3.2 产学研协同创新团队内部知识转移系统的耗散结构演化研究 097
  3.3 基于耗散结构理论的产学研协同创新团队内部知识转移过程研究 …………………………………105
  3.4 本章小结 ………………………………………111

# 第4章 产学研协同创新团队内部知识转移影响机理的模型构建 ·············114
## 4.1 产学研协同创新团队内部知识转移影响机理的"I-P-O"理论模型 ·············115
## 4.2 产学研协同创新团队内部知识转移影响机理的变量界定与概念模型 ·············120
## 4.3 产学研协同创新团队内部知识转移影响机理的变量关系与假设模型 ·············134
## 4.4 本章小结 ·············151

# 第5章 产学研协同创新团队内部知识转移影响机理的量表设计与评估 ·············163
## 5.1 量表测量问题的设计 ·············163
## 5.2 初始量表的定性修订与定量评估 ·············174
## 5.3 正式量表的形成 ·············194
## 5.4 本章小结 ·············195

# 第6章 产学研协同创新团队内部知识转移影响机理的实证研究 ·············200
## 6.1 实证数据的收集与描述性统计分析 ·············200
## 6.2 模型验证的分析方法 ·············209
## 6.3 测量模型验证 ·············219
## 6.4 结构模型验证 ·············228
## 6.5 假设模型验证结果与讨论 ·············266
## 6.6 本章小结 ·············279

# 第7章 产学研协同创新团队内部知识转移效能的优化策略 ···286
## 7.1 产学研协同创新团队层面的优化策略 ·············286

7.2 产学研参与组织层面的优化策略 ·················· 296
7.3 政府相关部门层面的优化策略 ·················· 298
7.4 本章小结 ································ 301

**第8章 全书总结与展望** ···························· 303
8.1 主要结论与创新 ··························· 303
8.2 研究不足与展望 ··························· 307

**附录1** 产学研协同创新团队内部知识转移影响机理的
初始量表汇总 ····························· 309
**附录2** 产学研协同创新团队内部知识转移影响因素调查问卷 315
**附录3** 用偏差校正的非参数百分位Bootstrap法
检验潜变量中介效应Mplus程序 ················ 327

# 第1章 绪 论

## 1.1 本书研究背景、目的与意义

### 1.1.1 研究背景

自党的十八大以来,我国把创新驱动、提升自主创新能力作为国家发展的重要战略。2014年,习近平同志在新时期推动科技创新行动指南的系列讲话中强调,自力更生是中华民族自立于世界民族之林的奋斗基点,自主创新是我们攀登世界科技高峰的必由之路。自主创新(Self-dependent Innovation)是相对于技术引进、模仿而言的一种创造活动,它是以获得自主知识产权、核心技术为目标的创新活动,以及在此基础上实现新产品价值的过程[1]。自主创新是一个民族进步的灵魂,是国家兴旺发达的不竭动力。自主创新能力薄弱的国家将很难摆脱技术落后的局面,也很难屹立于世界先进民族之林。

2013年,《中共中央关于全面深化改革若干重大问题的决定》中强调,建立产学研协同创新机制,建设国家创新体系。2014年,习近平在两院院士大会上讲话强调,大力开展协同创新,形成促进自主创新的强大合力。可见,协同创新已经成为创新型国家提高自主创新能力的全新组织模式。所谓协同创新（Collaborative Innovation）是以知识增值为核心，以企业、高校、科研院所、政府部门为创新主体的价值创造过程[2]，其主要运作形式是产学研协同创新。在产学研协同创新过程中，企业、高校、科研院所三个基本主体投入各自的优势资源和能力，在政府、科技服务中介机构、金融机构等相关主体的协同支持下，共同进行技术开发[3]。产学研协同创新成为当今世界科技创新活动新的发展趋势，是一项更为复杂的创新组织方式，它是整合创新资源、提高创新效率的有效途径。美国硅谷之所以能诞生苹果、惠普、英特尔等一大批世界著名的高科技企业，在很大程度上得益于这一地区中的企业、大学和科研机构间的协同创新。

产学研协同创新也是当前我国政府与学术界共同关注的重大现实热点问题。2009年，我国科技部批准设立"中国产学研合作创新与促进奖"，主要奖励在产学研合作及创新方面做出重大贡献的单位和个人。2012年，我国教育部开始实施"高等学校创新能力提升计划"（简称"2011计划"），主要鼓励建立协同创新中心，积极推动高校之间以及高校与科研院所、行业企业、地方政府的深度合作，营造有利于产学研协同创新的环境和氛围。2012—2016年，国家级协同创新中心已有38个，省、市、高校级别的协同创新中心也如雨后春笋般涌现，这在一定程度上有效地支持与保障了产学研协同创新活动的深入开展。国务院于2015年6月颁布了《关于大力推进大众创业万众创新若干政策措施的意见》，迅速掀起了全民创新创业的高潮。要想使"大众创业、万众创新"获得持久的动力，必须启动产学研这部发动机。因此，建立产学研协同创新体系是实施创新驱动和打开"大众创业、万众创新"生动局面的标准范式和实践途径，刻不容缓[4]。学术界对产学研协同创新的研究也如火如荼，检索"中国知网"发现，截至2017年6月，与产学研协同创新相关的主题文章共计1857篇，其中：2003—2011年仅发表文章49篇，2012年文章数量增加到118篇，此后每年文章数量不断激增，2017年仅上半年就已经发表文章

197篇。可见,我国产学研协同创新的理论研究和实践探索都取得了十分瞩目的成绩。

在产学研协同创新组织(中心)中,协同创新团队(Collaborative Innovation Team)是保证其协同创新活动成功开展的关键。产学研协同创新团队是由来自企业、高校、科研院所的若干知识和技能互补、分工协作、风险共担、拥有团队精神的致力于协同创新活动的科研、技术等高素质创新人才组成的互动系统,团队成员为了获取协同创新所需的知识,广泛建立与发展主体间的最佳有效联系,在协同创新的道德规范等行为准则的制约下,表现出协同创新的集体理性态势。我国产学研协同创新团队主要是以协同创新中心为依托,以承担国家或地区战略发展需求和重大科技任务为目的,以推动科学研究、人才培养、产业创新为目标,从事与科技创新相关的知识创造性活动,比一般知识密集型组织更强调知识创新。

产学研协同创新团队在我国科技创新工作中始终发挥着十分重要的作用。人民网发布的《2011年度国家科学技术奖励产学研结合情况分析白皮书》解读了国家科技奖励27年来产学研结合的状况,如图1-1所示[5]。图1-1显示:1985—2011年,共有9087个国家科学技术奖获奖项目,其中申报单位包括企业、大学和科研机构三种类型的获奖项目有470个;图1-1的总趋势显示产学研合作越来越强,所占比例越来越高。由于产学研合作多以团队形式开展创新研究,这在一定程度上也体现了我国产学研协同创新团队的科技创新能力十分突出,其在国家科技创新系统中具有明显的中流砥柱作用。

在产学研协同创新团队内部,成员间的知识在流动中不断增值,通过知识转移(Knowledge Transfer,KT)来实现资源互补、协同发展,知识在各个成员之间能否顺畅流动决定了协同创新能力的大小[6]。因此,知识转移是产学研协同创新活动的本质,是产学研协同创新活动的必要过程。知识转移的成功有效推动了高校和科研院所的科学研究和人才培养水平以及企业的创新能力加快了区域乃至全国经济的发展速度,对我国国家创新系统的形成和发展具有重大意义。

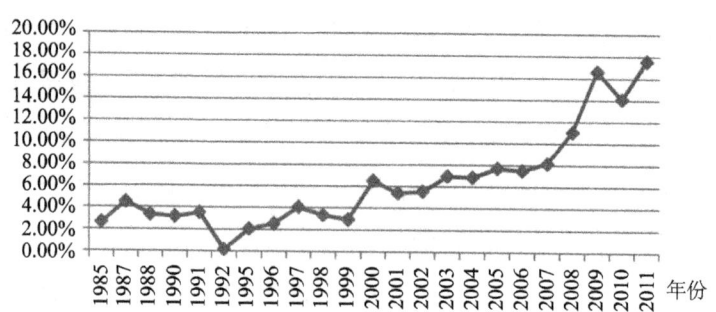

图1-1　1985—2011年国家科技奖励产学研项目占当年获奖百分比

图片来源:北京万方数据股份有限公司成果项目组,人民网科技制图

但是,科学认识产学研协同创新中知识转移的规律,并在实践中驾驭它并非易事。文献和实地调研发现,目前在一些产学研协同创新团队中,团队成员之间的知识分享和知识吸收存在一定的困难与障碍[7,8],制约了知识转移活动效果,也影响了团队协同创新水平,因此急需解决如何提高产学研协同创新团队内部知识转移效能问题。现今学术界对知识转移的研究成果较丰富,但对与本书相关的研究成果十分有限,还需要不断探索。

本书基于知识协同、复杂性科学、团队效能等理论和思想,在分析产学研协同创新团队内部知识转移过程的基础上,识别影响产学研协同创新团队内部知识转移的主要因素,深入探查这些因素对知识转移的影响程度与方式,最终有针对性地提出产学研协同创新团队内部知识转移效能提升的优化策略。

## 1.1.2 研究目的与意义

本书基于知识协同、复杂性科学、团队效能等相关领域的理论,采用结构方程建模的研究方法,以产学研协同创新团队为研究对象,以知识转移为研究内容,研究的主要目的在于:通过阐释产学研协同创新团队内部知识转移系统的耗散结构演化建立知识转移过程模型,分析知识转移构成要素和主要过程,揭示产学研协同创新团队内部知识转移的实质;识别产学研协同创新团队内部知识转移的主要影响因素,探查这些因素对知识转移的影响程度与方式,深入揭示产学研协同创新团队内部知识转移的影响机理,并进行实证检验;提出提高产学研协同创新团队内部知识转移效能的优化策略。本书的研究丰富和发展了产学研协同创新团队内部知识转移活动的理论和观点,为产学研协同创新团队内部知识转移的实践提供了可行性建议和参考。

本书研究的理论意义:

知识转移与协同创新的融合在一定程度上促进了20世纪初由熊彼特提出的创新理论的发展;通过对产学研协同创新团队内部知识转移的理论依据、知识转移过程研究、知识转移影响机理和知识转移效能提升优化策略的深入研究,丰富了知识转移领域的研究内容,特别是团队内部知识转移的研究内容,同时也促进了知识管理理论的进一步发展。

本书研究的实践意义:

从微观层面上看,可以帮助企业从观念上树立对产学研协同创新知识转移本质和规律的正确认知,更主动积极地参与产学研协同创新;可以帮助企业正确理解产学研协同创新知识转移机理,为企业积极参与产学研协同创新提供有效的管理和运作机制,有效提升产学研协同创新绩效,提高企业的自主创新能力;可以提高高校和科研院所的科研能力、教学水平、知识成果的转化率、社会影响、社会声誉和整体实力。

从中观层面上看,本书的研究成果在一定程度上可以解决产学研协同创新团队内部知识转移效率低的问题,促进产学研协同创新中心长期稳定健康发展和高水平运行,进而带动区域经济持续发展,真正实现产学研协同创新中心与区域经济持续发展的"双赢"目标。

从宏观层面上看,本书的研究成果有利于提高产学研协同创新团队知识增值效率,促进产学研协同创新绩效,对提高国家整体自主创新能力具有重要战略意义。

## 1.2 国内外研究文献综述

本书在协同创新背景下,以产学研协同创新团队为研究对象,以知识转移为研究内容,研究产学研协同创新团队内部知识转移影响机理问题。文献综述将主要从知识转移、团队知识转移、产学研协同创新团队知识转移三方面展开。

### 1.2.1 知识转移研究现状

1. 知识转移过程模型

知识转移不是静态发生的,它必须经过不断的动态学习才能达到目标。国内外学者从不同角度构建知识转移过程模型,比较典型的研究成果包括以下几个方面。

Gilbert把组织间的知识转移分为获取、交流、应用、接受、同化五个阶段,如图1-2所示[9]。

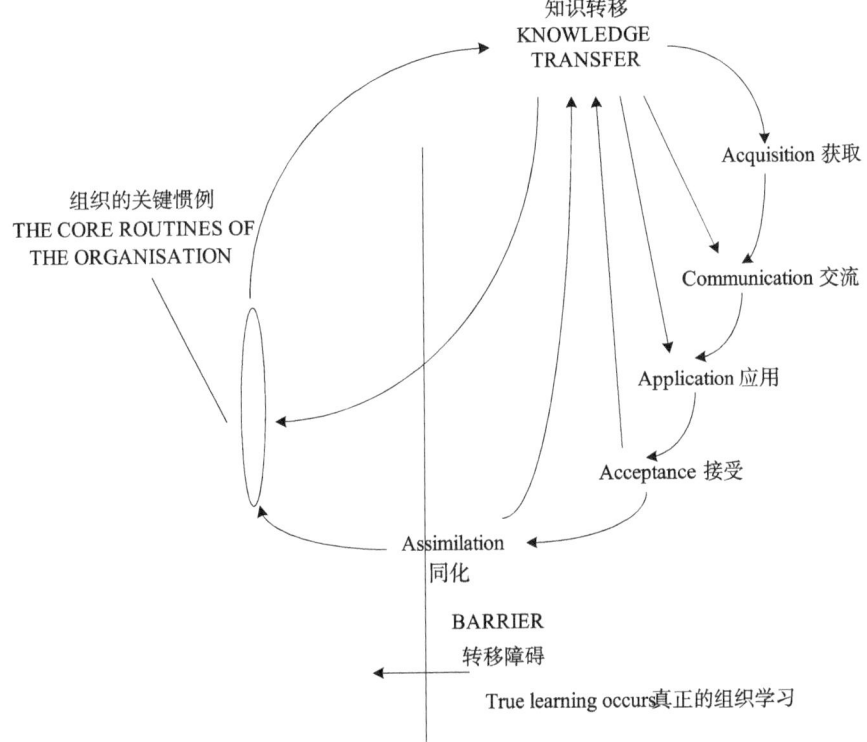

图 1-2 Gilbert 的知识转移模型

获取即组织通过各种途径获取新知识；交流即通过书面方式和口头方式进行有效沟通；应用强调通过组织学习促进知识有效利用；接受强调知识必须先被组织中的个人接受，这样组织才能把知识同化到组织内部；同化即内化整合，是知识转移的关键环节，要求将所有知识接受的结果转变为组织的关键惯例。

Szulanski 把组织内部知识转移分为初始、执行、超越、整合四个阶段，如图 1-3 所示[10]。初始阶段就是开始寻找符合要求的知识并做出知识转移的决策；执行阶段是知识转移主体双方建立适合的知识转移渠道，开展信息沟通和知识交换；超越阶段是知识接受方开始使用获得的新知识并对新知识进行调整以适应自己的情境,如果满意就会将新知识的运用形成惯例;整合阶段即知识接受方对转移来的新知识充分融合后变成自身知识。

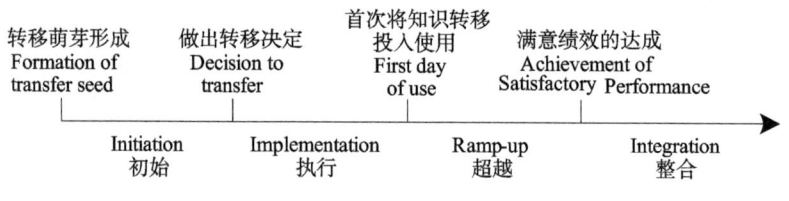

图1-3 Szulanski的知识转移模型

Garavelli把知识转移分为编码和解码两个阶段,如图1-4所示[11]。在整个知识转移过程中,认知系统起决定作用;在编码阶段,当知识源的编码方式适合接受方的认知系统时,知识转移会取得较好的效果;而解码阶段强调知识接受方对知识源传递的知识进行应用时,能将其翻译或消化成与自身认知系统相融合的形式,尤其对能力、经验等实践性的知识转移时,认知系统更重要,而对概念、模型和理论等的知识转移时则不尽然。

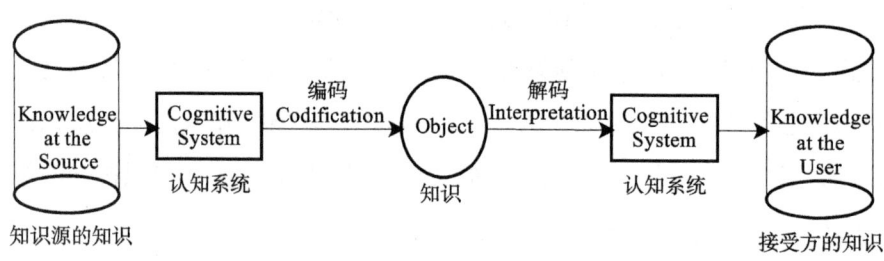

图1-4 Garavelli A C(2002)的知识转移模型

Kwan指出组织内部的知识转移包括动机、匹配、实现和保留四个阶段,如图1-5所示[12]。当组织发现现有知识与需要完成一项任务或达到一定绩效水平目标的知识之间存在差距时,就会产生知识转移的动机;

匹配阶段始于试图寻找一个合适的转移合作伙伴,成功的匹配不会自动触发知识转移,匹配的合作伙伴之间必须愿意分享或学习解决问题的知识,知识转移才会真正发生;实现阶段的关键是接收者的同化能力以及将从知识源处获得的知识的应用能力;在保留阶段,新知识逐步丧失新鲜感,逐步制度化,理所当然地成为接收者组织的现实知识,为了保持最初的组织绩效,接受者需要在组织的知识库中保留这些知识,当未来再次需要时,能够检索和有效运用。

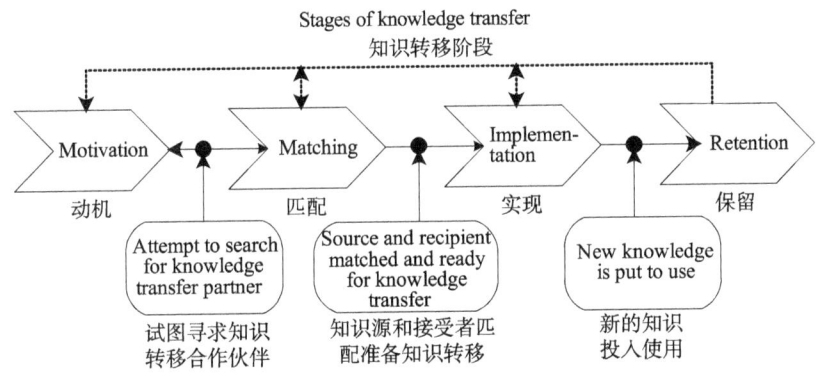

图 1-5　Kwan M M(2006)的知识转移模型

王开明认为知识转移分为发送和接受两阶段,如图 1-6 所示[13]。发送阶段,当转移双方就某项知识转移达成一致后,发送者从知识库中选择、整理要发送的知识并发送到中介媒体,知识的无形性及其显现方式的多样性导致发送的知识常含有噪声;接受阶段,拥有者发送的知识在发送过程中会受到外界各种干扰,遇到障碍,因此接受者需要进行选择和过滤,将保留的知识充分理解并纳入自己的知识库。

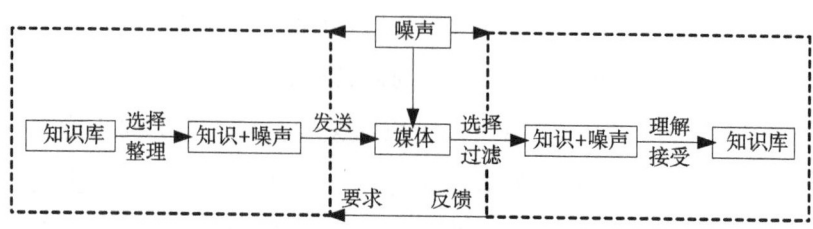

图1-6 王开明的知识转移模型

张睿根据外国学者的研究成果把技术联盟组织间知识转移过程分为开始、实施、调整、整合四个阶段,如图1-7所示[14]。一个完整的知识转移包含知识转移源、知识接收方、知识转移内容、知识转移途径、知识转移情境五要素,通过这一过程最终实现知识从发出方向接收方的转移。开始阶段要有效识别满足自身要求的知识;实施阶段是双方建立适合的知识转移情境;调整阶段指接收方为适应新的情境调整转移来的知识;整合阶段强调接收方想办法将转移来的知识转化成自身知识。

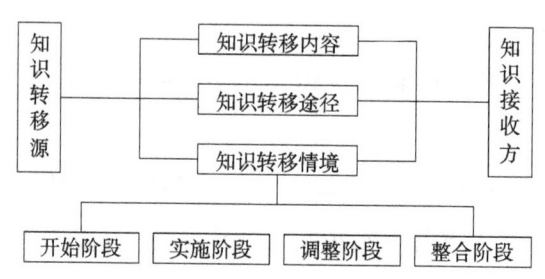

图1-7 张睿的知识转移模型

左美云从广义(项目管理)角度和狭义(传播学)角度出发,认为广义的知识转移包括知识转移启动、知识转移实施、知识转移评价,狭义的知识转移又细分为知识准备、知识传递、知识接受,如图1-8所示[15]。

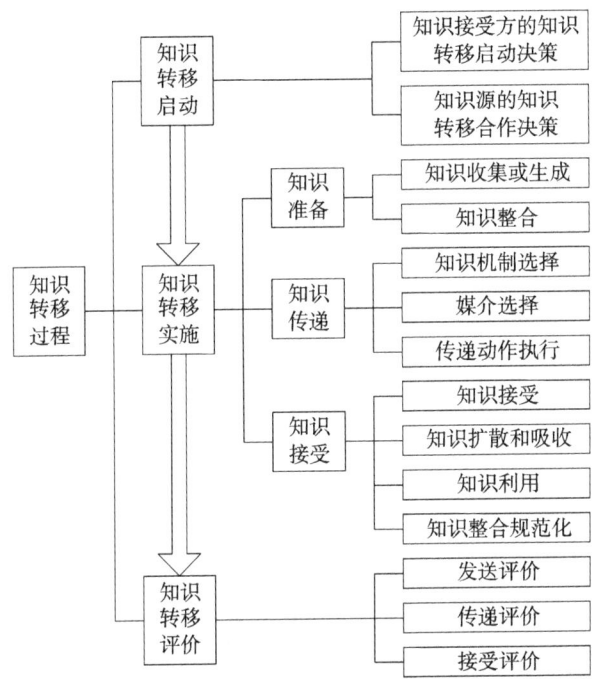

图 1-8 左美云的知识转移模型

知识转移启动阶段包括知识接受方的知识转移启动决策和知识源的知识转移合作决策;在知识转移实施阶段,知识准备过程主要是知识源收集生成并整合需要转移的知识;知识传递过程要求知识源制定科学的激励机制促进知识转移,并选择合适的媒介和沟通方式将知识传递给接受方;在知识接受过程中,接受方将得到的知识去除噪声,重新理解和表达并进行扩散和吸收,最终将知识规范化后纳入自己的知识体系中;知识转移评价阶段包括发送评价、传递评价、接受评价。

我国学者对知识转移模型的研究最初主要是阐述和介绍国外的研究成果,随着研究的不断深入,学者们对知识转移的研究视角不断拓展,也有学者从信息论建立了知识转移模型。陈伟基于"知识量""知识熵"等指标在对知识转移过程进行量化测定的基础上提出了知识转移模型,如图1-9所示[16]。

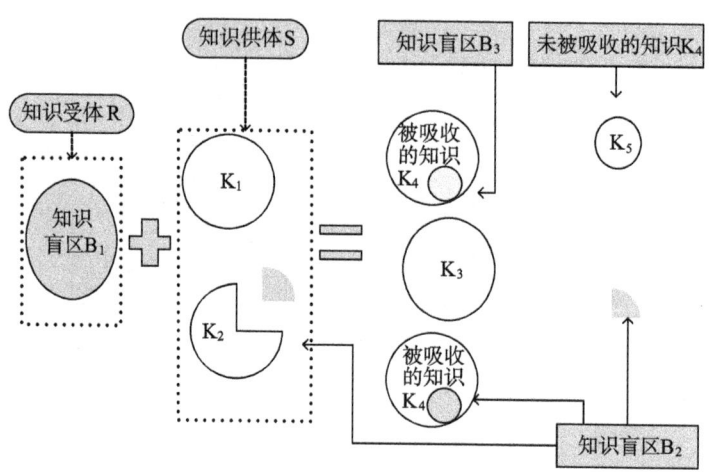

图1-9　陈伟的知识转移模型

图1-9中，R代表知识受体，S代表知识供体，$B_1$代表未发生知识转移时R在某领域的知识盲区，$K_1$代表S可以填补盲区$B_1$的知识资源，$B_2$代表S在该领域的知识盲区，$K_3$代表S向R转移知识后R处于完全确定状态下的知识区，$B_3$代表R接收S转移的知识中损耗部分或未被吸收部分，$K_4$代表R实际吸收的由S转移的知识，$K_2+B_2=K_1$，$K_3=K_1$，$K_5=B_3$，$K_4+B_3=K_1$，$K_4+B_2=K_1$；知识转移也包括发出和接收两个过程，具体表现为R向S发出知识需求，希望获得$K_1$填补$B_1$；S接到需求后同意发生知识转移，S存在两种情况。一是S对$K_1$完全熟知，不存在不确定性；知识转移的结果也会发生两种情况：①R在完全确定的$K_3$状态，②知识转移中发生了知识损耗，或受R能力的限制，$K_1$无法被彻底吸收，结果出现知识损耗$K_5$，S处于$K_4$状态。二是S在此领域也有$B_2$，主要由于S的不确定性所导致的，此时R处于$K_4$状态；总之，知识转移后R有可能对这个领域还是存在$B_2$或$B_3$盲区，前后盲区差即这个转移过程中知识受体认为的知识。

## 2. 知识转移机理与机制

知识转移机理与机制问题一直是知识转移的主要内容，许多国内外学者都从不同的角度对该问题进行了研究，得出了许多有价值的研究成果。

Nonaka认为知识包含隐性知识和显性知识两种，提出了两种类型知识之间相互转换的四种模式，即社会化、外部化、组合化、内部化；并指出这种转换不是一种静态的循环，而是一种知识螺旋，将在规模上不断被放大与增强。这是对知识转移机制进行的较早的开创性研究[17]。

Lazarova探讨了跨国公司的"反向转移"机制设计问题，揭示了为获取、保留和整合从员工转移来的知识，跨国公司必须设计合适的知识转移机制[18]。

Jasimuddin通过对总部设在英国的高科技全球公司的案例分析，探索了组织成员进行成功知识转移的潜在机制。研究结果显示：知识转移正日益成为组织可持续发展竞争优势的关键因素；隐性知识转移最常见的方式是面对面交流，这有助于组织成员之间建立紧密的联系；除了知识的隐含性，三个关键变量，即状态、个人关系和距离在知识转移机制中也发挥重要的作用；此外还有许多工作有待完成，因为还有一些其他的变量，即紧迫性、查询的性质和信任也可能对知识转移有重大影响[19]。

盛小平基于知识转移层次、知识类型、知识生命周期、知识转移时间的四维尺度分析了信息共享空间的知识流，并从社会化、外部化、组合化、内部化分析了信息共享空间的知识转移机制[20]。

崔金栋以知识生态为研究视角，认为产学研联盟知识转移由主体因素（知识个体、知识种群、知识群落）、知识环境因素及知识生态链构成，并从静态和动态两方面系统分析了产学研联盟知识转移的运行机理和演化机理[21]。

张红兵利用仿生学的方法,从知识菌种、知识酵母、知识媒、进阶知识四种发酵要素入手分析技术联盟组织间知识转移的机理,并以丰田联盟为例探讨了知识转移的发酵过程[22]。

王斌研究发现,在知识网络中,知识转移的影响因素主要包括知识转移传导率、弹性、知识转移存量,在这三个影响因素的共同作用下,知识转移沿着分散转移—渗透转移—互动转移—延伸转移的非线性路径发生变化,并分析了知识网络中知识转移路径演化机理[23]。

袁红军基于知识生态学的视角,构建了合作式数字参考咨询服务知识转移的生态学模型,主要分析了知识生态个体、知识生态种群、知识生态群落三者之间的知识交融、冲撞、整合、创新,最终揭示了合作式数字参考咨询服务知识转移生态学机制[24]。

3. 知识转移影响因素

知识转移影响因素一直是国内外学者研究的重点,许多学者在该领域展开了深入的研究并已经取得较丰富的研究成果。本书梳理了国内外研究成果,从信息网络和社会网络两种视角对该问题展开综述。

(1)信息网络视角。许多学者认为,知识转移过程是以知识需求为纽带,以知识流为载体进行的,主要包括知识发出方、知识接收方、知识库和知识需求等要素。因此,在研究知识转移影响因素时,焦点会集中在知识源、知识、知识受体、转移媒介、转移情境等方面。

第一,知识源。知识源对知识转移的影响主要表现在转移意愿和动机、转移能力和可信任程度等方面。

知识源的知识转移意愿和转移动机会影响知识转移效果,Szulanski发现,知识源缺乏转移知识的动力将最终阻碍知识转移,而知识源之所以不愿意将重要知识与他人分享,一是因为害怕失去对关键知识的所有权及优势地位,二是转移的知识得到的回报十分有限,三是对知识转移的支持力度不够,主要是不愿意投入大量时间和资源[25]。知识源即使有很强烈的知识转移动机和意愿,其知识转移能力(包括知识的积累水平、知识的编码能力、知识的表达能力)也影响着知识转移的效率。Aladwani认为,如果知识源拥有良好的专业技术知识的表达、呈现和沟通能力,能对模糊性的专业技术知识做出恰当的诠释和表达,则可以大大提高知识转移绩效[26]。可见,知识源越是具有较强的表达能力和解释能力,越有利于知识转移。此外,知识源的可信任程度也会对知识转移产生影响。Walton研究发现,当知识源被认为是不可靠的,不值得信赖或知识不渊博的,他的建议和示范很可能被挑战和反抗,他就很难向知识受体成功转移知识[27]。Szulanski发现,当知识受体感受到知识源是可信赖的时候,便会表现出更轻的疑心,更乐于接受信息[28]。

国内学者在这方面的研究成果主要有:黄微研究竞争企业之间的知识转移模式时发现,知识源转移意愿的强度直接影响知识的数量和质量,转移意愿越强,知识转移越容易进行[29]。施陈彬研究得出结论,影响知识转移效果的一个主要因素是知识源的知识释放能力[30]。徐升华研究产业集群内部知识转移问题时发现,知识表达与传递能力及转移意愿都在一定程度上影响产业集群内部的知识转移[31]。黄莉分析生态产业集群知识转移问题时,得出结论:知识吸收能力和保持能力影响生态产业集群知识转移效果[32]。卢新元在研究IT外包服务中知识转移时发现,当转移双方信任度高时,知识发送、接收、转换、应用和反馈就越容易进行,结果有效提升了知识转移绩效[33]。

第二,转移的知识。知识的主要特性,尤其是隐含性、模糊性、复杂性、嵌入性影响知识转移效果。

Simonin研究发现,在战略联盟内部,知识的隐性程度及其模糊程度是呈明显的正相关关系,所以显性知识转移的成功率明显比隐性知识转移的成功率要高得多[34]。Tyre研究认为在组织内部,知识的模糊性也会影响组织知识转移的效率和效果,因为知识的模糊性会让人无法完全理解知识的含义[35]。知识也会由于复杂性特征阻碍人们对知识的理解程度,降低知识的可转移性[36]。Cummings研究还发现,对于组织而言,知识的嵌入程度越深,知识转移难度就越大[37]。

国内学者在这方面的研究也取得了较为丰硕的研究成果,主要研究成果包括:叶舒航采用元分析方法对技术引进、企业并购、合作联盟等形式的企业外部知识转移实证研究得出结论:知识的内隐性、模糊性、嵌入性等特性是阻碍转型企业外部知识转移的主要因素,其中,知识的内隐性特征对转型企业外部知识转移的阻碍作用是最显著的[38]。王向楠指出知识的模糊性阻碍我国企业间的知识转移,知识的模糊程度越强,企业间知识转移的效果越差[39]。肖小勇进一步提出,知识的默会性、专用性和复杂性都会影响知识运用的因果模糊性,进而影响知识转移的难易程度[40]。邹艳发现知识的默会性和嵌入性与知识转移之间呈负相关,嵌入性对知识转移的直接作用较为明显,而默会性对知识转移的直接作用不太明显[41]。

第三,知识受体。知识接收者接收知识的动机和意愿以及吸收、保持、沟通能力影响知识转移的绩效。

知识受体由于缺乏接收知识的动机,结果在使用新知识时出现故意延迟、被动应付、假意接受、公然反抗,这都将影响知识的有效转移。Paulsen通过调查正在参与挪威公共部门项目的82个团队的274人,使用多元回归、结构方程建模、分层线性模型的方法进行实证检验,研究结果也证实个人吸收能力的经验会支持组织间的知识转移[42]。Awang和McIver研究都发现,在组织内部知识转移和吸收能力之间存在积极的正向影响关系[43,44]。因为当知识受体缺乏知识吸收能力时,他将无法有效利用外部知识,进而会影响知识转移效果。知识的保持能力强调知识受体是否有能力将新知识制度化,当知识受体缺乏这种保持能力时,知识转移最初的整合就会出现困难,导致知识转移中断,组织返回到原先的状态中去。此外,强的沟通能力能够增强个体从事活动的能力,通过活动,便于个体间的交互作用并使个体间关系得到发展,有助于知识转移[45]。

国内学者在这方面的研究成果主要有:叶舒航对企业外部知识转移实证研究得出结论,接收意愿、吸收能力是转型企业外部知识转移的主要促进因素[38]。黄微指出企业吸收知识的能力是知识转移中具有决定意义的一个环节,企业的吸收效率在很大程度上决定着知识转移价值提高的最终效率[29]。吴洁实证研究发现,吸收能力对技术创新联盟知识转移价值增值效果有正向影响[46]。卢新元认为,沟通贯穿于知识转移的全过程,在IT外包服务知识转移过程中,沟通能力越高,知识转移的质量越高,最终知识转移的绩效水平也越高[33]。

第四,转移媒介。知识转移媒介是知识流转的通道,在知识管理领域,学者们非常关注知识转移媒介丰富度及其选择对知识转移绩效的影响。

Albino认为,知识转移的媒介有很多,包括转移数据、信息的任何一种方法;转移媒介在一定程度上减少了知识转移的不确定性、模糊性,可以有效提高知识转移的效果[47]。Holttham认为知识转移的渠道有正式的和非正式的,有个人的和非个人个人的渠道[48]。Kim则将知识转移的媒介划分为市场媒介和非市场媒介两方面[49]。Gupat认为转移渠道及其丰富性影响知识转移[50]。

国内学者在这方面的研究成果主要有:黄微指出,转移渠道对知识受损的影响十分巨大,高丰度媒体可以降低知识模糊性,选择适宜的转移通道能够有效提升知识转移绩效[29]。马庆国认为,知识转移的发生必然寄寓于一定的媒介和传递通道,随着信息技术的发展,随着E-mail、即时通信技术、论坛等形式的出现,解决了知识转移的空间和时间限制,为高效的知识转移创造了条件,他们特别指出面对面的沟通交流是知识转移最有效的方式[51]。徐占忱认为,在集群企业之间的知识转移中,媒介发挥了重要作用,媒介的大容量减少了知识转移的不确定性,媒介的丰富性则减少了知识的歧义性[52]。翟运开指出,转移渠道对知识受损的影响将是决定性的,在知识转移过程中,高丰度媒体更有利于减少知识的模糊性,低丰度媒体更有利于处理容易理解的信息和标准化数据[53]。

第五,转移情境。主要指知识源与知识受体间特定的"二元"情境,包括地理、制度和知识距离及转移双方的关系等。

知识源与知识受体之间的地理距离越远,其知识转移所耗费的时间与费用越多,知识转移效率越低[54]。正式的组织结构、专业化的知识和组织结构中隐含的行为特征等都会影响知识转移的意向及其结果[25]。知识源与知识受体间的知识距离也会影响知识转移,而且这种影响比较复杂。研究发现,知识源与知识受体之间的知识距离既不能过小也不能过大。如果知识源与知识受体之间知识落差较小,知识受体对转移来的知识的满意度会降低;但是当知识源与知识受体之间知识落差较大时,知识源很难了解知识受体真正的知识需求,结果是知识源即使有丰富的知识内容和分享意愿也会使知识转移难以达到预期的效果[55]。知识源与知识受体之间的关系也是影响知识转移的一个不容忽视的因素,关系越亲近越积极地影响知识转移,关系越疏远越消极地影响着知识转移[56]。

国内学者在这方面的研究成果主要有:吴晓波认为,企业间的关系(信任程度、合作经验、文化与地理距离)会促进全球制造网络联盟企业间知识转移绩效[57]。翟运开指出,知识源和知识受体之间在管理制度、企业文化、空间距离和知识发展水平上的差异性越高,知识转移的难度越大[53]。黄莉认为生态产业集群内较大的知识距离,有助于知识转移主体间多元化学习效率的提升,进而对知识转移效果提升有一定的帮助[32]。吴洁研究指出,知识源和知识受体组织原则的兼容性、情境距离等因素会极大地影响知识的传递与理解[46]。

(2)社会网络视角下的知识转移影响因素。早期持信息网络观点的学者们主要关注知识源与知识受体之间特定的"二元"情境。20世纪三四十年代社会网络分析法的出现和盛行,为人们提供了新的研究范式和理论视角,越来越多的学者开始将社会网络分析法导入知识转移问题的研究中。从20世纪90年代后期开始,研究社会关系、社会结构可能对知识转移效果产生影响的成果不断出现。

第一,网络关系。网络关系主要涉及联结强度或关系强度、关系稳定性。网络关系强度和网络关系的稳定性都会对知识转移产生影响。

最早将社会网络理论用于知识转移研究领域的学者是Uzzi B,他在1997年的文章中根据联结强度将企业网络分为强联结关系和弱联结关系,并分析了企业网络对知识转移的影响[58]。Elfring认为,在企业之间知识转移的过程中,员工间非正式社会网络关系会影响知识转移,具体表现为网络内员工之间的强联结关系会对企业获取隐性知识更有益,相反,网络内员工之间的弱联结关系则会对企业获取显性知识更有益[59]。Helmsing研究发现,网络关系的稳定性对知识转移的影响也十分显著,因为网络关系的稳定性在一定程度上促进了网络成员间的信任关系,这种信任关系的建立更有利于网络成员之间进行长期合作,结果使知识转移绩效水平整体上升[60]。Hansen指出,弱联结能进行显性知识的转移,但不利于隐性知识的转移,而强联结既有利于显性知识的转移也有利于隐性知识的转移[61]。

我国学者将社会网络理论应用在知识转移研究领域最早在2003年，近几年国内相关研究逐渐增多，但相关的研究文献尤其是实证分析的文献依然不多。邝宁华研究发现，强联系有利于知识转移各部门间频繁、及时、深入的双向知识交流，有效克服复杂知识的传递困难[62]。马费成认为，社会网络常见的规模、范围、密度、强度和位置等特征都会影响社会网络环境下的知识转移过程，特别强调基于社会网络的知识转移必须考虑信任和网络位置这两个社会网络分析中的常见因素[63]。周密研究发现，网络信任能够促进团队内部知识转移，而网络情感信任的影响成都要强于网络认知信任[64]。周晓宏研究发现，信任、网络角色、联结强度是影响知识转移的主要社会网络因素[65]。

第二，网络结构。网络结构强调网络成员之间的社会结构，其范围、规模、密度、结构洞和中心性对知识转移的影响十分显著。

Reagans提出从社会内聚性、网络范围、联结强度与共有知识四个维度测度网络特性如何对知识源发送知识的容易性产生影响，实证研究得出结论：能够使知识源发送知识变得容易的影响因素主要包括联结强度、网络内聚性和网络范围[66]。Hansen研究发现，在知识网络中，业务部门间的直接联系更有利于隐性知识转移[67]。Tsai指出，企业越是处于网络中心的位置，其越有可能获得更多的知识，因此网络中心性也会影响知识转移效率[68]。

国内学者在这方面的研究成果主要有：马费成指出社会网络是隐性知识转移的最佳通道，其规模、范围、密度、强度和位置等社会网络常见的特征都会影响知识转移[63]。朱亚丽通过实证分析发现，网络密度和网络中心性两个维度由于影响知识源和知识受体的转移意愿而提高了知识转移的绩效水平[69]。张嵩以IT行业为对象实证分析得出，在强知识转移动机和强组织文化环境下,网络密度越大和网络中心性隐性知识转移效果显著正相关[70]。周智勇研究虚拟学习社区知识转移时,得出结论:处于网络中心地位的成员,特别有利于获得知识,他们在网络知识转移中发挥决定性作用[71]。

4. 知识转移对创新绩效的影响

在组织创新过程中,各参与主体需要不断地从组织外部吸收大量知识以扩大自身的知识存量,提高创新绩效。知识转移不仅为创新活动提供资源保证,还可以通过在知识转移过程中建立的隐性通道对合作产生润滑作用,为创新活动带来活力,增加创新绩效。知识转移对创新绩效的影响主要体现在如下两方面:

(1)知识转移在创新绩效发展中的作用研究。Lucia认为,在当前全球化环境下,校企之间的知识转移发挥着重要作用,充分利用校企合作的协同创新效应可以提高组织效率和竞争力[72]。协同创新中非常关键的环节是知识共享和知识转移,知识只有快速顺利地在各成员间共享和转移,才能保证协同创新成功[73]。要想实现真正成功的创新,需要通过和其他企业、组织及外部环境不断互动和相互学习来完成知识的产生和转移[74]。我国学者程刚指出,隐性知识的转移有效实现了知识的积累和整合,使企业不断产生新知识,加速企业的产品、技术、管理等创新[75]。余光胜也认为默会知识是促进技术创新成功的重要知识源,专家默会知识的成功转移有效提升了企业技术创新的竞争力[76]。杨洪涛指出,知识转移是产学协同创新的必要过程,知识能否通畅、迅速地在大学和企业之间流动是影响产学协同创新成败的关键[77]。万幼清认为,在集群协同创新中,知识转移功不可没,缺少互动知识转移的集群基本不会产生协同创新效果[78]。

(2)知识转移对创新绩效影响的研究。Ulhøi J以九所大学部门和19个中小型科技企业为例,研究他们之间技术研发合作过程中知识转移的性质和方向,以及调节这种合作的主要机制,研究结果表明,知识转移带来的合作创新成果大于各自活动的创新成果总和[79]。我国学者刘亭亭构建了知识转移视角下的高校知识创新能力提升因果关系图,通过仿真验证了转移愿景、知识发送能力和吸收能力对高校知识创新能力的提升具有较高的影响[80]。王斌认为企业的创新绩效包括营运绩效、行为绩效和学习绩效三部分,实证研究发现:知识转移存量对营运绩效和学习绩效具有显著性正向影响,知识转移频度对营运绩效、行为绩效和学习绩效均具有显著性正向影响[81]。雷宏振研究发现,粘滞知识转移在网络嵌入性对合作创新的影响中发挥中介作用[82]。

## 1.2.2 团队知识转移研究现状

国内外学者关于知识转移的研究已经取得了许多有价值的研究成果,但成果更多的集中于组织之间的知识转移,对团队内部知识转移问题的研究成果相对较薄弱。众所周知,团队作为一种组织形式,在现代竞争社会中的作用日益增大,而且与组织间知识转移相比,团队内部由于知识源和知识受体间的"空间距离"和"文化距离"较近,知识转移更加迅速、高效,知识整合也更容易实现。将知识转移定位在团队范围内予以考虑,已经形成如下几个研究维度。

1. 团队知识转移影响因素

Jones认为团队信任气氛包括三个相关组件:相信自己的同事有能力和技能,愿意为同事做好事并相信自己的利益不会被同事伤害,相信对方是出于公平的原则;研究结果发现,团队内部成员间的信任提高了成员参与知识转移的意愿,有效促进了知识交换、交流[83]。

Mclyer研究得出结论,企业研发团队目标任务的相似性、组织激励以及技术条件在很大程度上影响成员间的知识转移效果[84]。

Joshi指出,虽然知识转移一直是研究的热点问题,但作为组织重要的单元组成团队来说,很少有学者关注其内部知识转移影响因素问题;Joshi基于认识论构建了信息系统开发团队内部知识转移影响因素的概念模型,通过调研从事信息系统开发的学生团队,实证研究得出结论:知识源的信誉、沟通程度对信息系统开发团队内部知识转移影响显著,但知识源的能力在信息系统开发团队内部知识转移中并没有发挥重要的作用[85]。

Tiwana通过调研美国42个创新项目团队,实证分析发现:由于创新项目团队内部社会网络的强联结性、紧密程度、信任水平、共性结构知识等特征,促进了团队成员之间的隐性知识的深度转移[86]。

Ramanadhan调查了波士顿20个青年基督教会实施健康促进计划的工作人员,通过实证研究建立了多元线性回归模型,该模型显示内部团队之间的联系(团队成员之间的关系)与知识转移呈正相关关系[87]。

Cao通过分析团队任务、工作投入对电商虚拟团队隐性知识转移的主要影响,构建了包含知识的隐含性、工作投入、团队任务三个自变量的电子商务虚拟团队隐性知识转移影响因素的概念模型,通过调查收集数据对该概念模型进行验证,研究结果表明:知识的隐含性、工作投入、团队任务对知识转移均有显著的正向影响,团队任务和工作投入在隐性知识转移过程中具有中介效应[88]。

Kang突破了以往学者对社会资本的三维度划分法,将嵌入性资源作为社会资本的一个新维度,构建了影响研发人员间知识转移的社会资本四维度(中心性、互惠性、公司任期、嵌入性资源)模型,通过对337名研发人员的调查,实证分析得出结论:中心性、互惠性、嵌入性资源影响知识转移,而且嵌入式资源是通过互惠性间接影响知识转移效果[89]。

陶然以项目团队为研究对象,研究了其内部知识转移的影响因素,通过调查山东省某市某银行符合要求的员工,实证分析得出结论:由于知识属性的客观性,项目团队内部知识转移的效果更依赖于团队成员的认知能力,即认知行为和元认知[90]。

周密指出,网络信任主要由网络认知信任和网络情感信任构成,知识转移成效主要包括知识转移容易性和知识评价,实证研究得出结论:团队内部社会网络中心性越强,知识转移越容易;网络质量在网络中心性对知识转移成效影响过程中发挥了部分中介作用,即团队成员的网络中心性通过网络中认知信任和情感信任促进其知识获得团队内的认可[91]。

尹洁认为有效的知识转移将显著提高大学生科研创新团队整体的工作效率与质量,而影响大学生科研创新团队内部知识转移的因素主要包括知识特性(内隐性、系统性)、知识源特性(传授能力、传授意愿)、知识接收者能力(吸收能力、获取意愿)、情境特征(学习文化、团队成员关系)[92]。

王挺构建了由团队特征(关系信任、沟通、文化差异)、供给方(供给动机、可靠程度、编码能力)、接受方(需求动机、吸收能力、保持能力)、知识特性(知识势能、知识系统性、知识复杂性)在内的虚拟研发团队知识转移效能的影响因素模型,实证分析得出结论:知识供给方因素经由虚拟研发团队的特征因素、知识本身特性因素对知识转移效能产生影响,知识需求方因素对虚拟研发团队知识转移效能有显著的正向影响,虚拟研发团队的特征因素和知识本身特性因素均对知识转移效能有显著的正向影响[93]。

杨建超分析了高校科研创新团队内部知识转移的关键影响因素,通过对江苏省八所高校的11支科研创新团队成员的问卷调查,实证分析得出结论:在影响高校科研创新团队内部知识转移的诸多因素中,接收者沟通解码能力的影响最大,知识因果模糊性、学习文化、知识源沟通编码能力、接收者吸收能力、团队规模的影响一般,制度支持的影响较弱[94]。

赵红丹采用扎根理论的思路,分析出临时团队内黏滞知识转移动力因素的核心类别,即知识运作能力、转移驱动设计、共享保障机制;在此基础上,进一步探讨了三个主范畴对临时团队粘滞知识转移的影响路径[95]。

2. 团队知识转移机制与实现途径

Davenport研究也认为,正是因为团队中存在大量的内部知识市场,互利、信誉及利益等因素,它们在知识转移过程中起着支付机制的作用[96]。

Argote认为成功开发和转换知识需要成员之间的知识共享,组织(团队)内的知识共享与移转就是由多种不同知识移转机制实现的,如:人事变动、培训、沟通、观察、模仿、技术转移、逆向工程、工艺技术转让等[97]。

Shamra研究也发现,研讨会、座谈会、娱乐功能室等都是加强隐性知识显性化和成员经验分享的主要方式[98]。

张玲玲构建了团队员工间知识转移与共享的博弈模型,通过博弈分析,发现团队知识转移与共享过程中存在"搭便车"现象,即员工不会完全贡献自己的隐藏知识,他们为追求个人效用的最大化而选择特定的知识共享程度;最终提出了团队员工知识转移的激励机制,即通过员工自我监督,根据员工在知识转移中的重要性分配剩余产出进行激励[99]。

张海涛以高校科研团队为研究对象,根据知识提供方在科研团队中角色地位不同,将高校科研团队内部的知识转移模式分为两种,如图1-10和图1-11所示[100],并依据知识势能原理,构建了高校科研团队内部知识势能矩阵,分别描述和分析了不同模式下的高校科研团队内部知识转移机理。

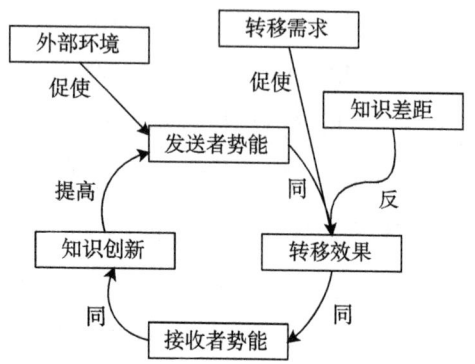

图1-10 张海涛(2010)的高校科研团队知识转移模型1

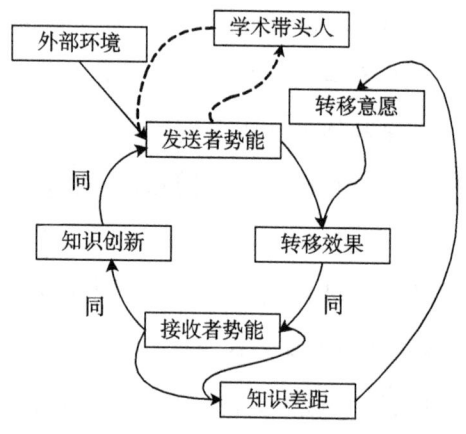

图1-11 张海涛(2010)的高校科研团队知识转移模型2

毛道伟针对大学科研团队的特点及隐性知识的特征,借鉴SECI模型思想,构建了大学科研团队隐性知识转移的机理模型,如图1-12所示[101],从机理模型的"衰减"法则、机理模型的"放大"法则、团队隐性知识转移的模式具体分析大学科研团队隐性知识转移的机理;在此基础上分析了大学科研团队隐性知识转移三种模式的不同实现方式,即采取师傅带徒弟、头脑风暴法、研讨会等方式实现隐性知识的共同化,采取头脑摄像法、记录最佳实践、交换观点等方式实现隐性知识的表出化,采取做中学、新学习型历史文献法、集中培训、自主学习等方式实现显性知识内在化。

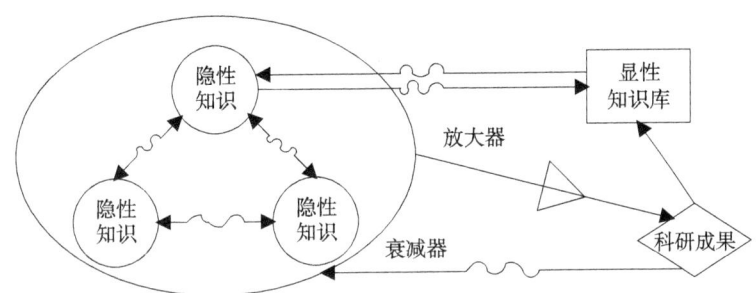

图1-12 毛道伟的大学科研团队隐性知识转移机理模型

疏礼兵认为企业研发团队知识转移是一个知识输入、输出的转化系统,以知识转移基础结构为依据,构建了企业研发团队知识转移过程机理图;借鉴SCEI知识转移模型,从社会化、外部化、组合化、内部化设计了研发团队内部技术知识转移的途径框架并分析了知识转移的具体途径和方式,如图1-13、图1-14所示[102]。

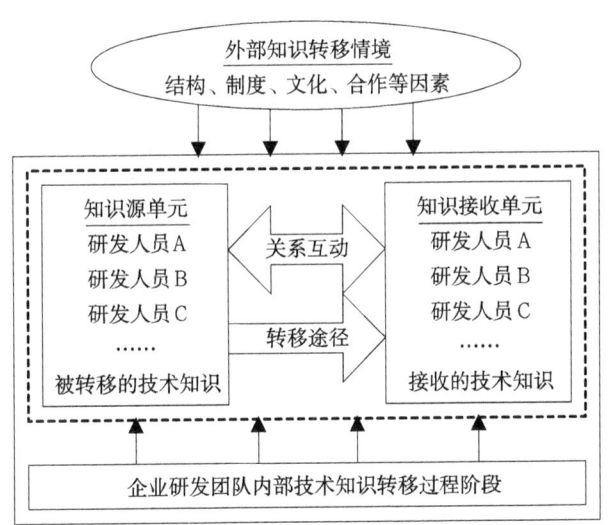

图1-13 疏礼兵(2012)的企业研发团队内部知识转移过程机理

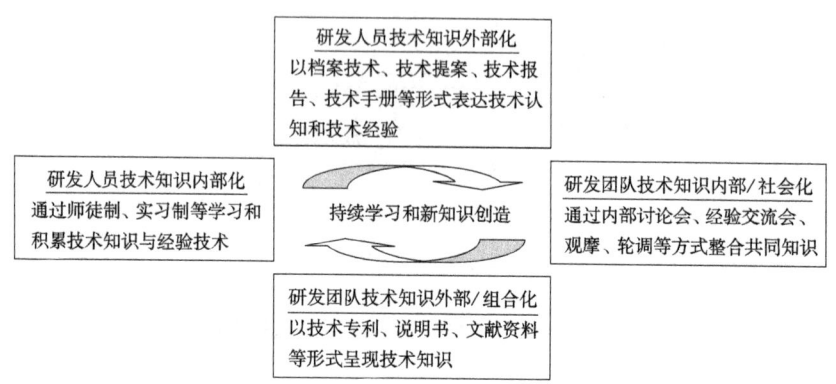

图 1-14　疏礼兵(2012)的企业研发团队内部知识转移途径框架模型

### 3. 团队知识转移过程模型

Wijnhoven 基于知识转移的视角,认为知识共享包括识别、获取、转化、融合、应用五个阶段,如图 1-15 所示[103],它是知识源外化知识和接收者内化知识的有机结合,接收者通过反馈使知识源转移的知识质量更高,知识转移效果更好。

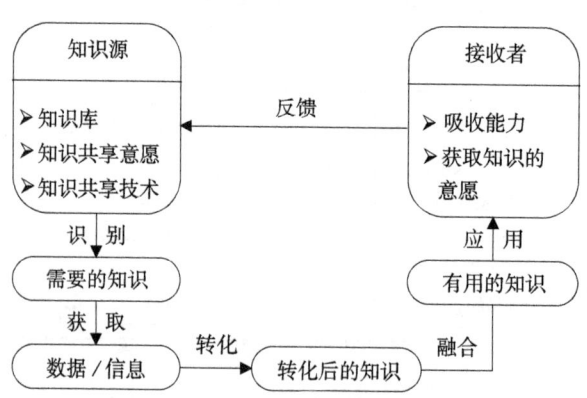

图 1-15　Wijnhoven 的知识共享与转移过程模型

杨钢以系统论与控制论为基础,构建了团队内部个体之间的知识转移过程模型,如图1-16所示[104]。个体间知识转移由知识创新、知识遗忘两环节组成;反馈1强调转移者了解学习者学习后的反应,决定是否继续向其转移知识;反馈2强调学习者进行知识过滤及吸收的能力与其自身水平正相关;最终运用系统动力学的方法分析了高校团队内部知识转移的因果关系。

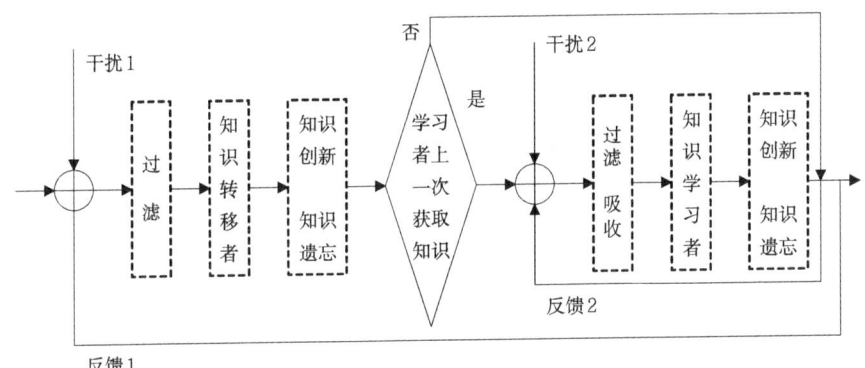

图1-16　杨钢的团队内部个体之间知识转移过程模型

杨斌在分析虚拟团队知识转移流动性关键要素后,研究得出结论:虚拟团队知识转移由需求表达、知识搜寻、知识传递、知识吸收和知识创新五个阶段构成,如图1-17所示[105]。虚拟团队成员首先需要利用知识共享平台识别语言并准确表达自身知识需求;通过有效的需求表达,搜寻所需知识的地理位置并提出知识转移请求;在虚拟团队中,知识转移主要通过互联网络实现;知识接受方结合自身情景对知识内容进行转化,使自身知识库能识别新知识并顺利转化为自有知识;最后,虚拟团队成员将接受到的知识应用于自身之中的同时,也会产生新的知识。

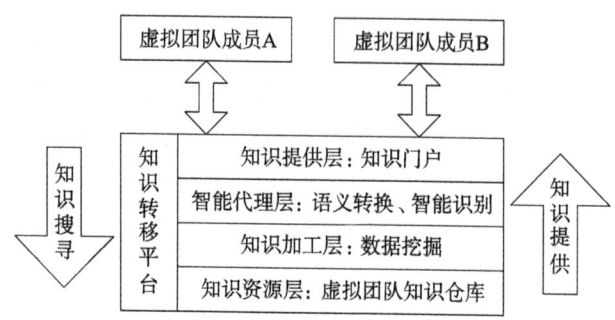

图1-17 杨斌(2010)的虚拟团队知识转移过程模型

**4. 团队知识转移对团队绩效的影响**

员工缺少技能,其知识吸收能力也会下降,将不利于转移知识,导致企业在创新中的收益下降。Leiponen基于制造业团队验证了上述观点,他指出,员工技能和创新活动之间具有互补性关系,高技术技能的员工具备更好的知识吸收和转移能力,能够促进产品研发合作和工艺创新,对团队创新能力的提升有积极的刺激作用[106]。

Puck通过调查一家德国运动服装公司的20个文化多样性创新团队的84名团队成员,实证研究发现:文化多样性对团队内部沟通和知识转移没有显著影响,但是团队内部沟通和知识转移对团队绩效影响显著[107]。

张光磊将组织结构、知识转移渠道、研发团队创新绩效整合在一个理论模型中,通过调研150家研发能力较高的高新技术企业研发团队,实证分析发现:组织结构四维度显著影响知识转移渠道,多渠道的知识转移是提升研发团队创新绩效的重要前提,组织结构通过知识转移渠道的中介效应影响团队创新绩效[108]。

杨斌以高校科研团队为研究对象,分析并凝练影响其知识转移效率的因素为知识转移主体、转移情景和转移渠道,通过向16所高校的近70

个课题组进行的问卷调查,实证检验高校科研团队知识转移效能影响因素与团队知识创新能力的关系。研究结果表明:知识转移主体的转移意愿、转移能力、前期相似经验都与知识创新能力的提升有正相关关系,知识转移方式、知识转移结构都与知识创新能力的提升有相关关系,团队激励机制、团队合作文化都与知识创新能力的提升有正相关关系[109]。

## 1.2.3　产学研协同创新团队知识转移研究现状

现阶段,研究产学研协同创新团队知识转移的文献相对较少,相关研究成果主要包括:

Du Chatenier 分析了开放创新团队内部协同知识创造面临的挑战问题,研究发现:开放创新团队成员是由来自不同组织的共同开发新产品、服务、市场的人员组成,团队成员的多样性对协同知识创造产生积极影响,但同时也会因此延缓或阻碍协同知识创造的进程;为了提高创新团队协同创新的成功率,了解团队成员如何创造知识及其面临的问题十分重要;文章构建了协同知识创造概念模型,认为协同知识创造包括分享、解释、谈判、结合四个阶段,协同创新团队的特征(团队状态、团队组成、团队水平)对协同知识创造不同阶段产生不同的影响[110]。

Ghobadi 认为,跨职能软件开发团队是在有限的时间内为了完成特定开发项目而组建的来自于不同机构和组织部门的临时性创新小组,高品质知识共享是指团队成员对分享的知识十分满意且共享的知识有助于其完成创新活动。在此基础上构建了跨职能软件开发团队内部高品质知识共享概念模型,采用李克特量表测量工具,通过电子邮件向澳大利亚5个IT协会的500名成员发送链接问卷,最终得到115份有效问卷,实证研究发现:跨职能开发团队内部合作和竞争是高品质知识共享行为的主要驱动力,团队内部合作和竞争的相互作用也对高品质知识共享行为产生影响,团队内部合作和竞争的前因变量包括结果相互依存、手段相互依存、边界相互依存[111]。

Nissen根据团队和小组学习的相关研究发现,虽然很少有人知道创新过程中不同互动形式如何影响知识共享的,但对于异构创新团队来说,通过不同形式的互动分享知识是很重要的;为了弄清不同形式的互动之间的区别,以及它们在创新过程中如何影响知识共享,选取三个由来自不同部门成员组成的异构创新团队进行案例分析,得出结论:在创新过程中,能够通过协作和合作等不同互动形式不断整合团队成员的异质性知识的异构团队看上去发展平稳;当面临重大挑战时,那些能够不断重新建立共享知识库的异质创新团队能够在创新中取得进步[112]。

唐锦铨研究创新网络运行的相关文献,发现异质型团队的知识共享以及构建共同的知识基础是创新过程顺畅、高效的重要保障,但缺少团队成员互动形式对知识共享及整合影响的研究。选取3个由企业、高校、科研院所、政府、医院等组织的具有不同思维逻辑的异质成员组成的创新团队,采用定性案例分析法分析团队成员协作与合作两种互动形式对创新过程中知识共享及项目进度的影响,研究结论显示:持续达成协作与合作互动形式的平衡对实现知识共享和确保项目进度十分重要[113]。

Vick以巴西参与协同创新项目的12个团队为例,利用定性内容分析的方法研究协同创新项目团队内部信息文化及其对知识创造的影响。研究结果显示:团队文化分为冒险文化、遵守规则的文化、以结果为导向的文化、基于关系的文化四大类,但这并不意味着每个团队只有一种类型的主导文化,大多数团队都受两个主导文化的影响;其次,研究还表明冒险文化和知识外化之间、遵守规则的文化和知识结合之间、以结果为导向的文化和知识内化之间、基于关系的文化和知识社会化之间存在着真实有理的关系[114]。

陈鑫鑫认为,在异质性团队中,团队成员拥有不同的知识、技能、经验和专长,团队成员异质性匹配有利于实现隐性知识溢出并产生团队协同效应;通过调查问卷收集资料,实证分析得出结论:团队成员知识结构异质性对隐性知识转移产生消极影响,而团队成员职业背景异质性对隐性知识转移产生积极作用[115]。

上述研究并不是在产学研协同创新团队的应用背景下进行的,也没有具体分析产学研协同创新团队内部的知识转移问题,但这些研究多少涉及了一些与产学研协同创新团队内部知识转移相关的问题,这在一定程度上为本书的深入开展提供了有用的启示。

## 1.2.4 研究述评

综上所述,国内外学者在知识转移、团队知识转移、产学研协同创新团队知识转移方面都进行了许多有意义的探索,得出了大量的研究结论。特别是在知识转移领域,基本形成了比较成熟的理论,它们对后续相关研究工作有一定的指导意义。

关于团队知识转移的研究也得到越来越多的学者关注。知识经济社会,知识成为重要的战略资源,是提高竞争力的有效武器。现阶段,人们逐渐认识到仅仅靠自身力量创造知识还远远不够,应该大力加强协同合作,通过知识转移增加知识存量,提升科技创新能力。虽然国内外学者对团队知识转移进行了一定的研究,但研究对象主要集中在企业团队和高校团队,相比之下,有关产学研协同创新团队知识转移问题的相关研究成果还十分有限,急需更多的学者深入研究,得出更有价值的结论。

1. 缺少对产学研协同创新团队内部知识转移的系统研究

知识转移的研究已经得到世界各国学者的普遍重视,对它的研究成果也比较丰富,基本形成了较为成熟的理论体系,但有关团队内部知识转移的研究成果相对较少,而对产学研协同创新团队内部的知识转移问题的研究成果更是少之又少，十分有限。产学研协同创新团队是国家创新系统的微观组织单元，它有效保证协同创新活动的成功开展，有利于国家创新系统自主创新能力的集成与提升。产学研协同创新团队内部成员之间能否进行充分地互动协同、资源能否充分共享和交流、知识转移效果等都会对产学研协同创新产生巨大影响。由于知识转移促进协同创新，增加协同创新绩效，结果不仅提高了高校、科研院所的科学研究和人才培养水平，而且推动了企业的技术创新能力，最终带动区域乃至国家创新系统的建设与发展。因此，有必要对产学研协同创新团队内部知识转移内涵、知识转移过程、影响机理、知识转移策略等问题进行系统的研究。

2. 缺少对产学研协同创新团队内部知识转移过程的深入研究

产学研协同创新团队是在协同创新的背景下组建的，其团队成员来源和团队目标都与其他类型的团队有所区别，准确定义产学研协同创新团队内部知识转移才能更好地构建知识转移过程模型。国内外学者研究知识转移过程较早，相关研究成果也较丰富，建立了许多经典模型，但研究视角较单一，多集中于传播学和信息论理论，而基于其他更多学科理论，如系统理论、融合理论、博弈理论、学习理论等视角的研究较少。知识转移是知识循环系统（知识获取—转移—应用—创新）中的重要一环，其自身也是一个复杂系统，复杂性科学的思想可以帮助我们更好地更深入地研究知识转移的过程。因此，应科学界定产学研协同创新团队知识转移的概念，分析其内涵，并以此为基础不断拓展研究视角，结合产学研协同创新团队的特征，借鉴更多有价值的理论，构建产学研协同创新团队内部知识转移过程模型，深入分析知识转移过程，探明产学研协同创新团队内部知识转移的实质。

**3. 缺少对产学研协同创新团队内部知识转移影响机理的系统化分析与实证研究**

知识转移影响机理主要是识别影响知识转移的主要因素，用于探索这些因素对知识转移的影响程度与方式。知识转移影响因素始终是国内外学者研究知识转移的重点问题，成果比较丰富，研究视角也比较全面。在能够找到的国内外关于团队知识转移问题的有限的研究文献中，影响因素的研究也学者们关注的重点。分析发现，现有对团队内部知识转移影响机理研究存在的主要问题有：一方面，在影响机理的理论分析中，国内外学者或是基于信息网络视角，从知识转移过程中涉及的要素入手来研究知识转移的影响机理；或是基于社会网络视角，研究社会关系、社会结构可能对知识转移产生影响。无论侧重于哪一方面，研究多注重各种输入变量对知识转移的直接影响，忽视了知识转移过程中团队互动的中介作用。另一方面，借鉴国外学者的研究经验，我国学者也开始重视团队知识转移影响机理的实证分析，文献调研发现，对团队知识转移影响机理的实证分析多运用以协方差结构为基础的建模方法（Linear Structural RELationship，简称 LISREL），LISREL 建模方法要求观测值服从多元正态分布且相互独立，适合变量相对较少、样本量相对较多的复杂程度较小的模型；由于产学研协同创新团队内部知识转移的影响因素较复杂，影响变量较多，很难保证样本数据的正态分布和共线性问题，因此还需不断拓展建模方法进行科学的实证研究。由此可见，对产学研协同创新团队内部知识转移影响机理的理论研究和实证分析都需要不断加强。

**4. 缺少对产学研协同创新团队内部知识转移效能的优化策略研究**

长期以来，科技与经济相脱节是制约我国科技和经济发展的瓶颈问题，产学研协同创新中心的建立及发展可以有效解决这一问题。众所周知，产学研协同创新团队是产学研协同创新中心的基本活动单元，其知识转移效果在很大程度上会影响产学研协同创新水平,进而影响国家科技创新能力。但我国产学研协同创新层次较低,团队内部知识转移缺乏持续有效的内在动力。现阶段,一些学者提出的促进产学研协同创新团队内部知识转移的策略方法还比较零散,缺乏基于深入研究基础之上的理论支撑。因此,有必要全面系统地提出促进产学研协同创新团队内部知识转移效能的优化策略。

## 1.3 本书总体设计

### 1.3.1 拟研究的主要问题

基于上述国内外研究现状的分析,本书的主要研究目标是:提高产学研协同创新能力。由于产学研协同创新团队内部知识转移是达成这一目标的主要途径,因此,本书有必要对产学研协同创新团队内部的知识转移内涵、知识转移过程、知识转移影响机理、知识转移效能优化策略等问题进行系统的研究。本书拟解决的主要问题包括:

(1)产学研协同创新团队内部知识转移的内涵和特点。
(2)产学研协同创新团队内部知识转移过程。
(3)产学研协同创新团队内部知识转移影响机理。
(4)产学研协同创新团队内部知识转移效能的优化策略。

### 1.3.2 研究思路、技术路线与方法

本书主要依据提出问题、分析问题、解决问题的总体思路,综合运用多种研究方法系统研究产学研协同创新团队内部知识转移影响机理,并

有针对性地提出了产学研协同创新团队内部知识转移效能的优化策略。具体的技术路线如图1-18所示。

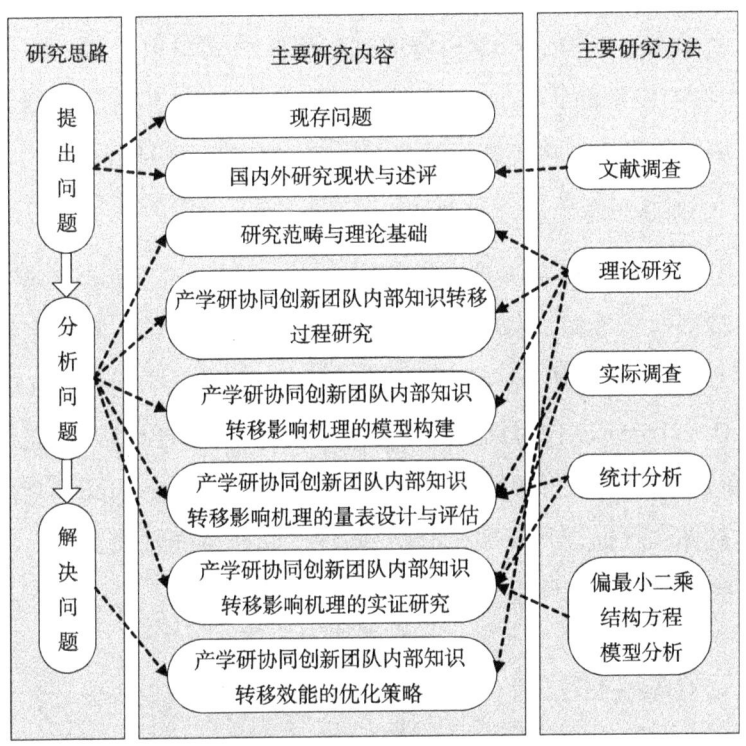

图1-18 本书的技术路线图

为了实现上述研究思路,本书采用了如下研究方法:

1. 文献调查研究与实际调查相结合

充分利用丰富的文献资料、数据库系统及相关搜索引擎,大量查找并仔细阅读相关中外文文献,归纳并概括国内外研究现状,借鉴相关研究理论,丰富本书研究的理论基础。除了利用文献调查研究之外,本书还采用实际调查的方法进行研究,包括采用小规模深度访谈的调查方法对测量量表进行定性修订，采用市场调查的方法对测量量表进行定量评估。

2. 理论研究和实证分析相结合

通过理论分析构建产学研协同创新团队内部知识转移影响机理的模型，为影响机理的实证研究提供理论基础。采用结构方程模型方法对产学研协同创新团队内部知识转移的影响因素进行实证分析。

3. 定性分析与定量分析相结合

采用定性分析的方法发现研究问题、分析研究范畴与理论基础、构建知识转移过程模型、制定知识转移效能的优化策略等。利用定量分析的方法研究产学研协同创新团队内部知识转移影响机理，包括采用SPSS17.0统计分析软件对调查问卷进行信度分析、效度分析、描述性统计分析、单因素方差分析等统计分析，运用SmartPLS2.0和Mplus4.0统计分析软件对样本数据进行深层次分析，验证产学研协同创新团队内部知识转移影响机理的研究假设。

### 1.3.3 全书架构

第1章，绪论。阐述研究的背景、目的、理论意义和实践意义；从知识转移、团队知识转移、产学研协同创新团队知识转移三方面总结国内外研究现状，在分析研究现状不足的基础上指出本书拟解决的主要问题，提出本书的研究思路、研究方法等。

第2章，产学研协同创新团队内部知识转移的基本理论。界定研究范畴，包括剖析产学研协同创新团队的含义、特征，界定产学研协同创新团队内部知识转移的内涵，分析产学研协同创新团队内部知识转移的特点；阐述本书的理论基础，主要包括：知识协同理论、复杂性科学、团队效能理论。

第3章，产学研协同创新团队内部知识转移过程研究。依据系统论的思想分析产学研协同创新团队内部知识转移系统的含义和主要特征，阐述耗散结构理论与产学研协同创新团队内部知识转移系统之间的联系，在此基础上分析产学研协同创新团队内部知识转移系统的耗散结构特征。基于耗散结构理论构建产学研协同创新团队内部知识转移系统的熵变模型，通过分析熵变模型来阐释产学研协同创新团队内部知识转移系统的耗散结构演化。依托耗散结构理论构建产学研协同创新团队内部知识转移模型，分析知识转移构成要素和主要过程，解释产学研协同创新团队内部知识转移的实质。

第4章，产学研协同创新团队内部知识转移影响机理的模型构建。以团队效能理论和复杂性科学为基本思想，提出产学研协同创新团队内部知识转移影响机理的"I-P-O"理论模型；通过对各研究变量维度的科学界定，构建知识转移影响机理的概念模型；通过确定各自变量、中介变量、因变量之间的假设关系，构建本书的假设模型。

第5章，产学研协同创新团队内部知识转移影响机理的量表设计与评估。在国内外相关文献研究基础上，设计产学研协同创新团队内部知识转移影响机理的初始测量问题；采用小规模深度访谈的方法对初始量表进行必要的定性修订，并使用初始量表进行预调查，对初始测量量表进行信度和效度的定量评估；在定性修订与定量评估的基础上，构建产学研协同创新团队内部知识转移影响机理的正式量表。

第6章，产学研协同创新团队内部知识转移影响机理的实证研究。运用构建的正式测量量表，选取调查对象并进行问卷发放与回收，通过数据分析对第四章的概念模型和研究假设进行验证，具体包括：进行实证数据的描述性统计分析，介绍具体分析方法并选取统计分析软件，采用SPSS17.0统计分析软件对问卷量表进行信度和效度检验，运用Smart-PLS2.0和Mplus4.0统计分析软件进行研究假设的检验；最后汇总实证研究结果并进行讨论。

第7章,产学研协同创新团队内部知识转移效能的优化策略。基于上述研究结论,从产学研协同创新团队的微观视角、产学研各组织的中观视角、政府相关部门和机构的宏观视角出发,分别提出提高产学研协同创新团队内部知识转移效能的优化策略。

第8章,全书总结与展望。总结本书得出的主要结论,并提出本书的主要创新点,指出本书研究的不足之处以及未来需要进一步研究的内容。

## 参考文献

[1] 苏屹,周文璐,吴雷.自主创新的创新过程与概念辨析研究[J].科学管理研究, 2013, 31(2): 23-26.

[2] 陈劲,阳银娟.协同创新的理论基础与内涵[J].科学学研究, 2012, 30(2): 161-164.

[3] 吴悦,顾新.产学研协同创新的知识协同过程研究[J].中国科技论坛, 2012(10): 17-23.

[4] 陈瑞爱.构筑政产学研协同创新体系[J].中国人大, 2015(16): 37-38.

[5] 人民网-科技频道. 2011年度国家科学技术奖励产学研结合情况分析白皮书[EB/OL]. [2012-03-15]. http://scitech.people.com.cn/GB/17392507.html.

[6] 刘春艳,王伟.产学研协同创新联盟知识转移的策略研究[J].学习与探索, 2015(3): 110-113.

[7] 宋春艳.基于知识共享的产学研协作创新利益协调机制研究[J].文史博览(理论), 2015(11): 61-63.

[8] 张光磊,刘善仕,彭娟.基于知识转移的高校科研团队知识创新能力

提升路径实证研究[J].情报理论与实践,2011,34(8): 60-64.

[9] Gilbert M, Gordey-Hayes M. Understanding the process of knowledge transfer to achieve successful technological innovation[J]. Technovation, 1996, 16(6): 301-312.

[10] Szulanski G. The Process of knowledge transfer: a diachronic analysis of stickiness[J]. Organizational Behavior and Human Decision Processes, 2000, 82(1): 9-27.

[11] Garavelli A C, Gorgoglione M, Scozzi B. Managing knowledge transfer by knowledge technologies [J]. Technovation, 2002, 22(5): 269-279.

[12] Kwan M M, Cheung P K. The knowledge transfer process: from field studies to technology development[J]. Journal of Database Management, 2006, 17(l): 16-32.

[13] 王开明,万君康.论知识的转移与扩散[J].外国经济与管理,2000(10): 2-7.

[14] 张睿,于渤.基于过程视角的技术联盟知识转移模式研究[J].科技管理研究,2009(8): 116-119.

[15] 左美云,赵大丽,刘雅丽.知识转移机制的规范分析:过程、方式和治理[J].信息系统学报,2010(2): 22-36.

[16] 陈伟,杨佳宁,康鑫.企业技术创新过程中知识转移研究[J].情报杂志,2011,30(12): 120-124.

[17] Nonaka I, Konno N. The concept of Ba's building a foundation for knowledge creation[J]. California Management Review, 1998, 40(3): 40-54.

[18] Lazarova M, Tarique I. Knowledge transfer upon repatriation[J]. Journal of World Business, 2005, 40(4): 361-373.

[19] Jasimuddin S M. Exploring knowledge transfer mechanisms: the case of a UK-based group within a high-tech global corporation[J]. International

Journal of Information Management, 2007, 27(4): 294-300.

[20] 盛小平. 信息共享空间中的知识流与知识转移机制[J]. 图书情报工作, 2010, 54(2): 16-20.

[21] 崔金栋, 徐宝祥, 王欣. 知识生态视角下产学研联盟中知识转移机理研究[J]. 情报理论与实践, 2013, 36(11): 36-40.

[22] 张红兵, 和金生. 仿生学视角下技术联盟组织间知识转移机理研究[J]. 中国科技论坛, 2014(1): 52-56.

[23] 王斌. 知识网络中知识转移路径演化机理的研究[J]. 图书馆理论与实践, 2014(9): 51-55.

[24] 袁红军. 合作式数字参考咨询服务知识转移生态学机制构建[J]. 情报科学, 2015, 33(1): 30-34.

[25] Szulanski G. Exploring internal stickiness: impediments to the transfer of best Practice within the firm[J]. Strategie Management Joumal, 1996, 17 (Winter Special Issue): 27-43.

[26] Aladwani A M. An integrated performance model of information systems projects[J]. Journal of Management Information Systems, 2002, 19(1): 185-210.

[27] Walton R E. The diffusion of new work structures: explaining why success didn't take[J]. Organizational Dynamics, 1975, 3(3): 3-22.

[28] Szulanski G, CAPPETTA R, JENSEN R J. When and how trustworthiness matters: knowledge transfer and the moderating effect of causal ambiguity [J]. Organization Science, 2004, 15(5): 600-613.

[29] 黄微, 尹爽, 徐瑶, 等. 基于专利分析的竞争企业间知识转移模式研究[J]. 图书情报工作, 2011, 55(22): 78-82.

[30] 施陈彬, 李南, 林敏, 等. 知识释放能力影响知识转移效果的模拟研究[J]. 情报理论与实践, 2011, 34(1): 23-26.

[31] 徐升华, 杨同华, 邹家成. 生态产业集群内知识转移影响因素的分析[J]. 情报科学, 2014, 32(10):124-129.

[32] 黄莉, 徐升华. 生态产业集群知识转移影响因素研究[J]. 图书馆学研究, 2015(13): 2-9.

[33] 卢新元, 王艳梅, 周茜. IT外包服务中知识转移过程及影响因素分析[J]. 情报科学, 2012, 30(11): 1734-1738.

[34] Simonin B L. Transfer of marketing know-how in international strategic alliances: an empirical investigation of the role and antecedents of knowledge ambiguity[J]. Journal of International Business Studies, 1999, 30(3): 463-490.

[35] Tyre M J, Hippel E. The situated nature of adaptive learning in organizations[J]. Organizational Science, 1997, 8(l): 71-83.

[36] Simonin B L. Ambiguity and the process of knowledge transfer in strategic alliances[J]. Strategic Management Journal, 1999, 20(7):595-623.

[37] Cummings J L, Teng B S. Transferring R&D knowledge: the key factors affecting knowledge transfer success[J]. Journal of Engineering and Technology Management, 2003, 20(1): 39-68.

[38] 叶舒航, 郭东强, 葛虹. 转型企业外部知识转移影响因素研究——基于元分析方法[J]. 科学学研究, 2014, 32(6): 909-918.

[39] 王向楠, 张立明. 企业间知识转移的影响因素和作用结果[J]. 企业经济, 2012(3): 39-43.

[40] 肖小勇, 文亚青. 组织间知识转移的主要影响因素[J]. 情报理论与实践, 2005(4): 355-358.

[41] 邹艳, 王晓新, 叶金福. 共建模式下企业合作创新知识转移影响因素的实证研究[J]. 科学学研究, 2009, 27(4): 616-621.

[42] Paulsen J M, Hjertø K B. Exploring individual-level and group-level le-

vers for inter-organizational knowledge transfer[J]. The Learning Organization, 2014, 21(4): 274-287.

[43] Awang A H, Hussain M Y, Malek J A. Knowledge transfer and the role of local absorptive capability at science and technology parks[J]. The Learning Organization, 2013, 20(4/5): 291-307.

[44] Mclver D, Lengnick-Hall C A, Lengnick-Hall M L, et al. Understanding work and knowledge management from a knowledge-in-practice perspective[J]. Academy of Management Review, 2013, 38(4): 597-620.

[45] Berman S J, Hellweg S A. Perceived supervisor communication competence and supervisor satisfaction as a function of quality circle participation[J]. The Journal of Business Communication, 1989, 26(2): 103-122.

[46] 吴洁,王建刚,张运华,等.技术创新联盟中知识转移价值增值影响因素的实证研究[J].中国管理科学,2014,22(11): 531-538.

[47] Albino V, Garavelli A C, Sehiuma G. Knowledge transfer and inter-firm relationships in industrial districts: the role of the leader firm[J]. Teehnovation, 1998, 19(l): 53-63.

[48] Holttham C, Courtney N. Developing managerial learning styles in the context of the strategic application of information and communications technologies[J]. International Journal of Training & Development, 2001, 5(1): 23-33.

[49] Kim L. Imitation to innovation:the dynamics of Korea's technological learning[M]. Boston: Harvard Business School Press, 1997.

[50] Gupat A K, Govindarajan V. Knowledge management's social dimension: lessons from Nucor Steel[J]. Sloan Management Review, 2000b, 42(l): 71-80.

[51] 马庆国,徐青,廖振鹏,等.知识转移的影响因素分析[J].北京理工大学学报:社会科学版,2006(1): 40-43.

[52] 徐占忱,何明升.知识转移障碍纾解与集群企业学习能力构成研究

[J]. 情报科学, 2005(5): 559-663.

[53] 翟运开. 企业间合作创新的知识转移及其实现研究[J]. 工业技术经济, 2007, 26(3): 43-46.

[54] Galbraith C S. Transferring core manufacturing technologies in high technology firms[J]. California Management Review, 1990, 32(4): 56-70.

[55] Swap W, Leonard D, Shield M, et al. Using mentoring and storytelling to transfer knowledge in the workplace[J]. Journal of Management Information System, 2001, 18(1): 95-114.

[56] Baum J A C, Ingram P. Survival-Enhancing Learning in the Manhattan Hotel Industry 1898-1980[J]. Management Science, 1998, 44(7): 996-1016.

[57] 吴晓波, 高忠仕, 胡伊苹. 组织学习与知识转移效应的实证研究[J]. 科学学研究, 2009, 27(1): 101-110.

[58] Uzzi B. Social structure and competition in interfirm networks:the paradox of embeddedness[J]. Administrative Science Quarterly, 1997, 42(01): 35-67.

[59] Elfring T, Hulsink W. Networks in entrepreneurship: the case of high-technology firms[J]. Small Business Eeonomics, 2003, 21(4): 409-422.

[60] Helmsing B. Externalities, learning and governance: new perspectives on local economic development[J]. Development and Change, 2001, 32(2): 277-308.

[61] Hansen M T. The search-transfer problem: the role of weak ties in sharing knowledge across organization subunits[J]. Administrative Science Quarterly, 1999, 44(l): 82-111.

[62] 邝宁华, 胡奇英, 杜荣. 强联系与跨部门复杂知识转移困难的克服[J]. 研究与发展管理, 2004, 16(2): 20-25.

[63] 马费成, 王晓光. 知识转移的社会网络模型研究[J]. 江西社会科学,

2006(7): 38-44.

[64] 周密, 司训练, 赵文红. 团队内社会网络质量、工作竞争对团队成员知识转移的影响研究[J]. 南开管理评论, 2009, 12(6): 34-41.

[65] 周晓宏, 郭文静. 基于社会网络的隐性知识转移研究[J]. 中国科技论坛, 2008(12): 88-90.

[66] Reagans R, Mcevily B. Network structure and knowledge transfer: the effects of cohesion and range[J]. Administrative Science Quarterly, 2003, 48(2): 240-267.

[67] Hansen M T. Knowledge networks: explaining effective knowledge sharing in multiunit companies [J]. Organization Science, 2002, 13(3): 232-248.

[68] Tsai M T, Tsai L L. An empirical study of the knowledge transfer methods used by clinical instructors[J]. International Journal of Management, 2005, 22 (2): 273-284.

[69] 朱亚丽, 徐青, 吴旭辉. 网络密度对企业间知识转移效果的影响——以转移双方企业转移意愿为中介变量的实证研究[J]. 科学学研究, 2011, 29(3): 427-431.

[70] 张嵩, 张旭. 基于社会网络的隐性知识转移机制实证研究——以IT行业为例[J]. 图书情报工作, 2010, 54(22): 102-106.

[71] 周智勇, 宋国琴, 谷峰. 虚拟学习社区中知识转移的社会网络分析[J]. 软件导刊, 2012, 11(2): 68-70.

[72] Lucia O, Burdio J M, Acero J, et al. Educational opportunities based on the university-industry synergies in an open innovation framework[J]. European Journal of Engineering Education, 2012, 37(1): 1-14.

[73] Perscott C E. Innovation in the multinational firm with globally dispersed R&D:technological knowledge utilization and accumulation[J]. Journal of High Technology Management Research, 1999, 10(2): 203-221.

[74] Malerba F, Orsenigo L. The dynamics and evolution of industries[J]. Industrial and Corporate Change, 1996, 5(l): 51-87.

[75] 程刚, 李倩. 企业实施创新驱动发展战略的隐性知识转移模式研究[J]. 情报理论与实践, 2014, 37(3): 101-105.

[76] 余光胜, 毛荐其. 技术创新中默会知识转移问题研究[J]. 研究与发展管理, 2007, 19(2): 100-107.

[77] 杨洪涛, 吴想. 产学协同创新知识转移影响因素实证研究[J]. 科技进步与对策, 2012, 29(14): 117-121.

[78] 万幼清, 邓明然. 基于知识视角的产业集群协同创新绩效分析[J]. 科学学与科学技术管理, 2007(4): 88-91.

[79] Ulhøi J, Neergaard H, Bjerregaard T. Beyond unidirectional knowledge transfer: An empirical study of trust-based university-industry research and technology collaboration[J]. International Journal of Entrepreneurship & Innovation, 2012, 13(4): 287-299.

[80] 刘亭亭, 吴洁, 张宇洁. 产学研合作中高校知识创新能力提升的系统动力学研究——基于知识转移视角[J]. 情报杂志, 2012, 31(10): 195-200.

[81] 王斌. 知识转移机制与创新绩效关系的实证研究[J]. 情报科学, 2012, 30(1): 90-94.

[82] 雷宏振, 刘海东. 网络嵌入性、粘滞知识转移与企业合作创新[J]. 经济与管理, 2012(9): 57-61.

[83] Jones G R, George J M. The experience and evolution of trust: implications for cooperation and teamwork[J]. The Academy of Management Review, 1998, 23(3): 531-546.

[84] Mclyer W M, Faraj S. Why should I share? examining social capital and knowledge[J]. Management Information Systems Quarterly, 2005, 29(1):

35-57.

[85] Joshi K D, Sarker S, Sarker S. Knowledge transfer within information systems development teams: Examining the role of knowledge source attributes [J]. Decision Support Systems, 2007, 43(2): 322-335.

[86] Tiwana A. Do bridging ties complement strong ties? an empirical examination of alliance ambidexterity[J]. Strategic Management Journal, 2008, 29(3): 251-272.

[87] Ramanadhan S, Wiecha J L, Emmons K M, et al. Extra-team connections for knowledge transfer between Staff Teams[J]. Health Education Research, 2009, 24(6): 967-976.

[88] Cao W L, Xu L, Liang L, et al. The impact of team task and job engagement on the transfer of tacit knowledge in e-business virtual teams[J]. Information Technology and Management, 2012, 13(4): 333-340.

[89] Kang M, Kim B. Embedded resources and knowledge transfer among R&D employees[J]. Jounal of Knowledge Management, 2013, 17(5): 709-723.

[90] 陶然, 季光辉, 许涛. 基于结构方程模型的项目团队知识转移影响因素实证分析[J]. 图书与情报, 2008(5): 7-12.

[91] 周密, 赵西萍, 司训练. 团队成员网络中心性、网络信任对知识转移成效的影响研究[J]. 科学学研究, 2009, 27(9): 1384-1392.

[92] 尹洁, 李锋, 吴洁. 大学生科研创新团队内部知识转移影响因素研究[J]. 科技管理研究, 2010(15): 153-156.

[93] 王挺. 虚拟研发团队知识转移效能影响因素的SEM模型验证分析[J]. 图书情报工作, 2011, 55(20): 72-76.

[94] 杨建超, 尹洁, 吴洁. 高校科研创新团队内部知识转移影响因素研究——基于江苏省实证分析[J]. 情报杂志, 2012, 31(8): 182-187.

[95] 赵红丹. 临时团队内粘滞知识转移的动力因素——基于扎根理论的

探索性研究[J]. 科学学研究, 2014, 32(11): 1705-1712.

[96] Davenport T H, Prusak L. Working knowledge: how organizations manage what they know[M]. Boston: Harvard Business School Press, 1998: 51-56.

[97] Argote L, Ingram P, Levine J M, et al. Knowledge transfer in organizations: learning from the experience of others[J]. Organizational Behavior and Human Decision Processes, 2000, 82(1): 1-8.

[98] Shamra H, Gupta A K. Knowledge management in the tacit dimension[J]. Annals of Library and Information Studies, 2002, 49(2): 67-72.

[99] 张玲玲, 郑秀榆, 马俊, 等. 团队知识转移与共享"搭便车"行为的激励机制研究[J]. 科学学研究, 2009, 27(10): 1543-1550.

[100] 张海涛, 吴艳玲. 基于知识势能的高校科研团队内部的知识转移机理[J]. 图书情报工作, 2010, 54(20): 110-114.

[101] 毛道伟, 何静. 基于SECI模型的大学科研团队隐性知识转移机理分析[J]. 科技管理研究, 2010(23): 173-176.

[102] 疏礼兵. 企业研发团队内部技术知识转移的过程机理与途径研究[J]. 管理学报, 2012, 9(2): 219-224.

[103] Wijnhoven F. Knowledge logistic in business contexts: analyzing and diagnosing knowledge sharing by logistic concepts[J]. Knowledge and Process Management, 1998, 5(3): 143-157.

[104] 杨钢, 薛惠锋. 高校团队内知识转移的系统动力学建模与仿真[J]. 科学学与科学技术管理, 2009(6): 87-92.

[105] 杨斌, 王学东. 虚拟团队知识转移过程研究[J]. 图书情报工作, 2010, 54(2): 109-112.

[106] Leiponen A. Skills and innovation[J]. International Journal of Industrial Organization, 2005, 23(5): 303-323.

[107] Puck J, Rygl D, Kittler M. Cultural antecedents and performance conse-

quences of open communication and knowledge transfer in multicultural process-innovation teams[J]. Journal of Organisational Transformation and Social Change, 2006, 3(2): 223-241.

[108] 张光磊,刘善仕,申红艳.组织结构、知识转移渠道与研发团队创新绩效——基于高新技术企业的实证研究[J].科学学研究, 2011, 29(8): 1198-1206.

[109] 杨斌,熊万玲,游静.基于知识转移的高校科研团队知识创新能力提升路径实证研究[J].情报理论与实践, 2011, 34(8): 60-64.

[110] Du Chatenier E, Verstegen J A A M, Biemans H J A, et al. The challenges of collaborative knowledge creation in open innovation teams[J]. Human Resource Development Review, 2009, 8(3): 350-381.

[111] Ghobadi S, D'ambra J. Modeling high-quality knowledge sharing in cross-functional software development teams[J]. Information Processing & Management, 2013, 49(1): 138-157.

[112] Nissen H A, Evald M R, Clarke A H. Knowledge sharing in heterogeneous teams through collaboration and cooperation: exemplified through public—private—innovation partnerships[J]. Industrial Marketing Management, 2014, 43(3): 473-482.

[113] 唐锦铨.异质型联合创新团队成员互动行为研究[J].闽江学院学报, 2014(4): 35-41.

[114] Vick T E, Nagano M S, Popadiuk S. Information culture and its influences in knowledge creation:evidence from university teams engaged in collaborative innovation projects[J]. International Journal of Information Management, 2015, 35(3): 292-298.

[115] 陈鑫鑫.基于互惠性偏好的异质性管理团队隐性知识转移研究[J].呼伦贝尔学院学报, 2015, 23(2): 1-4.

# 第2章 产学研协同创新团队内部知识转移的基本理论

本章分析了产学研协同创新团队的含义和特征、界定了产学研协同创新团队内部知识转移的内涵并分析其特点，介绍了本书所涉及的相关理论，包括知识协同理论、复杂性科学、团队效能理论。本章研究成果为后续的理论研究和实证研究奠定了坚实的基础。

## 2.1 产学研协同创新团队的含义和特征

### 2.1.1 产学研协同创新团队的含义

1. 团队的定义

团队的起源早在军队产生时就已经出现，16世纪人们认为一起行动的一群人即是团队，一直到20世纪80年代团队才开始在日本盛行，90年代又在美国广泛流行[1]。

关于团队概念的界定还没有形成一个比较统一的标准，许多学者从不同角度做出的解释也不尽相同。最早给出团队定义的是著名管理学家罗宾斯，他认为团队就是为了实现某一目标而由相互协作的个体所组成的正式群体;它与非正式群体不同,团队主要强调集体绩效,其作用往往是积极的,责任可能是个体的、也可能是共同的,技能是相互补充的[2]。

此外国外学者比较经典的有关团队的定义主要有:管理学家德鲁克率先提出以团队为基础的组织能够创造高成效,他认为团队是由一些才能互补并为负有共同责任的统一目标和标准而奉献的少数人员的集合;他指出,人们在任何地方共同工作或行动,就形成一个团队;建立一支单一有机体的团队是管理者的第一项要务[3]。管理学教授赫尔雷格尔指出,团队就是一群为数不多的人所组成的一个群体,他们知识、技能互补,并承诺于共同的行为目标,保持相互负责的工作关系[4]。卡曾巴赫认为,团队就是一部分成员愿意为了共同的目的、业绩目标而相互承担责任并互补技能组成的群体[5]。

我国学者对团队概念也做出相关的研究。王青教授在《团队管理》一书中指出,所谓团队就是由两个或两个以上的人组成,通过人与人之间的相互影响、相互作用,达成行为上共同规范的一种介于组织与个人之间的组织形态[6]。高虹总结国外学者典型的团队概念后,认为所谓团队就是由一些才能互补并有共同目标、标准和责任的相互依赖的个体组成的正式群体[7]。马恺在研究团队精神问题时,界定了团队的概念,当一个组织由两个或两个以上的人构成,且组织内部的成员之间积极合作实现共同目标,这种组织即是团队[8]。王雪认为团队是企业成功的引擎,它通过合理分工与互补、积极协调专业知识和能力、充分运用团队成员优势来进行协作,进而解决团队问题并实现最终管理目标,团队是管理者领导员工组成的一个共同体,是现代企业管理中战斗的核心[9]。

从上述团队的不同定义可以看出,真正的团队应具备如下要素:团队成员数量有限、成员之间知识技能互补、团队有特定的目标和明确的责任划分、团队成员之间相互协作和相互影响、团队成员有共享的价值观等。因此本书认为,所谓团队就是在一定的环境下,为实现特定的目标,由若干知识技能互补、分工合作、责任共担、资源共享、拥有团队精神的相互影响的一群人所组成的一个正式群体。

2. 协同创新的含义

协同创新已经成为现今世界科技创新活动的一个重要亮点,它有利于深入整合各种类型的创新资源,不断提高科技创新能力。所谓协同创新,强调不断突破各类创新主体间的壁垒,充分释放"人才、资本、信息、技术"等创新要素,真正实现创新主体之间的深度有效合作。宏观层面的协同创新主要运作形式是产学研协同创新。微观层面的协同创新主要指企业内部的协同创新,即市场、技术、产品、工艺、战略、组织、资源、文化等创新要素的全面协同。

产学研协同创新是以科学新发现为导向,以利益共享、风险共担为原则,企业、高校、科研院所三个基本主体投入各自的优势资源和能力,在政府、科技服务中介机构等相关主体的协同支持下,实现技术、人才、知识、管理等创新要素的有效整合,促进产学研各主体之间在科学研究、教育、产业化等创新活动方面的深度合作,进一步推动科学研究、人才培养、产业创新。

本书所说的协同创新主要是指宏观层面的产学研协同创新,其内涵包括:①协同创新是以科学新发现为导向,强调产学研各方突破创新主体间的壁垒共同参与技术研发,改变过去企业作为技术需求方、学研方作为技术供给方的合作创新模式。②协同创新以利益共享、风险共担为原则,强调政府和产学研各方要明确利益范围与责任边界,建立风险分担和利益分享机制,产学研各方之间不仅建立了研发共同体,也建立了互利共赢的利益共同体,保证不同主体之间协同创新的稳定有效开展。③微观角度的协同创新包括多种创新资源和多方创新主体的协调、配置与整合。协同创新就是要打破人、财、物、信息、组织间的各种壁垒和边界,企业和学研方充分释放彼此的创新要素实现深度合作,产生"1+1+1=3"的协同效应。此外,协同创新是一个复杂系统,还需要政府、科技服务中介机构、金融机构等相关主体的协同支持,表现为在产学研联合技术开发过程中,政府通过政策法规引导鼓励、科技服务中介机构提供信息服务、金融机构提供资金支持,保证技术开发和技术商业化活动的顺利进行。④宏观角度的协同创新强调国家创新体系中知识创新系统和技术创新系统的协同。知识创新系统主要是以研究型大学为主的学研方的基础研究、前沿技术研究、社会公益性技术研究等;技术创新系统则是以企业为主体、市场为导向、产学研相结合的技术创新体系。一直以来这两大创新系统在时空上是分开的,缺少有效衔接和协同,协同创新能够有效破解经济与科技的"两张皮"现象。⑤协同创新最终要实现科学研究、人才培养和产业创新的功能。产学研不是指企业、大学、科研院所三方机构,而是指产业创新、人才培养和科学研究三方功能问题。学研方承担着科学研究、人才培养的功能,"产"不只是企业,是指产业创新、产业发展。产学研各主体之间在科学研究、教育、产业化等创新活动方面优势互补、深度合作,共同推进科学研究、人才培养和产业创新。

3. 产学研协同创新团队的内涵

产学研协同创新团队是国家创新系统的微观组织单元,为了获取协同创新所需知识,广泛建立并积极发展产学研各个知识主体之间的最佳联系,在协同创新的道德规范等行为规则的约束下,呈现协同创新的集体理性态势[10]。产学研协同创新团队是保证协同创新活动成功开展的关键,它使得产学研各协同单位均获得比其独自创新更高的效率;产学研协同创新团队也是国家创新系统良性循环的关键,它有利于国家创新系统自主创新能力的集成与提升。

目前几乎没有文献真正界定产学研协同创新团队的定义,但相关的概念包括:李朝明在研究协同知识创新团队结构模型时界定了协同知识创新团队的定义,他指出所谓协同知识创新团队是由协同单位负责、由具备较高知识、技能背景的知识员工组成,在信息网络技术平台支撑下完成新知识、技术、产品、服务等智力成果的创造[11]。杨雅恬认为协同知识创新团队是组织开展协同知识创新活动的主要组织形式,为提高企业创新效率而构建的产品研发团队和技术创新团队等都是协同知识创新团队;协同知识创新团队主要是由知识型员工组成的工作群体,为了实现团队整体目标,团队成员之间互相协作实现知识、能力的互补,最终降低知识创新风险和成本[12]。郭喜指出,科技创新团队是合作创新团队的一种组织形式,它在国家科技创新系统中发挥不可估量的功效;而科技创新团队是一种新型的人才组织模式,它是由为实现特定目标而依靠重大科研项目或创新平台的优秀中青年科研人才组成的创新研究群体[13]。

本书借鉴上述相关定义并结合团队和协同创新的含义,将产学研协同创新团队定义为产学研协同创新团队是一种新型的人才组织模式,它主要以各类型各级别的协同创新中心为依托,以承担国家或地区战略发展需求和重大科技任务为目的,以推动科学研究、人才培养、产业创新为目标,由来自企业、高校、科研院所的若干知识和技能互补、分工合作、责任共担、资源共享、拥有团队精神的从事协同创新活动的科研、技术等高素质创新人才组成的互动系统,在政府、科技服务中介机构、金融机构等相关主体的协同支持下,充分释放彼此的创新要素实现深度合作,产生"1+1+1=3"的协同效应。

基于上述对产学研协同创新团队的定义,参考高虹的研究成果[7],本书认为产学研协同创新团队的内涵包括三个层次,具体如图2-1所示。

第一个层次:目标层面。产学研协同创新团队建设运行的根本目的是承担国家或地区战略发展需求和重大科技任务,其主要目标是实现产学研协同创新,即产学研各主体之间在科学研究、教育、产业化等创新活动方面优势互补、深度合作,共同推进科学研究、人才培养和产业创新。产学研协同创新团队的组织层面和操作层面都离不开目标层面的具体指导。

第二个层次:操作层面。强调来自产学研不同组织的科研、技术等高素质创新人才通过频繁的沟通学习、互帮互助等进行具体的协同创新活动,协同创新团队成员知识技能互补、分工合作、责任共担、资源共享、拥有团队精神。

第三个层次:组织层面。主要包括平台、创新人员、外部环境。为了完成高水平的协同创新,知识的后盾作用重大,因此来自产学研不同组织的科研、技术等高素质创新人才是必不可少的。协同创新是一个复杂系统,不仅需要产学研不同组织的创新型人才,还需要来自协同创新平台的支持以及政府、科技服务中介机构等相关主体的协同支持,这样才能有效保证产学研协同创新团队更好地完成创新任务。另外产学研不同组织的知识型人才只有充分利用环境和平台的资源才能更好地从事协同创新活动。

由此可见,产学研协同创新团队成员之间需要不断进行知识转移才能更好地实现协同创新,真正完成科学研究、人才培养、产业创新的功能。在知识转移的过程中,来自团队内部的成员之间知识、技能的相互沟通、学习、互帮互助,以及来自团队外部的产学研各组织和社会各机构部门的帮助和支持都是实现知识资源有效转移的关键环节。而团队成员的个人特质、转移知识的特性、转移渠道的丰富性、转移情境要素等都影响知识转移效能。

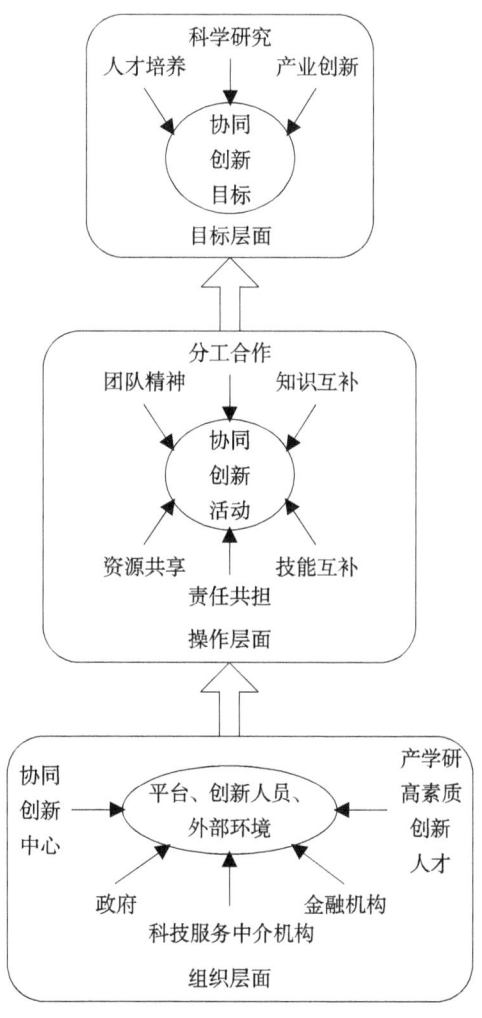

图2-1 产学研协同创新团队内涵层次示意图

## 2.1.2 产学研协同创新团队的特征

在阐述产学研协同创新团队内涵的基础上,本书从三个层面分析产学研协同创新团队的主要特征。

1. 目标层面的特征

产学研协同创新团队主要以承担国家或地区战略发展需求和重大科技任务为目的,以推动科学研究、人才培养、产业创新为目标。这与一般意义上的创新团队目标不同。企业创新团队主要作为企业战略实现的重要支撑点,其目标是完成企业研发项目的技术创新;高校科研创新团队主要以承担重要的基础或应用基础类项目为目的,致力于团队知识创新的共同愿景目标。相比之下,产学研协同创新是一种致力于相互取长补短的智慧行为,强调国家创新系统中技术创新系统和知识创新系统的有效协同。产学研不是指企业、大学、科研院所三方机构,而是指产业创新、人才培养和科学研究三方面功能问题。"产"主要指产业创新、产业发展,而学研方的功能主要体现在科学研究、人才培养方面。产学研协同创新团队作为国家创新系统的微观组织单元,其成长与发展将促进协同创新活动的成功,进而有利于国家创新系统的良性循环,对提升我国国家创新系统自主创新能力以及创建创新型国家发挥至关重要的作用。

2. 操作层面的特征

产学研协同创新团队是由来自企业、高校、科研院所的科研、技术等高素质创新人才通过相互之间的协作沟通来从事协同创新活动的。团队成员具备互补的知识技能,来自学研方的科研人员具有坚实的理论基础和科研攻关能力,知识创新能力较强;而来自于企业或公司的技术人员拥有丰富的实战经验和技能,技术创新能力较强。他们具有的互补的知识技能恰恰是进行团队式科技创新行为的前提条件,这也暗含着团队成员之间在协同创新过程中一定会进行知识转移活动。在从事协同创新活动过程中,团队成员还会分工合作,当遇到困难时可以扬长避短、互帮互助,形成合力,有利于发挥团队的优势,提高团队的总体绩效。此外,团队成员对完成团队目标负有共同承诺的责任,即当团队成员有效地完成了团队目标,全体成员将共同接受激励或奖励,反之要共同承担失败的责任。再者,产学研协同创新团队成员之间资源共享、拥有团队精神。资源共享+团队精神=核心竞争力,这是麦肯基快餐国际连锁公司关于核心竞争力核心思想的解释。资源共享要求团队成员之间主动分享成果和经验,看似简单,真正做到是有难度的。团队精神强调大局意识、协作服务精神,其核心思想是协同合作。当团队具备协作服务精神时,团队成员会无私地将自己的资源与人共享,这样的团队才更具竞争力。

3. 组织层面的特征

首先,产学研协同创新团队是一种新型的人才组织模式。团队成员主要来自全球范围的高校、企业或公司、科研院所等不同协同单位,极具创造性的工作及隐含性较强的知识,使得团队成员动态进出,组织边界表现出模糊性的特点,管理方式也应非常规化[11]。协同创新的本质是管理创新,需要将不同部门、领域、行业、区域、国别界限彻底突破,真正实现创新要素的最优整合。因此要调动产学研不同组织的科研、技术等高素质创新人才的积极性实现协同创新目标,就需要在组织和管理上进行创新。如:保证协同创新的学术成果与协同单位共享,考核、晋升结果协同单位要予以承认,要实行"绩效+奖励"的薪酬模式,协同单位应保留成员人事档案关系,聘期结束回到协同单位。其次,产学研协同创新团队主要以各类型各级别的协同创新中心为依托。协同创新中心有面向科学前沿、面向文化传承创新、面向行业产业和面向区域发展四类,还包括国家级、省级、校级等各种级别。产学研协同创新团队依托这些协同创新中心,主要目的是承担国家或地区战略发展需求和重大科技任务,推动科学研究、人才培养、产业创新全方位发展。最后,政府等相关主体要协同支持。积极发挥政府的主导作用,广泛吸收来自社会各方面的支持,充分释放各类创新要素实现深度合作,产生"1+1+1=3"的协同效应。

## 2.2 产学研协同创新团队内部知识转移的内涵与特点

### 2.2.1 产学研协同创新团队内部知识转移的内涵

在界定产学研系统创新团队内部知识转移内涵之前,需要首先明确本书中知识的含义。

1. 知识的含义

知识的内涵和外延相当丰富,人类对知识的研究和讨论并非始于近现代,而是自古有之。从汉语词源来看,"知识"即"知"+"识"。其中,"知"字从矢从口,"矢"指射箭,"口"指说话,"矢"与"口"联合起来表示说话像射箭,说对话像箭中靶心,因此"知"字本义指说的很准;"识"字繁体从言从戠(戠亦声),"戠"字本指古代军队的方阵操练,本义就是规则图形及其变换,因此"识"的本义是用语言描述图案的形状和细节,引申义为区别、辨别。中国辞海中解释:知识是人们在社会实践中积累起来的经验。西方对于知识的研究可以追溯到古希腊时代,哲学家柏拉图认为知识就是合理的正确信仰[14]。

关于知识概念的探讨从古至今从未停止,由于知识本身的复杂性和开放性,很难对知识作一个明确的定义。再者,学者们由于学科背景不同,研究的出发点和问题不同,仁者见仁,智者见智,所提出的概念各有所侧重,所以,至今还没有形成统一的、权威的知识的定义。关于知识的具有代表性的定义如下表2-1所示。

表2-1 部分学者关于知识的界定

| 观点 | 研究来源 | 概念解释 |
| --- | --- | --- |
| 信仰观 | Alavi M(2001) | 知识是经过验证过的信仰,是个人以真相为目标,不断调整个人信仰的动态人文过程[15] |
| 权力观 | Foucault M(1982) | 知识是权力,权力永远创造知识,知识引导权力的影响[16] |
| 过程观 | Zack M H(1999) | 知识被认为是一个知道并同时行动的过程,这个观点比较集中在专业技术的应用方面[17] |
| 智力观 | Schubert P(1998) | 知识是经过人的思维整理过的信息、数据、形象、意象、价值标准以及社会的其他符号化产物,是一个从经验或学习中感知的、发现的或者学到的东西[18] |
| 能力观 | Davenport T H(1998) | 知识是结构化的经验、价值、情景信息和专家认识的混合,是经过组织的信息,它是言行的基础,能够对某些人或者事物产生影响和改变,能用于解决问题或者决策[19] |

正因为对知识定义的不同认识,学者们对知识进行分类时常用的划分维度也多种多样,见表2-2所示。

表 2-2 部分学者关于知识的分类

| 标准 | 代表人物 | 分类 | 含义 |
| --- | --- | --- | --- |
| 知识可呈现程度 | Nonaka I（1994） | 显性知识 | 可以用文字、公式、图表等形式化符号进行编辑的结构化知识。包括数据、科学公式、说明书、程序、手册、计划等 |
| | | 隐性知识 | 高度个人化的,基于经验得来的知识,很难编码,也很难表达。包括经验、信念、观点、价值、心智模式和技能等[20] |
| 知识依附的载体 | Kakabadse N K（2001） | 个人知识 | 个人在社会长期实践和理论学习中形成的为自己拥有的知识,既包括专业知识、工作技能、诀窍、个人专利和发明,以及个人生活常识和体验,也包括更高层次的思想和价值观 |
| | | 群体知识 | 也称团队知识,团队成员拥有的关于任务和团队的知识集合以及对当前情景的共同理解 |
| | | 组织知识 | 包含在惯例和程序中能操作的加工处理过的信息,是组织通过系统、程序、产品、规则和文化所获得的知识,是人力资产、智力资产、基础构造资产和市场资产的集合[21] |
| 知识的内容 | 世界经合组织（OECD） | 事实性的知识 | 知道是什么的知识(Know-what),主要是指叙述事实方面的知识 |
| | | 技能性的知识 | 知道怎么做的知识(Know-how),主要是指对某些事物的技能和能力 |
| | | 原理性的知识 | 知道为什么的知识(Know-why),主要是指自然原理和规律方面的知识 |
| | | 人力知识 | 知道是谁的知识(Know-who),主要是指涉及谁知道和谁知道如何做某些事的知识[22] |

续表

| 标准 | 代表人物 | 分类 | 含义 |
|---|---|---|---|
| 知识的内容 | Gopalakrishnan S（2004） | 社会科学知识 | 是指受社会、人文和历史影响的主观知识 |
| | | 技术知识 | 广义的技术知识是系统化了的知识，包括生产方法或是管理制度等。狭义的技术知识是指经营或改进现有产品和服务能力所必须具备的知识或方法 |
| | | 自然科学知识 | 是指不受社会因素影响，不受历史条件制约的客观知识和实证知识[23] |

上述讨论了知识的定义与分类，鉴于本书的重点是产学研协同创新团队内部的知识转移问题，知识应该是在转移过程中被传递、吸收、内化的经验与信息的综合，最终促进知识转移，提升协同创新能力。因此，本书对知识的界定应该更多的从过程观、能力观、智力观的视角出发。

本书认为知识是人类从经验或学习中感知的、发现的或者学到的东西，它是经过人的思维整理过的信息，是对信息进行加工后的集合；它不仅存在于书面文件中，还包含在惯例、任务、过程、实践、规范和组织价值观中，是由真理、信仰、观点、过程、事实、概念、判断、观察、价值、情景、预期、方法论和专门技能等所组成的；它存在于人类个体和集体之中，并影响未来行动的潜在可能性，主要用于解决问题或者决策。

此外，理解知识还应从多个维度、多个层次展开。（1）本书所说的知识以隐性知识为主，如技术诀窍、技能和能力、判断力、经验和阅历、直觉、偏好、价值观、人生观、目标倾向等；但也包括显性知识，如：数学表达式、计算机程序、报告、地图、规格以及手册等。（2）本书所说的知识主要是个人知识，如成员的专业知识、技能、经验、个人专利发明、价值观等；

众所周知,脱离组织环境,个人知识很难真正形成并升华,所以,本书所说的知识也包括组织知识,如信息系统、专利、技术、流程、规章制度、组织文化等。(3)本书所说的知识既包括科学知识也包括技术知识,原因在于:学研方创新人才掌握较扎实的科学知识,企业创新人才更多地是掌握技术知识,本书强调协同创新,来自产方和学研方不同性质的知识通过知识转移才能产生更大的协同作用力。

2. 知识转移的含义

知识经济时代,科技已经成为第一生产力,知识逐渐取代其他资源,成为推动经济增长和提高竞争能力的主要动力,知识转移具有了极其重要的价值。知识转移概念最早出现在 Duncan W J(1972)的《关于管理和组织知识的利用过程》的文章中[24]。

目前,由于国内外学者们研究视角、主体、情境因素的不同,所以对于知识转移的概念还没有形成一个统一、标准的认识,通过梳理和分析相关文献,学者们对知识转移的定义主要如下表2-3所示。

表2-3 部分学者关于知识转移的定义

| 研究视角 | 来源 | 概念界定 |
| --- | --- | --- |
| 转移过程的视角 | Argote L (2000) | 组织内部的知识转移是组织中某个单位被组织另一个单位的经验影响的过程[25] |
| | Szulanski G (2000) | 知识转移是一个流程,是指在新的条件下,组织重新创造和维持一组复杂的、因果含糊不清的日常工作[26] |
| | 肖洪钧 (2006) | 知识转移指的是知识以不同方式在不同组织或个体之间的转移或传播,在其过程中考虑知识、知识转移主体(知识发送者和接受者)及其相关情景、转移的方式[27] |

续表

| 研究视角 | 来源 | 概念界定 |
|---|---|---|
| 转移效果的视角 | Zander U（1991） | 认为知识转移是知识接受方对知识的吸收与内化[28] |
| | 董小英（2004） | 知识转移是把实践证明有效的知识或技能应用到不同的环境中，以提高知识的产出和应用规模的过程[29] |
| | 左美云（2010） | 知识转移是两个主体在一定环境下采用一定机制，转移知识并取得相应效果，同时，转移的效果反过来会对两个主体产生影响[30] |
| 过程、效果的综合视角 | Verkasalo M（1998） | 知识转移是一个教与学的过程，是由知识提供者教导知识接受者如何将新的信息与现存的知识基础加以联结，当知识接受者了解到信息与知识基础的关系后，知识转移才可以算是成功的[31] |
| | Koening M E（2005） | 知识转移即是通过相互沟通，使知识源的知识能够被接收者学习并应用[32] |
| | 张莉（2005） | 知识转移被看作知识接收方与知识提供方之间的互动，知识接收者通过各种渠道取得所需要的知识，并加以吸收、应用和创新[33] |
| | 陈莉平（2013） | 企业间的知识转移就是通过知识在参与创新活动的不同企业之间的流动，以实现知识共享和知识学习的过程[34] |
| | 郭朝晖（2013） | 知识转移是指知识在特定的情境中从知识提供者传递到知识接受者并被吸收、应用、发展和创新的过程[35] |

资料来源：根据相关文献整理所得。

通过对知识转移概念的梳理，发现知识转移包涵两个最基本的要素：(1)知识转移过程，核心内容强调知识在双方之间的传播；(2)知识转移效果,主要突出转移的知识可以被知识接受者吸收并应用。

综上所述,考虑到本书的特定研究对象产学研协同创新团队的特征,本书认为产学研协同创新团队内部的知识转移既应该强调过程也应该强调效果,具体定义为根据协同创新目标的需要,产学研协同创新团队内部不同知识储备的人员之间为获得自己不具备但又所需的知识而进行大量的互动与沟通,并通过有效吸收、消化、应用与创新将个人知识转化为团队整体知识,实现个体知识更新与优化和团队内部知识优化与增值,最终使其适应协同创新目标的需求。

本书对产学研协同创新团队内部知识转移内涵的理解包括:①产学研协同创新团队内部的知识转移是一个有目的、有计划的知识分享活动,它不是知识的无意识溢出和竞争对手之间的仿效,而是为了实现协同创新目标,即产学研各主体之间在科学研究、教育、产业化等创新活动方面优势互补、深度合作,共同推进科学研究、人才培养和产业创新。②产学研协同创新团队内部的知识转移是知识从知识源向知识受体传播的过程,强调转移双方的共同努力及大量的互动与沟通。③产学研协同创新团队内部的知识转移不是简单的知识传递,它更注重传递后的效果,即强调知识受体能够对转移来的知识进行充分整合和利用,最终使个人、团队的知识得到价值增值。只有通过知识分享和有效吸收才能更好地提升知识转移效能,完成协同创新。

## 2.2.2　产学研协同创新团队内部知识转移的特点

产学研协同创新团队内部的知识转移也属于知识转移的范畴,具有知识转移的一般特点,即知识转移的受体比较确定;转移内容主要根据受体的需求决定,重视转移双方的反馈和协调;知识转移在受控的环境下进行,效率较高;知识源在向知识受体转移知识的同时也会从受体那里获得新知识,因此知识转移具有双赢的特点;知识在转移过程中极有可能产生裂变效应、聚合效应,新知识的不断产生证明了知识转移的增值性特点。同时由于产学研协同创新团队的自身特点,其内部团队成员之间的知识转移会呈现独有的特性,具体表现为如下几点:

1. 任务复杂性特征

产学研协同创新团队内部的知识转移活动是在一定驱动力下进行的,这个驱动力就是产学研协同创新。产学研协同创新是由科学研究、人才培养和产业创新三个轮子组成,这使转移知识的任务极具复杂性。本书中任务的复杂性主要是指科学研究、人才培养和产业创新三个任务同时以复合、交织的形式镶嵌于产学研协同创新团队内部知识转移的过程之中,且它们彼此之间相互影响,这种多向联动导致完成任务的知识转移行为趋于复杂化。众所周知,企业注重技术创新带动产业创新,学研方更注重提高科学研究水平和人才培养水平,但两方单靠自身的力量难以完成目标,通过协同创新实现产学研各主体之间在科学研究、教育、产业化等创新活动方面的优势互补和深度合作,共同推进科学研究、人才培养和产业创新。其结果是,来自产学研不同组织的团队成员在协同创新目标和其内在动力的推动下,明确实现协同创新目标所要完成的各项任务及完成相应协同创新任务所需要的知识(思想、专业技能、技术),通过多方位交流和多样化协作,促进知识(思想、专业技能、技术)的有效分享和吸收,实现协同创新的总体任务目标。

2. 转移主体之间的知识深度距离较小、知识宽度距离较大

知识距离是指知识转移双方之间所拥有的知识水平或知识含量的差距,一般由知识的深度距离和宽度距离组成。深度距离强调转移双方在某一专业领域内知识水平的差距;而宽度距离则是指转移双方拥有知

识的多样性造成的知识结构上的差异[36]。通常,知识深度距离越小,转移双方的交流与沟通越方便,知识解释的难度越低,最终,转移的知识更容易被消化吸收,知识转移效能越高;而知识的宽度距离越大,知识转移双方知识的互补性越大,可供交换的知识种类越多,知识转移效能越高。知识转移活动要求转移双方既要存在相同的知识基础,又不要具有较大的知识交叉,过多的知识重叠将降低知识转移的动力和有效性[37]。在产学研协同创新团队中,成员来自高校、科研院所和企业或公司,他们都是具有较高学历的科研人员和技术人员,它们在其专业领域内的知识水平都较高,因此产学研协同创新团队成员之间的知识深度距离较小。另外,众所周知,高校和科研院所主要担负人才培养、科学研究和社会服务的功能,高校科研人员从事科学研究活动,更偏重于基础性、理论性研究,掌握的知识主要是基础知识和理论知识;相比之下,企业或公司的主要功能是获取市场利润,其技术人员的知识实践性较强,较为具有应用性特征;因此,产学研协同创新团队成员之间的知识宽度距离较大,这将有效推动具有不同身份背景的创新团队成员积极开展知识转移活动,提高协同创新水平。

### 3. 转移的知识以隐形知识为主

产学研协同创新团队内部的知识转移是一个有目的、有计划的知识分享活动,是为了实现协同创新目标。产学研协同创新团队成员之间需要不断进行知识转移才能更好地实现协同创新,真正完成科学研究、人才培养、产业创新的功能。因此在产学研协同创新团队内部的知识转移中,转移的知识主要用于解决问题,或者决策并影响未来行动的潜在可能性。这些知识多为隐性知识,主要植根于成员的思维方式、工作习惯、工作经验、工艺流程、观点和信仰中,如技术诀窍、技能和能力、判断力、经验和阅历、直觉、偏好、价值观、人生观、目标倾向等。由于隐形知识的模糊性、粘滞性、默会性,为知识转移提供丰富知识存量的同时也带来了一定的困难[38]。

4. 团队内部信任关系建立时间较长

信任是通过创建一个信心的平台来促进信息的流动和隐性知识的交换,被广泛应用于团队、企业、网络组织等各种类型的组织中[39]。信任立足于人们对其他人以往行为的分析判断,一个团队中成员之间的相互信任会随着时间的推移不断正强化或负强化。更确切的说,信任是团队成员交往过程中所坚持的习惯培育出来的,如行事透明、真诚、承担责任、重信守诺、始终如一,信任关系自然就会建立起来。通常,当参与知识转移的大部分成员均来自同一组织时,他们受同样的组织文化熏陶,成员之间彼此了解并在长期的工作中已经建立了较好的人际关系网络,因此,信任关系的建立是比较容易的。而产学研协同创新团队是由来自产学研不同组织机构的科研、技术人员构成,其所在组织的文化差异较大,成员之间彼此不太了解,信任不可能通过某种快速的经营技巧迅速建立,只有通过多次的相互交流与合作才能不断地形成彼此了解、相互信任的氛围,因此对于产学研协同创新团队内部知识转移而言,团队成员之间信任关系的建立需要较长的时间。信任是联系团队内部各成员的重要关系纽带,它有利于提高团队内部知识转移效能,因此,产学研协同创新团队内部信任关系会影响知识转移效能。

5. 多重调控的特征

由于产学研协同创新团队成员来自不同的组织,其内部的知识转移活动具有多重调控的特征。宏观方面,政府对知识转移的调控主要表现为制定各种优惠政策,如税收减免、财政补贴、引进创新人才、"宽带薪酬"制度等;制定科技与经济界面联系的创新政策法规,如《促进科技成果转化法》《关于加强技术创新,发展高科技,实现产业化的决定》《国家科学技术奖励条例实施细则》《中华人民共和国专利法实施细则》等等[40]；建立国家技术转移中心、协同创新中心等，给予知识转移的平台支持；资金支持，主要是积极引导资金流向特定的核心研发和重点攻关项目，上至国家级别的863、973等项目，下到各级地方政府的各类科技攻关项目。中观方面，主要是指协同创新团队成员所在组织中的各项有利于团队成员参与知识转移的制度，包括人事制度、薪酬福利制度、考核制度、晋级和晋职称制度、科研成果共享制度等。微观方面，主要是指协同创新团队制定的有利于知识转移的管理办法，如组织管理、任务、绩效考核等。这种多重调控会对产学研协同创新团队内部的知识转移活动产生重大的影响，也使得产学研协同创新团队内部的知识转移活动影响因素更加复杂。

## 2.3 理论基础

### 2.3.1 知识协同理论

知识协同（Knowledge Collaboration，KC）的概念最早是由 *Knowledge Management* 杂志前主编Karlenzig W于2002年提出的，他从组织战略的视角出发，认为知识协同可以动态整合组织内外部系统、流程、技术和各种利益相关者，最终实现组织绩效最大化[41]。根据Karlenzig的观点，知识协同具有两个方面的含义：一是它能有效促进各类资源的交换与融合，二是它以提升组织绩效为目的，进而提高了组织的竞争能力。

其后，关注知识协同的学者逐渐增多，他们开始从不同的视角给知识协同下定义，最具代表性的观点是从知识管理的视角定义知识协同。

知识管理专家Anklam指出,知识管理经历了以显性知识、信息技术实现为重点的两个发展阶段,随着知识经济时代的到来,知识管理开始迈向以知识协同为标志的新阶段,即知识协同是知识管理发展的第三个阶段[42]。Leijen也指出,知识协同就是当一个人发现自己缺少解决某一问题的能力时,而其他人正好有此能力,结果双方达成共识,共同进行知识整合,最终使该问题得以解决[43]。我国学者佟泽华认为,所谓知识协同,就是知识管理中的主体、客体、环境等达到的一种在时空上有效协同的状态,知识主体之间协同工作,在恰当的时间和场所将知识有效地传递给恰当的目标对象,实现知识创新的"单向""双向"或"多向"的多维动态过程[44]。徐少同认为,知识协同的最终目的是创新,它以知识管理和协同论为基础,由多主体共同参与的互动过程,是整合资源并提高组织绩效的有效管理模式和主要战略手段[45]。

从上述定义中可以发现,知识协同一般包含知识主体、知识客体、时间、环境四个要素,其中知识主体是指知识活动的参与者,知识客体就是知识,环境主要是各类组织机构的"软环境"和"硬环境"。知识协同具有如下四个特点:知识协同追求的核心目标是"1+1>2"的协同效应;知识协同主体、知识客体和环境是随时间的变化而变化的,因此知识协同具有"动态性";知识协同强调知识传递的"准确性",即时间的准时性、目标的准确性、知识流的多向性。随着"知识客体"内容不断丰富,知识协同的价值增强,即知识协同具有知识的集聚作用[46]。

知识协同的组织形式多种多样,常见的有协同团队、知识社区、知识联盟、知识创新型网络组织、虚拟团队等,协同团队是知识协同最基本的组织形式。现阶段,学者们对知识协同过程的研究成果较丰富,主要结论包括:知识创造是知识协同的目标;知识转化是知识协同的有效构成;知识协同过程中有知识搜寻、知识转移、知识创新等多种微观过程[47]。未来,知识协同理论会不断发展和成熟,知识协同也逐渐被应用到其他领域,主要包括:协同设计、虚拟企业、新产品开发、知识创新、供应链等领域。

对于产学研协同创新团队而言,其存在的主要目的是推动科学研究、人才培养、产业创新,这种目的的实现主要是产学研协同创新团队能够有效获取和充分利用知识资源。而知识协同可以理解为一种基于合作互补,以实现共赢的整体优化思想,产学研协同创新团队成员可以有效地将自身及其所在组织的知识资源进行整合与优化,通过知识转移增强协同能力,达到"1+1>2"的效果,最终实现协同创新。因此,本书参考并借鉴了知识管理视角下的知识协同理论的观点,具体分析产学研协同创新团队内部的知识转移活动。

## 2.3.2 复杂性科学

21世纪是复杂性科学的世纪,兴起于20世纪80年代的复杂性科学带来了一场方法论和思维方式的大变革,它既引发了自然科学界的巨大变革,也广泛地渗透到哲学社会科学领域,复杂性科学受到越来越多的学者的关注。复杂性科学(Complexity Science)并非只是指一门独立的新学科,它发生在所有学科领域,复杂性科学是科学系统的一种形态,它带来了科学系统各种深层次性质的改变,它的兴起表明科学系统正在经历从简单科学向复杂科学整体形态的历史性转变[48]。因此,复杂性科学既包括早期的一般系统论、控制论、人工智能,也包括后期的耗散结构理论、协同学、超循环理论、突变论、混沌理论、分形理论和元胞自动机理论。本书所涉及的复杂性科学主要包括系统论、耗散结构理论和协同论。

1. 一般系统论

一般系统论(General Systems Theory)的思想是美籍奥地利人、理论生物学家贝塔朗菲于1932年首次提出的,直到1948年,贝塔朗菲的一般系统论才引起学术界的注意。一般系统论几乎是与控制论、信息论同时出现的,但其真正得到学者广泛重视是在20世纪60—70年代之后。一般系统论主要研究复杂系统潜在的一般规律,其主要内容包括:(1)关于系统的科学,主要采用精确的数学语言描述系统;(2)系统技术,主要是运用系统的思想和方法分析工程系统、生命系统、经济与社会系统等复杂系统;(3)系统哲学。

系统论认为,所有系统都是通过相互联系形成整体结构来发挥整体功能的,系统的基本特征包括整体性、关联性、目的性、动态性等。系统思想的核心即系统整体性,它强调系统不是各个组成部分的简单机械组合或简单相加,而是整体大于部分之和。系统中各要素不是孤立存在的,它们相互关联构成了一个不可分割的整体。因此,一般系统论是把研究对象看作一个复杂系统,主要研究系统、要素、环境之间的相互关系及其变动的规律性,在此基础上充分利用这些关系和规律去控制、管理、改造或创造系统,协调各要素关系,最终使系统不断优化。有人将系统思想和一般系统论称为系统论,与控制论、信息论一起俗称"老三论"。

一般系统论(系统论)的出现为现代复杂问题提供了新的有效的思维方式,它既为现代科学的发展注入了新的理论与方法,也为解决现代社会中的各种复杂问题提供了方法论基础。本书从系统论的角度出发,认为产学研协同创新团队内部知识转移是一个系统,符合系统的一般含义,它是由知识源、知识受体、知识、转移渠道构成的,各部分之间相互联系、相互作用,通过科学知识和技术知识的充分共享和有效吸收与利用实现知识的高效转移,提高科技创新能力,最终促进产业发展、人才培养和科学研究功能的整体提升。

2. 耗散结构理论

耗散结构理论（Dissipative Structure Theory）是由比利时物理学家伊里亚·普里戈金（Prigogine L）于1967年在一次"理论物理学和生物学"的国际会议上正式提出的，它是研究耗散结构形成的条件、机理和规律的理论。耗散结构是一种远离平衡态的、稳定的、有序的结构，具有耗散结构特征的系统通常应具备三个条件：①开放系统，即能以不同的形式不断地与外部环境进行物质、能量、信息的交换；②远离平衡态，即系统内各要素、各子系统相互联系与制约，整体上看是有序的"活"结构；③非线性动力学机制，如正负反馈机制等。

耗散结构理论解决了开放系统如何从无序走向有序的问题。当系统具有耗散结构特征，其有序程度的高低可以通过体系状态函数"熵"（Entropy）来表示，"熵"越大系统的无序程度就越高[49]。"熵"的概念是1850年德国物理学家鲁道夫·克劳修斯（Clausius R）首次提出的，是指体系的混乱的程度。"熵"概念被广泛应用在许多科学领域，在不同的学科中引申出更具体的定义，其在社会科学中是指开放系统无序程度的度量。

开放系统的"熵"包括系统内部因不可逆产生的熵增 $d_i s$ 和系统与外界交换能量和物质时引发的熵流 $d_e s$，整个系统的总熵 $ds = d_i s + d_e s$，其中，$d_i s > 0$，$d_e s > 0$ 或 $d_e s < 0$ 或 $d_e s = 0$。热力学第二定律指出，孤立系统中是没有熵流的，如果系统是可逆的，"熵"会保持不变；如果系统是不可逆的，"熵"总是在增加。热力学第二定律又称"熵增定律"，表明了在自然过程中，一个孤立系统的总混乱度（即"熵"）不会减小。但在开放系统中，熵流 $d_e s > 0$ 或 $d_e s < 0$ 或 $d_e s = 0$，如果外界提供足够的负熵流 $d_e s < 0$，且 $|d_e s| \geq d_i s$，则总熵 $ds \leq 0$，总熵 $ds$ 越小，系统的有序性越强。可见，开放系统通过不断与外界环境交换物质、能量产生的负熵流 $d_e s$ 来减少总

熵 $ds$，最终使系统由无序走向一种新的稳定有序的耗散结构，如图2-2所示。

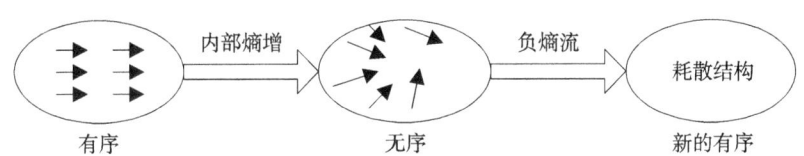

图2-2 耗散结构分析示意图

耗散结构理论应用领域及其广泛，它不仅可以用于解释热力学系统，也可以用于解释经济、社会、技术创新等具有自组织现象的社会科学问题。产学研协同创新团队内部知识转移是由主体要素、客体要素、渠道要素和情境要素构成的相互作用、相互影响的复杂系统，该系统符合一切系统应具备的特征。产学研协同创新团队内部知识转移系统也是一个具有开放性、远离平衡态、非线性作用的耗散结构体，它通过不断地与外界环境进行能量、知识、信息的交换，逐渐由无序走向有序，形成新的稳定结构。分析产学研协同创新团队内部知识转移系统的熵变将有利于进一步分析其知识转移的实质，因此本书运用耗散结构理论研究产学研协同创新团队内部知识转移过程问题。

3. 协同论

协同论（Synergetics）亦称协同学或协和学，它是德国教授、著名物理学家哈肯（Haken H）于1976年提出的。协同论主要以"老三论"和突变论为基础，吸取耗散结构理论的精华，采用统计学和动力学结合的方法，探讨各种系统从无序变为有序时的相似性，研究它们从混沌无序状态不断向稳定有序结构转化的机理与条件。

协同论的主要内容包括：(1)协同效应（Synergy Effects），也称增效作用,简单地说,就是"1+1>2"的效应。协同论认为在系统中,各子系统间是一种相互影响、相互合作的关系,当外来能量发挥作用或物质聚集到临界点时,子系统间会产生协同作用。(2)伺服原理(Servo Principle),主要强调系统内部的快变量服从慢变量、序参量起支配作用。系统临近不稳定点或临界点时,少数几个集体变量(序参量)支配系统其他变量的行为并最终主宰系统演化的整个过程。(3)自组织原理(Self-organizing Principle),是指系统在吸收外部能量、信息、物质的过程中,能够依据相互默契的某种规则,各尽其责、相互协调,不断向结构化、有序化、多功能方向发展,自动形成新的有序结构。

协同论在自然科学和人文社会科学领域等许多方面应用广泛。作为一门年轻学科,它为人类处理复杂问题提供了新的视角。在本书中,产学研协同创新团队内部知识转移是一个社会系统,在产学研协同创新各组织以及政府等外部环境的作用下,各个子系统之间会产生协同作用,协同效应越高,系统整体功能越能更好地实现;协同论的自组织原理显示,产学研协同创新团队内部知识转移系统必须与外部环境不断进行知识、信息、能量交换,使其向有序化方向发展。影响产学研协同创新团队内部知识转移的因素很多,需要找出起决定作用的序参量,这样才能把握整个系知识转移统的发展方向。因此,本书吸收协同论精华,采用一种新的思维模式与视角去诠释产学研协同创新团队内部知识转移过程和影响机理。

### 2.3.3 团队效能理论

团队效能(Team Effectiveness)就是在既定环境和规定时间内,科学度量团队完成规定任务的程度。一般来说,团队效能是团队能力、可信赖性和适应性的函数,其公式为 $W=f(C, D, A)$,其中,$W$ 是团队效能;$C$

(Capability)是团队拥有执行任务的整体能力,主要有成员技能、知识和能力等;D(Dependability)是团队执行任务时所处的状态,主要有成员个性状态、角色认知与定位等;A(Adaptability)是团队执行任务过程中所处的状态,主要有成员角色分配、团队规则形成、团队文化成熟等。

在团队效能理论的研究中,团队效能影响因素的研究得到了非常广泛深入的探讨,学者们在研究影响团队效能的关键因素并建立团队效能的生成关系模型方面已经取得了许多较有价值的成果。

较为经典和最常被引用的团队效能模型是Mcgrath于1964年提出的输入(Inputs)-过程(Processes)-输出(Outputs)的"I-P-O"模型。输入(Inputs)代表团队初始条件,是指一些影响团队效能的结构因素;过程(Processes)是指项目进行过程中团队成员间为完成任务而发生的一系列行为等;输出(Outputs)是指项目任务结束后的结果和成员的满意度等。"I-P-O"模型强调输入过程中的不同因素通过影响团队互动过程进而影响团队效能,互动过程扮演中介角色,在团队输入变量与团队效能之间产生影响。具体见图2-3所示[50]。

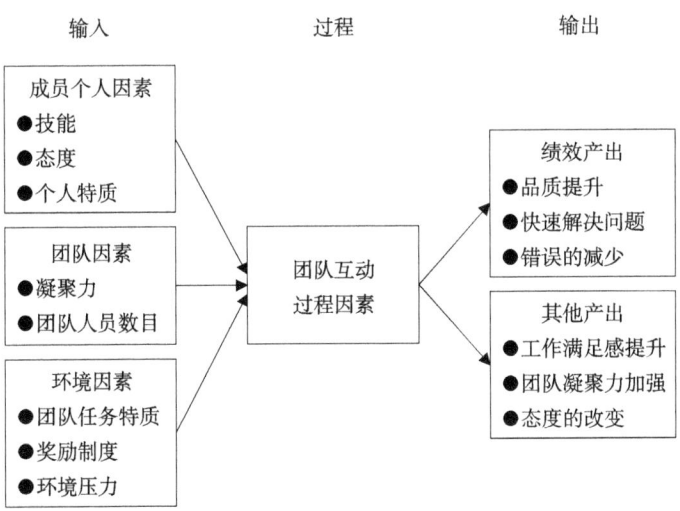

图2-3 Mcgrath的"I-P-O"模型

"I-P-O"模型是研究团队(组织)效能最有效的工具,其对后续团队效能模型研究与构建产生了十分重要的影响。许多学者基于"I-P-O"范式研究团队互动过程的前因与结果,在该模型基础上不断修改建立了更多的团队效能模型,比较有代表性的团队效能模型包括如下几个:

(1)Jewell的团队效能模型,如图2-4所示[51]。该模型将团队互动过程看作是团队效能的重要中介和前因变量,该模型的主要贡献是列出了团队产出效能和团队互动过程的关键要素,并将物质环境因素和社会环境因素作为个人特质和团队特质等输入要素和团队互动过程之间的权变变量。Jewell的模型对此后的团队互动过程研究具有重要的指导价值。

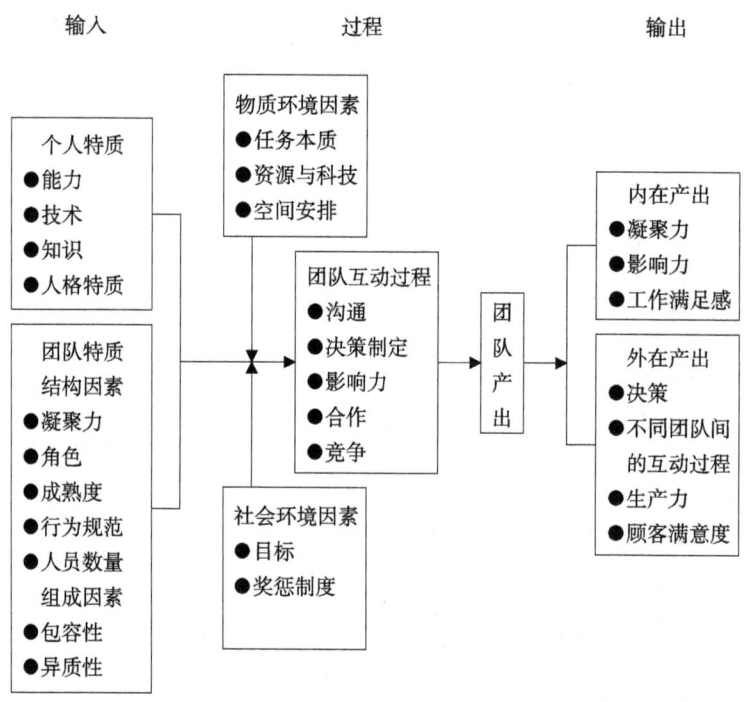

图2-4 Jewell的团队效能模型

（2）Cohen的团队效能模型，如图2-5所示[52]。Cohen的模型描述了各种影响因素之间直接或间接的相关路径，将团队互动过程分为内部过程和外部过程，注重冲突和沟通的重要中介作用，尤其强调了团队心理特征独立地或通过与团队行为互动对团队效能的影响。

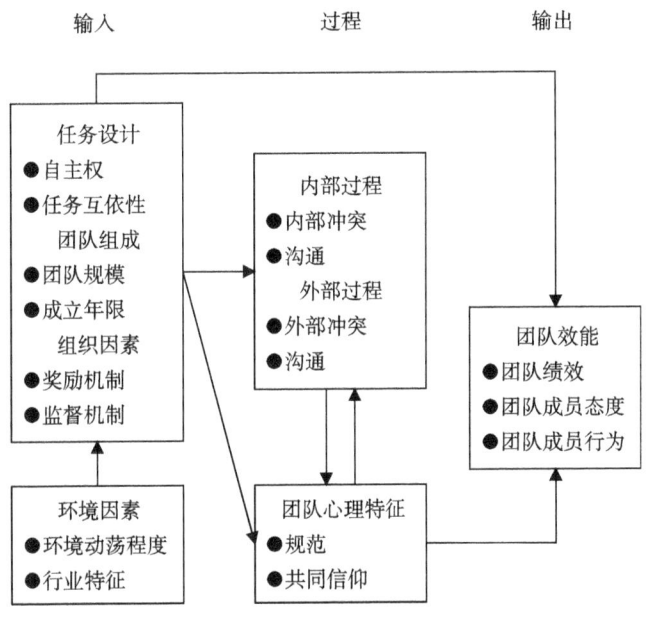

图2-5　Cohen的团队效能模型

（3）Pascual的团队效能模型，如图2-6所示[53]。该模型最大贡献在于突破了以往模型只对输入和输出变量进行类别划分，对团队作用过程变量进行了类别划分，将其划分为知识、领导、行为、态度四大类，每一大类下面又包含具体小类。该模型对以后研究有一定借鉴作用。

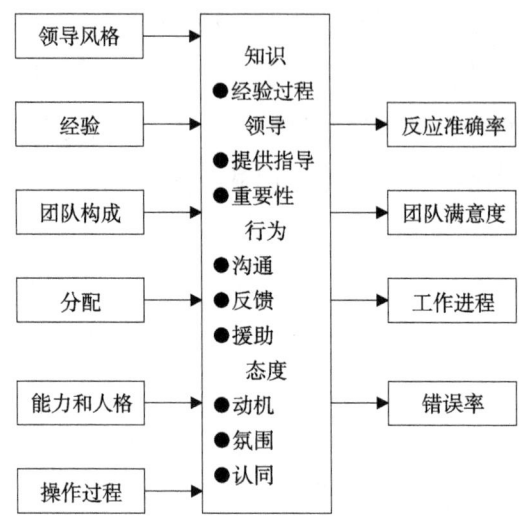

图2-6　Pascual R G(2001)的团队效能模型

从上述模型中可以发现,后来许多学者建立的团队效能模型多是在Mcgrath的"I-P-O"模型的基础上不断修改的,其基本思想大致相同,只是输入(Inputs)、过程(Processes)、输出(Outputs)所包含的要素有所差别,其基本特征都是输入(Inputs)-过程(Processes)-输出(Outputs)的系统性构架。总之,任何模型都不能穷尽所有的变量,始终有一些要素无法纳入到模型中。

在团队内部知识转移的研究领域,影响因素的研究一直是备受国内外学者关注的热点。现阶段多数有关团队内部知识转移影响因素的研究都集中于各种输入变量对知识转移结果(I-O)的影响,忽视了在团队内部知识转移过程中团队互动的中介作用,因此较少有学者同时针对输入变量、知识转移过程中团队互动、知识转移结果三者加以探讨的研究。本书借鉴基本的"I-P-O"模型的思想,认为产学研协同创新团队内部知识转移效能是知识转移系统中各输入要素通过知识转移过程中团队互动的中介作用来实现的。

## 2.4 本章小结

本章在阐述团队、产学研合作、协同创新概念的基础上,界定并分析了产学研协同创新团队的含义,并从目标层面、操作层面、组织层面分别分析了产学研协同创新团队的特征;在对知识、知识转移概念界定的基础上,重点阐述了产学研协同创新团队内部知识转移的内涵,并分析了产学研协同创新团队内部知识转移的任务复杂性、转移主体之间的知识深度距离较小且知识宽度距离较大、转移的知识以隐形知识为主、团队内部信任关系建立时间较长、多重调控等特点;最后阐释了产学研协同创新团队内部知识转移机理研究中所涉及的相关理论,主要包括知识协同理论、复杂性科学、团队效能理论。

## 参考文献

[1] 池颖. 我国高校科研创新团队的内涵[J]. 中国校外教育, 2009(10):7-8.

[2] 罗宾斯, 库尔特. 管理学(第9版)[M]. 孙健敏, 等, 译. 北京:中国人民大学出版社, 2008.

[3] 德鲁克. 未来的管理[M]. 李小刚, 等, 译. 成都:四川人民出版社, 2000.

[4] 赫尔雷格尔, 斯洛克姆, 伍德曼. 组织行为学(第九版)[M]. 俞文钊, 丁彪, 等, 译. 上海:华东师范大学出版社, 2001.

[5] 卡曾巴赫. 团队的智慧:创建绩优组织(第三版)[M]. 侯玲, 译. 北京:经济科学出版社, 1999.

[6] 王青. 团队管理[M]. 北京:企业管理出版社, 2004.

[7] 高虹, 王济干. 基于内容分析法的创新团队内涵解析[J]. 科技管理研究, 2014(10): 87-94.

[8] 马恺, 陈凤娟. 应用型本科学生的团队精神培养对策探索[J]. 产业与

科技论坛, 2015, 14(20): 246-247.

[9] 王雪. 团队管理的相关知识研究[J]. 品牌, 2015(9):266.

[10] 赵丽梅. 面向知识创新的高校科研团队内部知识整合研究[D]. 哈尔滨:哈尔滨工业大学, 2013.

[11] 李朝明, 杜宝苍. 协同知识创新团队结构模型研究[J]. 科技管理研究, 2012(15): 180-184.

[12] 杨雅恬, 李朝明. 协同知识创新团队激励机制研究[J]. 科技与产业, 2013, 13(8): 70-73.

[13] 郭喜, 王志平. 基于协同信息的科技创新团队成员选择指标体系[J]. 科学管理研究, 2012, 30(2): 63-65.

[14] 吴冰, 王重鸣. 知识和知识管理[J]. 经济学和经济管理, 2006(1):57-61.

[15] Alavi M, Leidner D. Knowledge management and knowledge management systems:conceptual foundations and research Issues[J]. Mis Quarterly, 2001, 25(1): 107-136.

[16] Foucault M. The subject and power[A]. In Foucault M. Dreyfus H L, Rabinow P(Eds). Beyond structuralism and hermeneutics[M]. New York: Harvester Wheastsheaf, 1982.

[17] Zack M H. Developing a knowledge strategy[J]. California Management Review, 1999, 41(3): 125-145.

[18] Schubert P, Lincke D, Schmid B A. Global knowledge medium as a virtual community: the netAcademy concept[A]. In: Proceedings of the Fourth Americas Conference on Information System, 1998.

[19] Darvenport T H, Prusak L. Working knowledge: how organizations manage what they know[M]. Boston: Harvard Business School Press, 1998: 84-106.

[20] Nonaka I. A dynamic theory of organizational knowledge creation[J]. Organization Science, 1994, 5(1): 14-37.

[21] Kakabadse N K, Kouzmin A, Kakabadse A. From tacit knowledge to knowledge management: Leveraging invisible assets[J]. Knowledge and Process Management, 2001, 8(3): 137-154.

[22] 杨宏进, 薛澜. 以知识为基础的经济[M]. 北京: 机械工业出版社, 1997, 39.

[23] Gopalakrishnan S, Santoro M D. Distinguishing between knowledge transfer and technology transfer activities: the role of key organizational faetors [J]. Engineer Management, IEEE Transactions on, 2004, 51(1): 57-69.

[24] Duncan W J. The knowledge utilization process in management and organization[J]. The Academy of Management Journal, 1972, 15(3): 273-287.

[25] Argote L, Ingram P. Knowledge transfer:a basis for competitive advantage in firms[J]. Organizational Behavior and Human Decision Processes, 2000, 82(1): 150-169.

[26] Szulanski G. The process of knowledge transfer: a diachronic analysis of stickiness[J]. Organizational Behavior and Human Decision Processes, 2000, 82(1): 9-27.

[27] 肖洪钧, 刘绍昱. 基于动态能力理论的知识转移影响因素研究[J]. 现代管理科学, 2006(3): 9-10.

[28] Zander U. Exploiting a technological edge-voluntary and involuntary dissemination of technology [M]. Stockholm, Sweden: IIB,1991.

[29] 董小英. 知识优势的理论基础与战略选择[J]. 北京大学学报(哲学社会科学版), 2004, 41(4): 37-45.

[30] 左美云, 赵大丽, 刘雅丽. 知识转移机制的规范分析:过程、方式和治理[J]. 信息系统学报, 2010(2): 22-36.

[31] Verkasalo M, Lappalainen P. A method of measuring the efficiency of the knowledge utilization process[J]. IEEE Transactions on Engineering Man-

agement, 1998, 45(4): 414-423.

[32] Koenig M E. KM moves beyond the organization: The opportunity for librarians[J]. Information Services, 2005, 25(2): 87-93.

[33] 张莉,齐中英,田也壮.知识转移的影响因素及转移过程研究[J].情报科学, 2005, 23(11): 1606-1609.

[34] 陈莉平.关系网络维度下企业间的知识转移机制研究[J].福州大学学报(哲学社会科学版), 2013(3)25-130.

[35] 郭朝晖,李永周.产学合作中的知识转移机理与绩效评价研究[J].技术经济与管理研究, 2013(6): 39-43.

[36] 张莉,和金生.知识距离与组织内知识转移效率[J].现代管理科学, 2009(3):43-44.

[37] 李靖华,常晓然.基于元分析的知识转移影响因素研究[J].科学学研究, 2013, 31(3): 394-406.

[38] 殷斌,郭东强.企业转型知识转移特性研究及流程设计[J].科技管理研究, 2012(10): 164-168.

[39] Hardwick J, Anderson A R, Cruickshank D. Trust formation processes in innovative collaborations: networking as knowledge building practices[J]. European Journal of Innovation Management, 2013, 16(1): 4-21.

[40] 毕会英.政府在大学技术转移中的职能定位[J].科技管理研究, 2006(1): 17-23.

[41] Karlenzig W. Tap into the power of knowledge collaboration[EB/OL]. 2015-3-19, http:// www.thefreelibrary.com.

[42] Anklam P. Knowledge management: The collaboration thread[J]. Bulletin of the American Society for Information Science and Technology, 2002(6): 8-11.

[43] Leijen H, Baets W. A cognitive framework for reengineering knowledge-in-

tensive processes[C]. Proceedings of the 36th Hawaii International Conference on System Sciences(HICSS'03), Hawaii, USA, 2002.

[44] 佟泽华. 知识协同及其与相关概念的关系探讨[J]. 图书情报工作, 2012, 56(8): 107-112.

[45] 徐少同. 科技体制改革背景下的科研管理知识协同框架研究[J]. 情报科学, 2015, 33(1): 25-29.

[46] 章颖华, 祝锡永. 基于维基的过程导向知识协同方法研究[J]. 情报理论与实践, 2014, 37(5): 51-56.

[47] 陈建斌, 郭彦丽, 徐凯波. 基于资本增值的知识协同效益评价研究[J]. 科学学与科学技术管理, 2014, 35(5): 35-43.

[48] 苗东升. 科学的转型从简单性科学到复杂性科学[J]. 河北学刊, 2004(6): 30-34.

[49] 吴雪娟. 耗散结构系统的负熵及其实现过程[J]. 系统辩证学学报, 1995 (3):74-78.

[50] Mcgrath J E. Social psychology: a brief introduction[M]. New York: Holt, Rinehart& Winston, 1964.

[51] Jewell N, Reitz J. Group effectiveness in organizations[M]. Illinois: Foresman and Company, 1981.

[52] Cohen W B, Bailey D E. What make teamwork: group effectiveness research from the shop floor to the executive suite[J]. Journal of Management, 1997, 23: 239-290.

[53] Pascual R G, Blendell C, Molloy J J, et al. An investigation of alternative command planning processes[EB/OL]. DERA/KIS/SEB/WP010248, 2011.

# 第3章 产学研协同创新团队内部知识转移过程研究

知识转移作为知识循环系统(知识获取—知识转移—知识应用—知识创新)中的重要一环,其自身也是一个复杂系统。本章依据复杂性科学的思想,采用耗散结构理论来研究产学研协同创新团队内部知识转移过程。

## 3.1 产学研协同创新团队内部知识转移系统的耗散结构分析

### 3.1.1 知识转移系统的含义与特征

#### 1. 知识转移系统的含义

系统的存在是客观事实,人类对简单系统的研究较多,但对复杂系统的研究相对较少。在研究复杂生命系统中诞生的一般系统论,形成于20世纪30年代,为社会政治、经济、军事、科学、文化等方面的各种复杂问题的解决提供了新的视角与方法。一般系统论研究复杂系统潜在的一般规律,人们将一般系统论与系统思想合称为系统论,与控制论、信息论一起俗称"老三论"。

随着系统论的发展,系统一词频繁出现在社会生活和学术领域的方方面面,但有关系统概念、特征的描述尚无统一规范的定论,不同的人在不同场合往往赋予它不同的含义,最常采用的系统定义是:系统是由相互联系与制约的若干组成部分组成的、具有特定功能的一个有机整体(集合)[1]。由此可见,系统的含义主要包括:它是由若干子系统(部分)组成的,具有一定的结构,并有一定的功能(目的性)。现实中的系统多是以特定系统出现的,其前面会有一些修饰词,限定了研究对象的物质特点,例如环境系统、教育系统等等。

知识经济时代,技术创新上升为科技创新,科技创新的重点是利用科学发现的成果进行新技术研发。因此,对科学新发现进行技术研发就需要大学、科研机构和企业协同创新。协同创新的关键是科学知识和技术知识的有机结合以实现科技创新,其实质就是知识的转移活动[2]。通过产学研知识的有效转移,取得关键领域的标志性成果、培养创新型人才、提升学科竞争力、产生重大科研成果。众所周知,科学知识主要来源于高校(包含科研机构),而技术知识主要来源于企业。产学研协同创新团队汇集了众多高校、科研机构和企业的大量科研人员和技术人员,为了实现科技创新,他们既作为知识源也作为知识受体不断进行知识分享活动,并将接收到的知识加以有效吸收与充分利用,实现科技创新。因此,产学研协同创新团队内部知识转移主要包括知识分享和知识吸收两个环节,是一个系统的概念。

之所以认为产学研协同创新团队内部知识转移是一个系统,主要因为它符合系统的一般含义。(1)产学研协同创新团队内部知识转移系统是由若干部分组成的,包括知识源、知识受体、知识、转移渠道四部分,同时还主要包括知识分享和知识吸收两个子系统。(2)产学研协同创新团队内部知识转移系统有一定的结构,知识源、知识受体、知识、转移渠道之间是相互联系、相互作用的有机整体；知识源是知识转移的发出方，知识受体是知识转移的接收方，转移渠道发挥着桥梁和纽带的作用，即知识源将转移的知识通过转移渠道转移给知识受体。(3)产学研协同创新团队内部知识转移系统有特定的功能，通过科学知识和技术知识的有效转移，既可以提高学研方的科研能力、教学水平、社会声誉、整体实力，也可以提高企业的自主创新能力和竞争优势，促进产学研协同创新团队组织长期稳定健康发展，促进区域经济持续发展，提高国家整体自主创新能力，即通过提高国家科技创新能力，最终促进产业发展、人才培养和科学研究功能的整体提升。

综上所述，所谓产学研协同创新团队内部知识转移系统，就是由知识源、知识受体、知识、转移渠道构成的，各部分之间相互联系、相互作用，通过科学知识和技术知识的充分共享和有效吸收与利用实现知识的高效转移，提高科技创新能力，最终促进产业发展、人才培养和科学研究功能的整体提升[3]。

2. 知识转移系统的特征

上述分析可以看出，产学研协同创新团队内部知识转移活动是由众多相互联系的子系统或部分组成的具有一定结构的统一体，它是系统为达到特定目的，使知识源通过一定的渠道将特定的知识分享给知识受体，知识受体再将自己的学习体验反馈给知识源从而使知识源调整知识分享的循环过程。产学研协同创新团队内部知识转移系统具有系统论强调的一切系统应有的特性。

(1)整体性。整体性主要强调系统不是各个要素(组成部分)的简单相加，系统内任何一个要素(组成部分)发生变化或出现故障时，都将影响系统整体功能的发挥。如果将系统要素(组成部分)之间的相互联系、相互作用协调好，就能得到"1+1 = 2"的效果。产学研协同创新团队内部知识转移系统是一个有组织的整体,通过来自高校、科研机构、企业各组织的科研技术人员之间的深入合作和资源整合实现协同创新。产学研协同创新团队内部各知识转移主体的知识在流动中增值,通过知识转移来实现资源互补、协同发展,系统整体功能大于部分元素功能之和,具有系统整体功能涌现的特性。

(2)相关性。相关性是指系统的各组成要素之间或系统整体与部分之间的相互作用、相互联系。相关性体现了系统内部要素与要素之间的关系,它强调组成系统的要素是相关的并不是独立的,系统的各个元素(组成部分)的变化会对其他的元素(组成部分)产生影响。产学研协同创新团队内部知识转移系统包含知识源、知识受体、知识、转移渠道几部分,知识源接收知识受体的需求转移知识,这些被转移的知识通过转移渠道实现知识的有效传递,知识受体吸收、整合接收的知识并不断反馈信息,使知识转移进入下一个循环。通过各部分功能的实现促进知识转移周而复始的不断循环上升,最终提升科技创新能力,实现系统的整体功能。

(3)动态性。系统的动态性强调任何一个系统都是处在运动变化和发展之中的,呈现在一个始终运动的过程之中。运用系统的动态观点,既使我们了解系统的现状,也让我们能够看到系统的变化和发展,从而预测系统的未来从而掌握系统的发展规律。产学研协同创新团队内部知识转移系统也具有动态性的特点,随着知识转移的不断进行,参与知识转移的每个个体的知识储备和创新能力不断上升,同时产学研协同创新团队内部知识转移系统不断与外部环境进行知识、信息、物质的交流,输入的负熵流抵消系统自身产生的熵增,这些都使系统不断演进、向更高层次发展。

(4)目的性。任何系统的诞生都具有某种目的,即都是为了要实现一定的功能。系统的目的性主要被用作区别不同系统的标志,即不同的系统有着不同的存在和发展的目的。产学研协同创新团队内部知识转移系统是一个多目的的系统。微观方面：对学研方而言，目的是提高学研方的科研能力、教学水平、社会声誉、整体实力，对企业而言，通过知识积累和知识存量提高企业的自主创新能力和竞争优势；中观方面：促进产学研协同创新组织中长期稳定健康发展，带动区域经济持续发展；宏观方面：提高国家整体科技创新能力。最终，产学研协同创新团队内部知识转移系统实现促进产业发展、人才培养和科学研究功能的整体提升。

（5）环境适应性。系统只有在一定的环境条件下才能保持其原有的特性，系统要时刻适应环境的变化。系统与环境之间常常伴有物质、能量、信息等的交换，环境的变化引发了系统特性的变化，最终引起系统功能和内部各子系统相互关系的变化。任何一个系统都存在于一定的外部环境之中，产学研协同创新团队内部知识转移系统也处于社会大环境之中，社会环境的变化会使系统失去原有的特性，系统功能难以实现。因此要不断调整、完善系统，使其适应外部环境，寻求长远稳定的发展。

## 3.1.2　知识转移系统与耗散结构理论的联系

表面上看，耗散结构理论与产学研协同创新团队内部知识转移系统之间没有联系，但深入进行比较分析，可以挖掘出它们之间较为紧密的联系，具体表现在两方面。

1. 两者都和系统有关

产学研协同创新团队内部知识转移是一个系统的过程，该系统符合一切系统应具备的特征。而耗散结构理论的研究对象就是系统，其产生于物理学，但其理论、概念和方法不仅可以用于解释自然现象问题，也可以用于解释社会现象问题，因此，耗散结构理论的应用范围十分广泛，其对自然科学和社会科学很多领域的研究都做出了极其显著的贡献。可见,以系统为主要研究对象的耗散结构理论能用于研究社会性、经济性较为明显的产学研协同创新团队内部知识转移系统问题。

2. 两者研究内容的实质相同

产学研协同创新团队内部知识转移系统运行和管理的主要目标是通过知识转移提高团队知识积累和知识存量,取得关键领域的标志性成果、培养创新型人才、提升学科竞争力、产生重大科研成果,既提高学研方的科研能力、教学水平、社会声誉、整体实力,也提高企业的自主创新能力和竞争优势,最终带动区域经济持续发展和国家整体自主创新能力的不断提升。为了实现这一宏伟目标,要通过系统内部的自我协调和系统外部的力量调节的相互作用来实现。既需要产学研协同创新团队内部知识转移系统内部各要素之间有效协同,保证知识转移效率,使整个系统处于稳定通畅的状态;又需要外部(政府、信息中介、金融机构等)的有力支持与调节,避免系统失调并保护系统平衡。而耗散结构理论的核心问题就是探寻系统如何自发形成新的有序结构(耗散结构)的问题。因此,运用耗散结构理论进行产学研协同创新团队内部知识转移系统的研究具有可行性。

## 3.1.3 知识转移系统的耗散结构特征

耗散结构最基本的特征包括:开放系统、远离平衡态、非线性动力学过程[4]。这些条件对系统产生作用,使系统从无序到有序,从混沌到协同,形成耗散结构。产学研协同创新团队内部知识转移系统也是一个耗散结构体,具有耗散结构特征,具体表现为如下几方面。

1. 开放性特征

根据系统有没有熵流 $d_e s$，系统分为开放系统和封闭系统。封闭系统是指与外界没有交换的系统，开放系统则是指与外界自由地进行交换的系统。开放性系统能与环境不断进行物质、能量、信息的交换，实际上是"负熵"的过程[5]。所谓"负熵"的过程就是系统利用从环境交换得来物质、能量、信息来维持其自身的有序，以此抵抗自身不可逆熵增的过程[6]。"负熵"的增加能够有效促使各子系统间产生协同作用，使系统向有序方向演进。产学研协同创新团队内部知识转移系统是一个开放系统，主要原因在于以下几点：

(1) 产学研协同创新团队内部知识转移系统作为人类社会系统，它需要外界环境不断地提供各种资源、要素。高校、科研机构、企业、政府部门、信息中介机构、金融机构等部门机构为产学研协同创新团队内部知识转移系统提供知识信息、物质、资金等，实现外界环境对产学研协同创新团队内部知识转移系统的各种输入。产学研协同创新团队中各转移主体之间进行知识转移活动要受到组织激励、政府行为、经济发展、科技发展、市场需求等外部环境因素的影响，同时外部环境对系统内部各转移主体间的知识转移活动具有不可忽视的作用，一方面环境变化给他们带来冲击和威胁，成为促进知识转移的动力；另一方面环境是协同创新团队负熵流的重要来源，为其良性发展提供机会[7]。产学研协同创新团队知识转移系统外部（高校、科研机构、企业、政府、科技中介、金融机构等）不断输入负熵流，保持系统的活力及内部的有序，从而使系统从无序走向有序或达到更高的有序度。

(2) 产学研协同创新团队内部知识转移系统也不断对外界进行知识信息的输出。在产学研协同创新团队内部，为了提高协同创新能力，知识不断地从知识源流向知识受体，即知识不断发生转移和传播。同时，产学研协同创新团队的成果也不断突破边界流向高校、科研机构、企业和社会,带动产学研各组织、区域经济乃至国家经济的发展。可见,产学研协同创新团队内部知识转移系统是一个具有输入输出且内部含有多重反馈环和控制变量的复杂开放系统,通过知识转移保持系统的开放性。

（3）在产学研协同创新团队内部知识转移系统中,来自高校、科研机构、企业的大量科研和技术人员是知识转移的行为主体,"人"才是真正控制决定知识转移的重要角色。谢守美（2011）研究指出,人具有的生物学特征促使他们要与自然环境进行物质、能量、信息的交流,而人具有的社会学特征又要求他们必须与社会环境进行各种知识交流[8]。可见,人的生物学和社会学特性也决定了产学研协同创新团队内部知识转移系统是一个开放系统。

2. 远离平衡态特征

开放系统是耗散结构形成的必要条件,但不是充分条件[9]。如果开放系统从外界引入的是正熵流而不是负熵流,结果是只能加快系统无序化的过程,而不可能形成新的有序结构。因此,耗散结构理论特别指出耗散结构系统应该具有远离平衡的特征。远离平衡态是相对于平衡态和近平衡态而言的。平衡态的系统内部一切宏观运动全部停止,是一种"死"的状态,系统在平衡态时自发趋势是趋于无序[10];近平衡态的系统强调系统处于离平衡态不远的线性区域,它的变化很微小,在近平衡态线性区时的系统,即使有负熵流流入,也不能形成新的有序结构,而只能是逐步趋于平衡,导致有序性破坏;而远离平衡态的系统开放度很大且处于极不稳定的状态,系统内部要素的流动和变化非常频繁和剧烈,系统有可能进化、发展成为耗散结构。产学研协同创新团队内部知识转移系统是一个远离平衡态的系统,主要原因有以下几点。

(1)产学研协同创新团队内部知识转移系统作为一个开放系统,所有参与知识转移的个体均来自各高校、科研机构和企业,不仅这些个体之间的知识要素存在很强的异质性,而且高校、科研机构和企业之间的要素禀赋也存在很大的差异性。这使得产学研协同创新团队内部知识转移系统在知识转移过程中处于极不稳定状态,附着在个体上的知识要素的流动和变化剧烈而频繁,系统更容易进化并演化出新的知识体系,形成耗散结构。所以产学研协同创新团队内部知识转移系统处于非平衡态。

(2)产学研协同创新团队内部知识转移系统就是通过知识转移提高系统的协同创新能力,因此特别重视创新,鼓励来自高校、科研机构和企业的科研和技术人员充分进行知识分享,摆脱了人们思想上存在的各种"稳态症"和保守意识。同时系统通过不断地从外界获取知识、物质、资金、技术、信息等来促进自身的优化和发展,不断向更高层次演化,最终产学研协同创新团队内部知识转移系统远离平衡态。

(3)产学研协同创新团队内部知识转移的规律表明耗散结构现象广泛存在,且难以处于平衡态,如:知识分享本质上是不可逆的、知识的空间分布是绝对不平衡的、知识是动态的且处于不断变化中的、一切知识系统都和外界环境进行密切的联系[11]。可见,产学研协同创新团队内部知识转移的过程必然伴随着熵增,系统很难保持绝对平衡的状态。

3. 非线性动力学特征

系统内部一般包含简单的线性相互作用和复杂的非线性相互作用。线性相互作用的系统主要表现为每个要素单独特性的简单叠加,系统不会引发"新质";非线性相互作用是导致系统产生耗散结构的内部动力学机制,它是多种作用相互制约、耦合形成全新的整体效应,最终引起系统"新质"的产生[12]。耗散结构理论认为,非线性相互作用是系统新的有序结构形成的条件,在临界点,非线性作用放大"微涨落"为"巨涨落",使系统稳定到新的耗散结构分支上。因此。非线性相互作用使得系统内各要素间产生协同动作和相干效应,系统最终演变成井然有序的状态。产学研协同创新团队内部知识转移系统存在非线性性动力学过程,主要原因有以下几点:

(1)产学研协同创新团队内部知识转移系统是非线性的。非线性是系统本身所固有的、不断调节各子系统相互关系的一种内在机制。非线性系统的组成部分在数量和性质上要相互独立且有相当的差异,组成系统的独立要素数量必须大于等于两个[13]。产学研协同创新团队内部知识转移系统是由知识转移主体、客体知识、转移渠道和情境等要素构成。知识转移是一项复杂的大脑思维活动,参与知识转移的成员在文化融合、资源匹配、人员沟通等方面都存在着复杂的非线性关系,其关系不能由有限的定理和公式刻画,不具备直接因果关系。可见,产学研协同创新团队内部知识转移系统是由许多不同性质的独立要素构成的,是非线性系统。此外,产学研协同创新团队内部知识转移系统的非线性还表现在系统的知识主体之间的关系是既竞争又合作的非线性关系,而非简单的线性关系。竞争强调知识主体为实现自身的经济利益和既定目标而不断进行角逐;合作则强调产学研各主体通过知识转移,重构、整合和优化组织的内外部知识资源,实行有效的知识分享并促进知识创新,提高竞争优势。产学研协同创新团队内部知识转移不是单向传输的线性过程,而是诸多阶段交织在一起综合发生作用的复杂过程,是一种具有反馈回路的非线性过程。正是由于产学研协同创新团队内部知识转移系统内的非线性相互作用,导致了系统的整体行为,使系统演化得以顺利进行。

(2)产学研协同创新团队内部知识转移系统的"涨落"现象触发了耗散结构的形成。"涨落"是指系统受到随机扰动时发生的对现有状态的一种偏离,随时都有可能发生。当系统处于远离平衡态时,任何微小的"涨落"都可以借助非线性作用机制放大成巨"涨落",继而打破系统的先前结构而形成一个新的有序结构[14]。由于涨落的随机性和外部噪声的影响以及系统各要素间的复杂作用,使系统与环境之间不再是孤立和简单线性的、序列式的关系,而是相互依赖、相互影响的非线性关系。产学研协同创新团队内部知识转移系统要从无序状态"涨落"到另一个有序状态,必然由系统内要素的非线性相互作用来完成,系统内部的任何微观随机知识需求扰动都将在相关作用的刺激下发展成一个整体宏观的巨"涨落",导致系统进入不平衡状态。产学研协同创新团队内部知识转移系统的非平衡特征,使得系统在外界环境作用下有规律的波动和随机扰动相结合,最终系统出现新的"涨落",并输入不同量级的负熵流[15]。产学研协同创新团队内部知识转移系统内外部都有随机的干扰出现,如:利好政策的出台,信息、技术、知识、资金的聚集,新知识及创新产品的出现,合作关系的融洽等等[16]。产学研协同创新团队内部知识转移过程中,知识的流动与创新保证要素间非线性相关以及"涨落"的可持续进行,知识转移活动不断受到外界环境和系统内部环境的影响而产生无数个小"涨落",当"涨落"影响的程度达到一定的结果时,产学研协同创新团队内部知识转移系统就会产生巨大"涨落",从而发生跃迁,从当前的状态跃到更有序的状态,形成新的耗散结构。

## 3.2 产学研协同创新团队内部知识转移系统的耗散结构演化研究

### 3.2.1 知识转移系统演化的熵变模型

上述分析发现,产学研协同创新团队内部知识转移是一个系统的过程,主要包括知识分享和知识吸收两个子系统,并且是一个开放的耗散结构系统。"熵"是对复杂系统混乱、无序程度的一种度量,基于耗散结构理论构建产学研协同创新团队内部知识转移系统的熵变模型,深入分析其变化趋势及其形成稳定有序结构的基本条件,有利于更好地阐述产学研协同创新团队内部知识转移系统的耗散结构演化,为下一步分析产学研协同创新团队内部知识转移过程奠定基础。

1. 产学研协同创新团队内部知识转移系统熵 $S$

$$S = S_{KT} + S_{KA} = f(\text{KT}, E, t, C) + g(\text{KA}, E, t, C) \quad (3-1)$$

式中,$S$ 是产学研协同创新团队内部知识转移系统的总熵,$S_{KT}$ 是知识分享子系统的熵,$S_{KA}$ 是知识吸收子系统的熵,$f$、$g$ 是熵函数,KT 是知识分享,KA 是知识吸收,$E$ 是产学研协同创新团队内部知识转移的价值,KT、KA、$E$ 是时间 $t$ 的函数,$C$ 是系统状态变量(常量)。

2. 产学研协同创新团队内部知识转移系统总熵变 $dS$

耗散结构理论认为开放系统的熵由两部分组成,即系统内部由于不可逆过程造成的熵增 $d_iS$ 以及系统与外界交换能量和物质所引起的熵流 $d_eS$,整个系统的总熵 $dS = d_iS + d_eS$。因此,产学研协同创新团队内部知识转移系统总熵变 $dS$:

$$dS = dS_{KT} + dS_{KA} = (d_i S_{KT} + d_e S_{KT}) + (d_i S_{KA} + d_e S_{KA}) \quad (3-2)$$

式中，$dS$ 是产学研协同创新团队内部知识转移系统的总熵变，$dS_{KT}$ 是知识分享子系统的熵变，$dS_{KA}$ 是知识吸收子系统的熵变，$d_i S_{KT}$ 是知识分享子系统的熵产生，$d_e S_{KT}$ 是知识分享子系统的熵流，$d_i S_{KA}$ 是知识吸收子系统的熵产生，$d_e S_{KA}$ 是知识吸收子系统的熵流。

3. 产学研协同创新团队内部知识转移系统输入熵 $Q(S)$

为了便于分析，我们将产学研协同创新团队内部知识转移中知识分享行为、知识吸收能力融合统一起来，换算成相应的知识转移价值，根据熵的基本特征定义系统的输入熵。

$$Q(S) = Q(S_{KT}) + Q(S_{KA}) = \frac{KT}{E} + \frac{KA}{E} = \frac{(KT+KA)}{E} \quad (3-3)$$

根据 KT、KA、$E$ 均为时间 $t$ 的函数，对式(3-3)两边求时间 $t$ 的导数：

$$\begin{aligned}\frac{dQ(S)}{dt} &= \frac{d[(KT+KA)/E]}{dt} = \frac{1}{E}\frac{dKT+dKA}{dt} - \frac{dE}{E^2}\frac{KT+KA}{dt} \\ &= \frac{1}{E}\frac{dKT}{dt} + \frac{1}{E}\frac{dKA}{dt} - \frac{dE}{E^2}\frac{KT}{dt} - \frac{dE}{E^2}\frac{KA}{dt}\end{aligned} \quad (3-4)$$

把式(3-4)改写为差分方程的形式：

$$\begin{aligned}\Delta Q(S) &= \frac{1}{E}\Delta KT + \frac{1}{E}\Delta KA - \frac{\Delta E}{E^2}KT - \frac{\Delta E}{E^2}KA \\ &= \frac{KT_z}{E} - \frac{KT_a}{E} + \frac{KA_z}{E} - \frac{KA_a}{E} - \frac{KT}{E}\frac{\Delta E}{E} - \frac{KA}{E}\frac{\Delta E}{E}\end{aligned} \quad (3-5)$$

根据式3-3引进符号：

$$Q(S_{KT})_z = \frac{KT_z}{E} \qquad\qquad Q(S_{KA})_z = \frac{KA_z}{E}$$

$$Q(S_{KT})_a = \frac{KT_a}{E} \qquad\qquad Q(S_{KA})_a = \frac{KA_a}{E}$$

整理后：

$$\Delta Q(S) = [Q(S_{KT})_z - Q(S_{KT})_a] - Q(S_{KT})\frac{\Delta E}{E} + [Q(S_{KA})_z - Q(S_{KA})_a] - Q(S_{KA})\frac{\Delta E}{E} \quad (3-6)$$

式中，$a$ 是指初始状态，$z$ 是指末尾状态；$[Q(S_{KT})_z - Q(S_{KT})_a]$ 是指知识分享子系统产生的熵，即 $d_i S_{KT}$；$[Q(S_{KA})_z - Q(S_{KA})_a]$ 是指知识吸收子系统产生的熵，即 $d_i S_{KA}$；$-Q(S_{KT})\Delta E/E$ 是知识分享子系统的负熵流，即 $d_e S_{KT}$；$-Q(S_{KA})\Delta E/E$ 是知识吸收子系统的负熵流，即 $d_e S_{KA}$。

因此，

$$\Delta Q(S) = (d_i S_{KT} + d_e S_{KT}) + (d_i S_{KA} + d_e S_{KA}) \tag{3-7}$$

**4. 产学研协同创新团队内部知识转移系统整体熵值**

根据申农熵理论进一步推导：

$$d_i S_{KT} = [Q(S_{KT})_z - Q(S_{KT})_a] = -C_{KT}\sum_{g=1}^{m} W_{KTg} \ln W_{KTg} \tag{3-8}$$

式中，$C_{KT}$ 是知识分享子系统熵系数，$g$ 是知识分享子系统产生熵增的因素，$m$ 是产生熵增的因素数量，$W_{KTg}$ 是知识分享子系统产生熵增各因素的权重，$\ln W_{KTg}$ 是各因素产生的熵值。

$$d_e S_{KT} = -Q(S_{KT})\frac{\Delta E}{E} = C_{KT}\sum_{h=1}^{n} W_{KTh} \ln W_{KTh} \tag{3-9}$$

式中，$C_{KT}$ 是知识分享子系统熵系数，$h$ 是知识分享子系统产生负熵的各种因素，$n$ 是产生负熵的因素数量，$W_{KTh}$ 是知识分享子系统产生负熵各因素的权重，$\ln W_{KTh}$ 是各因素产生的负熵值。

$$d_i S_{KA} = [Q(S_{KA})_Z - Q(S_{KA})_a] = -C_{KA}\sum_{i=1}^{o} W_{KAi} \ln W_{KAi} \tag{3-10}$$

式中，$C_{KA}$ 是知识吸收子系统熵系数，$i$ 是知识吸收子系统产生熵增的因素，$o$ 是产生熵增的因素数量，$W_{KAi}$ 是知识吸收子系统产生熵增各因素的权重，$\ln W_{KAi}$ 是各因素产生的熵值。

$$d_e S_{KA} = -Q(S_{KA})\frac{\Delta E}{E} = C_{KA}\sum_{j=1}^{p} W_{KAj} \ln W_{KAj} \tag{3-11}$$

式中，$C_{KA}$ 是知识吸收子系统熵系数，$j$ 是知识吸收子系统产生负熵的各种因素，$p$ 是产生负熵的因素数量，$W_{KAj}$ 是知识吸收子系统产生负熵各因素的权重，$\ln W_{KAj}$ 是各因素产生的负熵值。

结合式(3-2)得出：

$$dS = \Delta Q(S) = dS_{KT} + dS_{KA} = (d_i S_{KT} + d_e S_{KT}) + (d_i S_{KA} + d_e S_{KA}) \quad (3-12)$$

$d_i S_{KT}$、$d_i S_{KA}$ 是来自知识分享子系统、知识吸收子系统的熵增加。对于产学研协同创新团队内部知识转移系统而言，主要是系统内部产生的熵增，包括：知识源的传输能力较差，知识受体的吸收能力不足，组织成员知识陈旧，组织松散，组织制度、管理能力、信息沟通能力落后，组织成员间缺少信任，产学研之间由于各种原因致使协同创新组织衰亡，外部环境的阻碍等等。这些因素使得产学研协同创新团队内部知识转移系统趋于瓦解和崩溃。由式(3-8)、式(3-10)可知，$d_i S_{KT}$、$d_i S_{KA}$ 均大于 0。

$d_e S_{KT}$、$d_e S_{KA}$ 是来自知识分享子系统、知识吸收子系统的负熵流。对于产学研协同创新团队内部知识转移系统而言，一方面是来自各高校、科研机构和企业的知识流、信息流、人才流等的持续输入，如：创新人才的输入、激励制度、奖励政策、评价制度等等；另一方面是来自政府、中介和金融机构的政策流、信息流、资金流等的持续输入，如：协同创新组织发展的利好政策，融资环境、创新环境改善等。随着产学研协同创新团队内部知识转移系统内部不断与外部环境进行各种交流，大量知识、信息、技术、资金、政策等的流入，使协同创新组织的创新能力和科研能力不断提升，科技创新成果不断涌现，促进产学研协同创新团队高效运营。由式(3-9)、式(3-11)可知，$d_e S_{KT}$、$d_e S_{KA}$ 均小于 0。

### 3.2.2 熵变模型分析

产学研协同创新团队内部知识转移是一个系统的过程，知识转移系统必须不断地从外部环境获得各种知识、信息、资金、物质和能量,增加负熵流,并努力克服系统内部产生熵增的各种不利因素,降低系统内部熵增,只有这样,才能保障系统持续、稳定、高效地进行知识转移活动,实现最终目标。

根据式(3-12),产学研协同创新团队内部知识转移系统存在四种情况:

(1) $dS_{KT}<0$,$dS_{KA}<0$,所以 $\Delta Q(S)<0$。知识分享和知识吸收的负熵流都大于各自系统内部的熵增,即产学研协同创新团队内部知识转移系统从环境输入的负熵流大于系统内部产生的熵增,即系统从外界输入的负熵足以抵消内部产生的熵增。这表明产学研协同创新团队内部知识转移系统由无序变为有序或有序度增高,即知识转移活动正朝着有序的方向健康发展,知识分享水平和知识吸收能力都较高,知识转移更加有序和高效,参与知识转移的相关人员和组织能够通过高效的知识转移活动(包含传递、消化、吸收、利用的非线性的复杂互动过程)实现知识共享、优势互补、协同发展,协同创新组织整体协同创新能力不断提升。

(2) $dS_{KT}>0$,$dS_{KA}>0$,所以 $\Delta Q(S)>0$。知识分享和知识吸收的负熵流都小于各自系统内部的熵增,即产学研协同创新团队内部知识转移系统从环境输入的负熵流小于系统内部产生的熵增,即系统从外界输入的负熵不足以抵消内部产生的熵增。这表明产学研协同创新团队内部知识转移系统正处于不稳定和无序状态,即知识分享水平和知识吸收能力都较低,整个知识转移活动正朝着无序的方向发展。在知识转移过程中会产生很多无意义的冗余和协调成本,协同创新组织整体协同创新能力不断下降,使产学研协同创新团队难以存在和发展[17]。因此,产学研协同创新团队内部知识转移系统必须采取措施增加负熵流,使系统向有序方向发展。

(3) $dS_{KT}<0$,$dS_{KA}>0$,在产学研协同创新团队内部知识转移系统中,知识分享水平较高,而知识吸收能力较差,还可以分为三种情况。

① $|dS_{KT}|>|dS_{KA}|$,所以 $\Delta Q(S)<0$,即知识分享的效果暂时抵消了知识吸收的正熵。整体上看,产学研协同创新团队内部知识转移系统从环境输入的负熵流大于系统内部产生的熵增,即系统从外界输入的负熵足以抵消内部产生的熵增,即知识转移活动正朝着有序的方向健康发展。但是,由于知识吸收系统从环境输入的负熵流小于系统内部产生的熵增,使知识吸收能力较差,结果导致高水平知识分享产生的大量知识得不到最有效的利用,共享后知识的价值得不到体现,长此以往,会导致人们对知识分享失去兴趣知识分享熵增提高。当知识分享的效果不能抵消知识吸收的正熵时,知识转移系统从环境输入的负熵流逐渐小于系统内部产生的熵增,知识转移系统难以保持有序状态,知识转移效率下降,产学研协同创新团队能力减弱。

② $|dS_{KT}|<|dS_{KA}|$,所以 $\Delta Q(S)>0$,即知识分享的效果暂时无法抵消知识吸收的正熵。产学研协同创新团队内部知识转移系统从环境输入的负熵流小于系统内部产生的熵增,即系统从外界输入的负熵不足以抵消内部产生的熵增,即知识转移活动正处于不稳定和无序状态。知识转移效率下降,产学研协同创新团队能力减弱。

③ $|dS_{KT}|=|dS_{KA}|$,所以 $\Delta Q(S)=0$,即知识分享的效果正好抵消了知识吸收的正熵。也就是说,产学研协同创新团队内部知识转移系统从环境输入的负熵流正好等于系统内部产生的熵增,即系统从外界输入的负熵正好抵消内部产生的熵增。这表明产学研协同创新团队内部知识转移

系统正处于某种特殊的平衡状态,即知识转移活动维持在一个稳定状态。但是这种平衡状态极易被打破,当知识分享子系统输入的负熵流减少或熵增增加,导致 $dS_{KT}>0$,或者知识吸收子系统输入的负熵流减少或熵增增加,导致 $|dS_{KT}|<|dS_{KA}|$,最终 $\Delta Q(S)>0$。一旦外部环境输入的负熵流不能有效抵消系统内部产生的熵增,知识转移活动效率就会下降,产学研协同创新团队内部知识转移系统就会走向无序,协同创新组织整体协同创新能力也会明显下降。因此,产学研协同创新团队内部知识转移系统也要积极采取措施增加外部的负熵流,减少知识分享子系统和知识吸收子系统内部的熵增,使系统向有序方向发展。

（4） $dS_{KT}>0$,$dS_{KA}<0$,在产学研协同创新团队内部知识转移系统中,知识分享水平较低,而知识吸收能力较强,还可以分为三种情况。

① $|dS_{KT}|>|dS_{KA}|$,所以 $\Delta Q(S)>0$,即知识吸收的效果不能抵消了知识分享产生的正熵。产学研协同创新团队内部知识转移系统从环境输入的负熵流小于系统内部产生的熵增,即系统从外界输入的负熵不足以抵消内部产生的熵增,即知识转移活动处于不稳定和无序状态。知识转移效率下降,产学研协同创新团队能力减弱。

② $|dS_{KT}|<|dS_{KA}|$,所以 $\Delta Q(S)<0$,即知识吸收的效果暂时抵消了知识分享产生的正熵。整体上看,产学研协同创新团队内部知识转移系统从环境输入的负熵流大于系统内部产生的熵增,即系统从外界输入的负熵足以抵消内部产生的熵增,即知识转移活动正朝着有序的方向健康发展。但是,由于知识分享系统从环境输入的负熵流小于系统内部产生的熵增,使知识分享水平较差,结果可供吸收利用的知识有限,难以产生更具价值的创新知识,最终会降低人们的知识吸收能力,导致知识吸收过程的熵增提高。当知识吸收的效果不能抵消知识分享的正熵时,知识转

移系统从环境输入的负熵流逐渐小于系统内部产生的熵增,知识转移系统难以保持有序状态,知识转移效率下降,产学研协同创新团队能力减弱。

③ $|dS_{KT}|=|dS_{KA}|$,所以 $\Delta Q(S)=0$,即知识吸收的效果正好抵消了知识分享产生的正熵。也就是说,产学研协同创新团队内部知识转移系统从环境输入的负熵流正好等于系统内部产生的熵增,即系统从外界输入的负熵正好抵消内部产生的熵增。这表明产学研协同创新团队内部知识转移系统正处于某种特殊的平衡状态,即知识转移活动维持在一个稳定状态。但是这种平衡状态极易被打破,当知识吸收子系统输入的负熵流减少或熵增增加,导致 $dS_{KA}>0$,或者知识分享子系统输入的负熵流减少或熵增增加,导致 $|dS_{KT}|>|dS_{KA}|$,最终 $\Delta Q(S)>0$。一旦外部环境输入的负熵流不能有效抵消系统内部产生的熵增,知识转移活动效率就会下降,产学研协同创新团队内部知识转移系统就会走向无序,协同创新组织整体协同创新能力也会明显下降。因此,产学研协同创新团队内部知识转移系统也要积极采取措施增加外部的负熵流,减少知识分享子系统和知识吸收子系统内部的熵增,使系统向有序方向发展。

综上所述,产学研协同创新团队内部知识转移系统由于其不可逆性会产生熵增,知识转移系统只有不断与环境交流,吸收来自高校、科研机构、企业以及政府、中介机构、金融机构的知识、信息、资金、物质和能量,才能使系统负熵流增加,进而发生熵变,最终实现系统不断向有序化方向演化,知识转移效率上升,科技创新能力提高。

## 3.3 基于耗散结构理论的产学研协同创新团队内部知识转移过程研究

### 3.3.1 知识转移过程模型

产学研协同创新团队内部知识转移活动就是要不断地同外界进行知识、信息、物质和能量的交换,保证系统处于一种有序发展状态,提高知识转移效果,促进协同创新能力。知识转移系统不断向外输出知识资源,又从外部环境输入大量负熵流(知识、信息、资金、物质和能量),当输入的负熵流足以抵消系统内部不断产生的熵增时,知识转移的效果是最好的,产学研协同创新团队内部知识转移系统处于一种稳定、有序、高效状态,系统更有利于实现其最终目标,提高科技创新水平,带动区域经济乃至国家经济的高速发展。基于此,本书构建了耗散结构理论视角下的产学研协同创新团队内部知识转移过程模型,如图3-1所示。

### 3.3.2 过程模型分析

1. 知识转移过程要素

要素是指构成一个客观事物的存在并维持其运动的必要的最小单位,它是构成系统的基本单元,是系统产生、发展、演化的主要动因。在产学研协同创新团队内部知识转移过程中,基于特定的环境,知识从知识源传递到知识受体并被吸收、应用、创新,参与知识转移的各主体在知识转移中聚合成一个有组织结构的体系。产学研协同创新团队内部知识转移的过程要素一般包括如下四个方面:

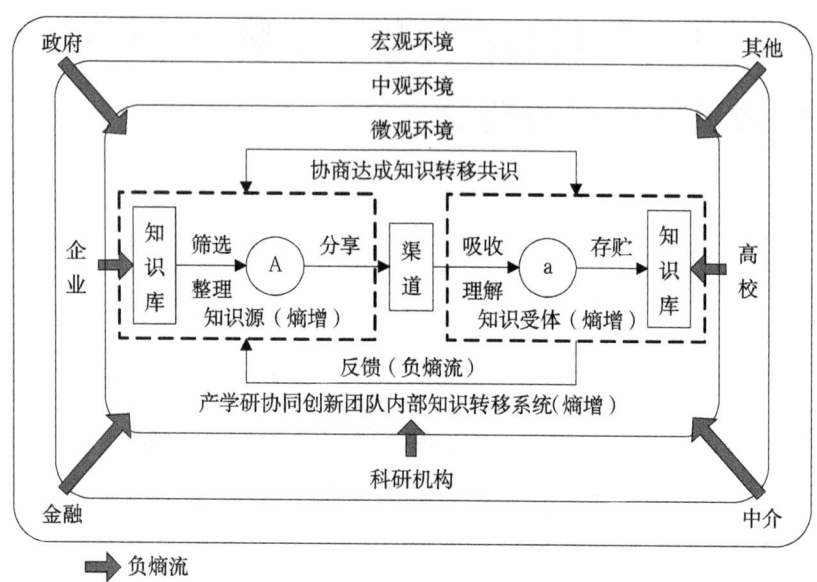

图3-1 产学研协同创新团队内部知识转移过程模型

(1) 主体要素。主体是指直接参与知识转移活动或为知识转移活动提供各种资源,并对知识转移效果和效率产生影响的各类组织、机构或个人。从主体定义可以看出,知识转移的主体分为两种类型:行为主体和参与主体。知识转移的主体应该包含三个特征,即具有进行知识转移活动所要求的能力或资源、能够承担知识转移活动的责任与可能的潜在风险、可以获取知识转移活动产生的收益[7]。产学研协同创新团队内部知识转移的主体要素主要包括如下两类。

第一类,行为主体。即直接参与产学研协同创新团队内部知识转移活动的高校、科研机构和企业的相关人员,即协同创新团队成员,包括教师、科研人员、技术人员等。在产学研协同创新团队内部知识转移过程中,知识源和知识受体都是由来自高校、科研机构和企业的相关人员,知识转移是在他们之间进行的。行为主体是系统的核心要素、第一要素,提高行为主体的素质是建立一个合理化的知识转移系统并使它有效运转的根本。

第二类，参与主体。主体的一方面是高校、科研机构和企业，在产学研协同创新团队内部知识转移过程中，直接进行知识转移的教师、科研人员和技术人员具有双重身份，他们依托原单位的知识、技术等资源开展知识转移活动，因此高校、科研机构和企业在知识转移过程中也发挥着重要的作用，他们制定的各项政策会对产学研协同创新团队内部知识转移产生影响。高校和科研机构是科学知识的摇篮，而企业是技术知识的发源地，依托这些组织的教师、科研人员和技术人员的知识转移活动，将使科学知识和技术知识有机协同，不断提高企业技术创新水平，进而提升区域和国家科技的创新能力。主体的另一方面是政府、中介、金融等部门，他们不直接进行知识转移活动，但能够为知识转移活动提供良好的环境和必备的资源。政府的政策法规、科技服务中介的信息和咨询服务、金融机构的资金支持等都为知识转移顺利进行提供了有力的保障。

（2）客体要素。客体就是知识转移的对象，即各种知识。知识应该是在转移过程中被传递、吸收、内化的经验与信息的综合，最终促进知识转移，提升协同创新能力。如果在产学研协同创新团队内部知识转移过程中缺少转移的知识，知识转移便成了无本之木，其功能难以实现。在产学研协同创新团队内部知识转移过程中，转移的知识可以从两个角度分类：

首先，从知识可呈现程度分为显性知识和隐性知识。显性知识是能用文字、公式、图表等形式化符号进行编辑的结构化知识，可以直接借鉴使用且相对稳定并且便于流转，如：数据、科学公式、实际操作规程、说明书或手册、计算机程序、计划、组织管理制度、技术成果运用方法等[18]。隐性知识是高度个人化的，基于经验得来的知识，很难进行编码，也很难表达，如：经验、技能、诀窍、判断力、阅历、直觉、目标倾向、信念、观点、价值观、心智模式、团队默契、组织文化等[19]。在产学研协同创新团队内部知识转移过程中，抽象的隐性知识逐渐被显化表述，而显性知识又慢慢形成群体性的隐性知识，因此，以隐性知识为主的交织在一起的显性知识和隐性知识共同构成了产学研协同创新团队内部知识转移的客体知识要素。

其次，从知识依附的载体类型进行分类，可分为个人知识和组织知识。个人知识是人们在社会实践和理论学习中逐渐形成的自有知识，包括专业知识、技能、诀窍、专利发明、经验、价值观等。组织知识也称团队知识，包括组织内的作业流程、信息系统、组织文化与团队协调合作等。产学研协同创新团队内部知识转移过程中的知识既包括个人知识也包括组织知识，虽然在协同创新过程中主要是个人与个人之间的知识转移活动，但每个个人又依附于具体的某个组织，组织内的知识也可以通过个人进行有效转移。

（3）渠道要素。渠道通常指水渠、沟渠，是水流的通道。在知识转移领域，渠道是指知识源与知识受体之间进行知识转移的媒介与路径[20]。产学研协同创新团队内部知识转移过程中，渠道发挥着中介桥梁的重要作用，知识转移的各行为主体之间的各种信息与知识的有效交流离不开交流的渠道。渠道是知识转移的条件，没有转移渠道，很难发生知识转移活动[21]。一般来说，组织内部知识转移的渠道主要包括面对面交流、E-mail群、文档、博客、BBS、QQ群、电话会议、视频聊天等多种形式。由于产学研协同创新团队内部知识转移过程中存在大量的隐性知识，隐性知识具有模糊、不易表达等特点，在转移的过程中需要融入更多的信息线索，如：手势、表情等肢体语言以及书写、绘画等手段，还需要不断接受反馈信息并深入交流探讨，因此面对面交流的方式最有效。但由于知识转移行为主体来自不同的高校、科研机构和企业，有些人员可能是兼职，不经常在团队内部，因此借助现代化的沟通工具进行非面对面的交流也是一种比较有效的方法。因此,产学研协同创新团队内部知识转移的渠道因素主要包括:面对面交流,如各种诸如会议交流等正式的面对面交流、日常聊天等非正式的面对面交流;非面对面的交流,如E-mail群、BBS、QQ群、视频聊天等多种形式。

(4)情境要素。情境(Context)是指一个人在进行某种行动时所处的社会环境,是人们社会行为产生的具体条件[22]。情境是普遍的、客观存在的,它与事物、活动等关系密切,在语言学、心理学、管理学等许多领域都有应用。产学研协同创新团队内部知识转移中的情境可以解释为知识在传输、吸收、利用、创新等活动中所依赖的客观环境因素,它是知识转移要素与环境的有机契合,是知识转移能够顺利进行的重要基础。情境既可以是实际存在的,也可能是精神上的、虚拟的,或者是这几者的结合,它在不同层次、不同角度上对转移主体的认知、情感与行为、转移知识本身的产生与运行、知识转移的过程与水平等都具有较大的调控与影响作用[23]。具体来说,产学研协同创新团队内部知识转移的情境因素概括起来包括三方面:微观环境,主要指产学研协同创新团队内部的环境因素,包括信任、制度、人际关系等;中观环境,主要指各转移主体所依托的高校、科研机构和企业的环境因素及它们之间关系因素,包括组织支持、组织的知识存量、组织之间的关系强度等;宏观环境,主要包括经济环境、产业特征、社会环境等。

2. 知识转移过程分析

图3-1显示:产学研协同创新团队内部知识转移过程主要包括知识分享和知识吸收,并具体包含转移准备阶段、分享和吸收阶段、反馈阶段。

(1)转移准备阶段。在进行协同科技创新的过程中,产学研协同创新团队内部的成员随时会遇到各种困难,需要不断向团队其他成员请教,于是产生各种知识需求。团队成员积极寻找合适的知识源协商知识转移,当双方达成共识,知识转移进入下一个阶段。

(2)分享和吸收阶段。该阶段是产学研协同创新团队内部知识转移的核心环节,知识源从其自身的知识库中筛选并整理相关知识,经过一定的渠道分享给知识受体。知识受体将分享的知识过滤、理解后吸收成为自己的知识并存储到自己的知识库中。

(3)反馈阶段。该阶段主要强调知识源和知识受体之间的互动和信息反馈,如果知识受体对吸收的知识不满足或者由于知识转移过程中的各种噪音导致知识损耗严重,知识受体就会不断向知识源反馈知识转移的效果,知识源会根据知识受体的知识吸收情况及时调整知识转移的内容、数量和方式方法等。

在产学研协同创新团队内部知识转移的过程中,系统内部的不可逆性导致不断产生熵增,如:知识源缺乏转移知识的动力和意愿、知识受体学习能力不强、知识的模糊性,导致系统逐步趋向不稳定。但在系统中还有大量的负熵流:①同时拥有双重身份的科研人员和技术人员互相吸收转移的知识,并通过反馈不断调整知识转移的内容、数量和方式方法;②产学研协同创新团队不断从他们所依托的高校、科研机构和企业获得大量的知识、信息、技术、资金等资源;③政府、中介、金融等部门不断输入物质、资金、信息、政策支持等。大量负熵流的输入抵消了系统内部产生的熵增,减少了系统的总熵,使产学研协同创新团队内部知识转移系统逐步趋于稳定。

可见,在产学研协同创新团队内部知识转移活动中,减少熵增并增加负熵流是保证知识转移高效进行的有力武器。因此,产学研协同创新团队内部知识转移系统可以通过完全开放和自我改造,减少和消除各类不利于知识转移的因素,即减少熵增,如:团队成员不断学习更新知识,提高知识分享能力和知识吸收能力,培育团队协同创新气氛,制定政策积极引进人才,创造学习环境、鼓励知识交流等。同时尽可能多地保障外界输入负熵流,尽管产学研协同创新团队自身不能控制外部环境,但是可以采取一定措施影响外部环境,如:给产学研各组织提供合理化建议,使其出台有利于协同创新的激励制度和奖励政策;不断提高协同创新能力,加大科技创新成果的输出,带动地方、区域乃至全国经济的发展,促使政府等相关部门出台有利于产学研协同创新团队发展的国家政策,改善融资环境和创新环境,完善资金流、物流、信息流流通环境等。通过不断地增加负熵的流入,使产学研协同创新团队内部知识转移系统整体实现负熵值,最终保持协同创新团队稳定、有序发展。

## 3.4 本章小结

本章依据系统论的思想,分析了产学研协同创新团队内部知识转移系统的含义,并指出该系统具有整体性、相关性,动态性、目的性、环境适应性等一切复杂系统应有的特性。阐述了耗散结构理论与产学研协同创新团队内部知识转移系统之间的联系,并分析了产学研协同创新团队内部知识转移过程的耗散结构特征,发现产学研协同创新团队内部知识转移系统是一个耗散结构体,具有开放性、远离平衡态、非线性作用的特点;基于耗散结构理论构建了产学研协同创新团队内部知识转移的熵变模型并深入分析,以此阐释产学研协同创新团队内部知识转移过程的耗散结构演化;依托耗散结构理论构建了产学研协同创新团队内部知识转移过程模型,并详细分析了产学研协同创新团队内部知识转移的过程要素和具体过程阶段。本章为本书的第四章产学研协同创新团队内部知识转移影响机理的模型构建奠定了一定研究基础。

## 参考文献

[1] 黄先可, 孟涛. 基于耗散结构理论视角的中国创业资本系统研究[J]. 东岳论丛, 2011, 32(1): 115-119.

[2] 吴笑, 魏奇锋, 顾新. 协同创新的协同度测度研究[J]. 软科学, 2015, 29(7): 45-50.

[3] 刘春艳, 王伟. 基于耗散结构理论的产学研协同创新团队知识转移模型与机理研究[J]. 情报科学, 2016, 34(3): 42-47.

[4] 耗散结构理论. MBA智库百科. http://wiki.mbalib.com/wiki/耗散结构.

[5] 禹劲草. 信息和负熵初探[J]. 硅谷, 2008(13): 63, 96.

[6] 常玉苗, 周姣. 生态经济系统的Logistic演化与负熵理论探讨[J]. 商业时代, 2007(19): 83, 90.

[7] 金高云. 基于耗散结构理论的产学研合作技术创新动力分析[J]. 企业经济, 2013(1): 32-36.

[8] 谢守美. 基于耗散结构理论的企业知识生态系统研究[J]. 情报理论与实践, 2011, 34(7): 30-33.

[9] 林雷芳, 接民, 张金禄. 耗散结构理论视角下技术创新动力机制的研究[J]. 商场现代化, 2007(3): 87-88.

[10] 赵云. 基于耗散结构理论的知识整合研究及效果评价[J]. 机械制造, 2011, 49(1): 80-82.

[11] 吴洁, 刘思峰, 施琴芬. 基于熵理论的船舶企业知识创新与转移机理研究[J]. 船舶工程, 2007, 29(1): 34-37.

[12] 姜文, 汪应洛. 基于耗散结构理论的知识创新研究[J]. 科技进步与对策, 2006(8): 5-7.

[13] 周文松. 自组织理论与军工企业管理:原理·方法·应用[M]. 哈尔滨: 哈尔滨工业大学出版社, 2006: 71-72.

[14] 刘明广. 基于耗散结构理论的区域创新系统演化分析[J]. 商业时代, 2012(8): 127-128.

[15] 谷国锋, 张秀英. 区域经济系统耗散结构的形成与演化机制研究[J]. 东北师大学报自然科学版, 2005, 37(3): 119-124.

[16] 宋婧, 丁宁. 基于耗散结构理论的创新集群熵流模型建立探析[J]. 全国商情(理论研究), 2013(8): 5-7.

[17] 张宝生, 张庆普. 基于耗散结构理论的跨学科科研团队知识整合机理研究[J]. 科技进步与对策, 2014, 31(21): 132-136.

[18] 徐国东, 邹艳. 产学研共建实体下的知识共享障碍因素研究[J]. 情报理论与实践, 2008, 31(6): 842-845.

[19] 刘二亮, 纪艳彬. 基于联盟成员知识特性的知识联盟组织间知识共享研究[J]. 西安电子科技大学学报(社会科学版), 2011, 27(4): 7-11.

[20] 张光磊, 刘善仕, 申红艳. 组织结构、知识转移渠道与研发团队创新绩效——基于高新技术企业的实证研究[J]. 科学学研究, 2011, 29(8): 1198-1206.

[21] Ghoshal S. The innovative multinational:a differentiated network of organizational roles and management processes[D]. Harward Business School, 1986: 18-35.

[22] 王旭红. 情境认知理论及其在教学中的应用[J]. 当代教育论坛(学科教育研究), 2008(10): 9-11.

[23] 穆颖丽. 图书馆协同知识转移的情境因素分析及优化策略[J]. 图书馆建设, 2013(8): 57-60.

# 第4章 产学研协同创新团队内部知识转移影响机理的模型构建

产学研协同创新有利于整合高校、科研机构、企业的关键技术研究、原始创新、科技成果转化,它是国家科技创新系统不可缺少的主要组成部分。然而现阶段产学研协同创新团队内部知识转移的效果不尽如人意,知识转移水平离预定目标有一定差距。因此,准确辨识影响产学研协同创新团队内部知识转移的主要因素,并使之有效结合发挥作用已经成为产学研知识转移的重要研究方向。

本章以团队效能理论与复杂性科学为基本思想,借鉴团队效能基本的"I-P-O"模型,研究产学研协同创新团队内部知识转移系统中输入的要各素如何通过知识转移过程中团队互动的中介作用影响知识转移效能,提出产学研协同创新团队内部知识转移影响机理的"I-P-O"理论模型;通过对各变量研究维度的科学界定,构建知识转移影响机理的概念模型;通过分析各影响因素对知识转移效能的影响程度与方式,确定自变量、中介变量、因变量之间的假设关系,最终构建本书的假设模型。

# 4.1 产学研协同创新团队内部知识转移影响机理的"I-P-O"理论模型

国内外学者对知识转移影响机理的研究或是基于信息网络视角,从知识转移过程中涉及的要素入手来研究知识转移的影响因素;或是基于社会网络视角,研究社会关系、社会结构可能对知识转移效果产生的影响。无论侧重于哪一方面,现有的研究多注重各种输入变量对知识转移的直接影响,都忽略了知识转移过程中团队互动的中介作用。本书基于团队效能理论中的基本"I-P-O"模型,研究在产学研协同创新团队内部知识转移系统中,输入要素如何通过影响知识转移过程中团队互动影响知识转移效能的。

产学研协同创新团队内部知识转移是指团队内不同知识储备的人员之间为获得自己不具备但又需要的知识而进行大量的互动与沟通,并通过有效吸收、消化、应用与创新,将个人知识转化为团队整体知识,实现个体知识的更新与优化和团队内部知识的优化与增值,最终使其适应协同创新目标的需求。产学研协同创新团队内部知识转移主要由知识分享和知识吸收两个环节构成,包括主体、客体、渠道、情境四大要素[1]。主体包括行为主体(团队成员)和参与主体(高校、科研机构、企业、政府、中介、金融等组织机构);客体就是知识转移的对象,即各种知识;转移渠道即团队成员之间进行知识转移的媒介与路径;转移情境就是知识在传输、吸收、利用、创新等活动中所依赖的客观环境因素。

由于产学研协同创新团队内部知识转移活动既强调过程也强调效果,更加注重知识转移的总体表现,着重考察转移的质量,所以,不仅要关注转移效果,还应关注成员的转移能力;而知识转移效能就是强调知识转移的效果和完成协同创新目标的能力,因此采用知识转移效能指标可以更好地反映知识转移活动的整体效果。在知识分享和知识吸收两个环节,团队成员之间的互动与沟通直接影响知识转移效能。在产学研协同创新团队内部知识转移过程中,行为主体团队成员的表现、客体知识的特征、转移渠道以及转移情境作为输入要素又会影响团队成员知识转移的互动与沟通。可见,基于团队效能理论的"I-P-O"模型分析产学研协同创新团队内部知识转移影响因素是可行的和有价值的。

## 4.1.1 输入因素:个体、知识、渠道、情境

第三章依据耗散结构理论研究产学研协同创新团队内部知识转移过程得出结论:产学研协同创新团队内部知识转移是一个系统的过程,主要包括知识分享和知识吸收两个环节,包括主体、客体、渠道、情境四大要素,并包括转移准备、分享和吸收、反馈三个阶段。在产学研协同创新团队内部知识转移过程中,系统内部的不可逆性导致不断产生熵增,但在系统中还有大量的负熵流。大量负熵流的输入抵消了系统内部产生的熵增,减少了系统的总熵,使产学研协同创新团队内部知识转移系统逐步趋于稳定,知识转移顺利进行。这些熵增和负熵流都可以看作是产学研协同创新团队内部知识转移系统的输入要素。

产学研协同创新团队内部知识转移是一个复杂的社会系统,影响其知识转移的因素非常多,很难进行全面分析。协同论强调通过提高系统的协同效应来更好地实现系统的整体功能;要想有效把握整个系统的发展方向,必须找出起决定作用的序参量;系统必须与外界不断进行物质、信息和能量交流,才能向有序化方向发展。因此,协同论为我们处理复杂问题提供了新的思路。

本书吸收复杂性科学的精华,借鉴"I-P-O"模型的思想分析产学研

协同创新团队内部知识转移的影响机理。本书将产学研协同创新团队内部知识转移系统的输入因素确定为个人特质、知识特性、渠道因素、情境要素四方面。

1. 个人特质

借鉴"I-P-O"模型输入要素中的个人因素,本书将产学研协同创新团队内部知识转移的个人影响因素命名为个人特质。这里的个人是指产学研协同创新团队内部知识转移的行为主体,即参加产学研协同创新团队的高校、科研机构和企业的教师、科研人员、技术人员等,他们直接从事知识转移活动,是系统的核心要素,既是知识源也是知识受体。在产学研协同创新团队内部知识转移过程中,知识源缺乏转移知识的意愿及知识输出和沟通编码能力较差、知识受体的知识接收和沟通解码能力较差、团队成员先验知识不足等都会导致知识转移系统产生大量熵增,会阻碍知识转移。但由于知识源和知识受体互相吸收转移的知识,并通过反馈不断调整知识转移的内容、数量和方式方法,在这个过程中会产生负熵流;同时外部环境也会有大量的负熵流入。结果会使行为主体的输出意愿更明确、输出能力和沟通编码能力更强、接受能力和沟通解码能力更高、先验知识更丰富,最终提升知识转移效能。

2. 知识特性

虽然"I-P-O"模型输入要素中没有提到客体知识,但是本书研究产学研协同创新团队内部的知识转移活动,一定离不开知识客体。产学研协同创新团队内部知识转移是一个有目的、有计划的知识分享活动,最终目的是为了实现协同创新目标。因此转移的知识主要是用于解决问题或者决策并影响未来行动的潜在可能性,这些知识多为隐性知识,主要植根于成员的思维方式、工作经验、工艺流程、观点和信仰中,如技术诀窍、技能和能力、判断力、经验和阅历、直觉、偏好、价值观等。由于隐形知识的模糊性、粘滞性、默会性,为知识转移提供丰富知识存量的同时也带来了一定的困难[2]。因此,本书将知识特性作为影响产学研协同创新团队内部知识转移的输入要素单独列出。

3. 渠道因素

虽然"I-P-O"模型输入要素中也没有提到渠道因素,但是在产学研协同创新团队内部知识转移活动中,渠道发挥着中介桥梁的重要作用,团队成员之间的各种信息与知识的有效交流离不开交流的渠道。渠道是知识转移的条件,没有转移渠道,很难发生知识转移活动[3]。由于产学研协同创新团队内部知识转移的渠道要素主要以人与人之间的各种面对面交流为主,这类知识转移渠道是一种必然存在的团队投入[4]。如果产学研协同创新团队内部知识转移的媒介手段有限,知识转移活动会受到影响。因此,本研究将渠道因素作为影响产学研协同创新团队内部知识转移的输入要素单独列出。

4. 情境要素

本要素界定主要借鉴了"I-P-O"模型输入要素中的团队因素和环境因素的思想,将团队因素看成是微观环境,与环境因素下的团队任务特质要素合并,一并当做环境因素处理。在产学研协同创新团队内部知识转移过程中,情境要素主要包括团队内部的微观环境,各转移主体所依托的高校、科研机构、企业及它们之间关系的中观环境,社会宏观环境三大部分。情境是知识在传输、吸收、利用、创新等活动中依赖的客观环境,它是知识转移要素与环境的有机契合,是知识转移顺利开展的重要基础[5]。因此,本研究将影响产学研协同创新团队内部知识转移的各类环境要素命名为情境要素。

## 4.1.2 过程因素:团队互动

"I-P-O"模型所说的过程(Processes)因素P是指团队互动,即团队成员间为完成任务而发生的一系列行为。学者们对互动过程的划分标准也各不相同,在2.2.3小节中的几个团队效能模型可以看出,团队互动主要包括沟通、支持、合作与竞争、冲突、决策制定、反馈等等。本书所指的P是强调产学研协同创新团队成员为了完成知识转移活动实现系统的整体目标而发生的团队互动行为。第三章运用耗散结构理论对产学研协同创新团队内部知识转移过程分析可以看出,要想提高知识转移水平,实现产学研协同创新团队内部知识转移系统的最终目标,系统必须使其整体熵值为负值,即与外部环境交流获得的负熵要大于系统内部的熵增。而系统成员之间的相互沟通和支持等互动行为有利于团队成员之间的协同合作,并有利于减少熵增,最终有助于提升团队内部知识转移效能。因此本书认为产学研协同创新团队内部知识转移过程中团队成员互动要素影响团队内部知识转移效能。

## 4.1.3 输出因素:知识转移效能

"I-P-O"模型所说的输出因素强调任务完成结果和成员满意度,主要由绩效产出和其他产出构成。而本书研究产学研协同创新团队知识转移,更加关注知识转移的最终效果和完成协同创新目标的能力,因此输出因素主要是指绩效产出,本书将其命名为知识转移效能。效能一般可以表现为能力、效率、质量、效益四个方面,它更加注重总体表现,着重考察质量,不仅关注效果,还关注能力。因此,本书将知识转移效能定义为知识转移活动达成预期结果或影响的程度,即知识转移的水平和能力,一般体现为数量、质量、效果、影响、能力、公众满意度等方面。

综上所述,在产学研协同创新团队内部知识转移系统中,个人特质、知识特性、渠道因素、情境要素四类输入要素通过影响知识转移过程中的团队互动要素而影响知识转移效能。因此,本书构建的知识转移影响因素的"I-P-O"理论模型如图4-1所示。

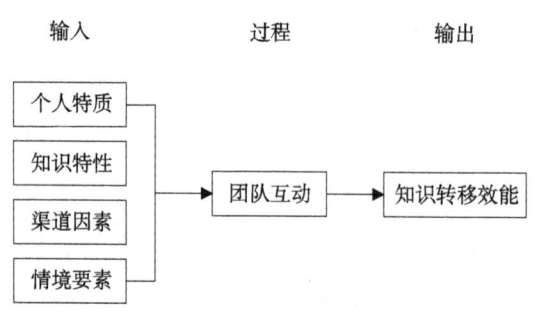

图4-1 本书的理论模型

## 4.2 产学研协同创新团队内部知识转移影响机理的变量界定与概念模型

在图4-1的理论模型中,许多变量都是多维度变量,需要对各变量的研究维度进行科学界定,这样才能更明确哪些变量对知识转移发挥着重要的作用。

### 4.2.1 团队互动维度与变量界定

1. 团队互动的含义与维度

许多学者都描述过什么是团队互动(Team Interactive,TI)。Homans认为团队互动是团队成员之间彼此交往接触的行为[6]。Cohen指出团队互动是成员之间及成员和外部之间发生的交互作用[7]。Marks强调所谓团队互动就是团队成员通过认知、语言、行为方式等行动将输入转化成结果,最终保证团队目标得以实现[8]。可见,团队互动是是团队活动的重要变量,是指团队成员间为完成特定任务而发生的一系列行为。由于本书的内容是知识转移,因此本书所指的团队互动是强调产学研协同创新团队成员为了完成知识转移活动并实现系统的整体目标而发生的团队互动行为。

关于团队互动维度的划分说法各不相同,尽管许多学者都是在"I-P-O"范式下建立的团队效能模型,但团队输入与团队效能之间的团队互动过程仍是个黑箱,没有形成统一的团队互动构成维度。比较有代表性的团队互动维度划分如表4-1所示。

表4-1 关于团队互动维度的典型观点

| 学者 | 团队互动维度 |
| --- | --- |
| Jewell N(1981) | 沟通、决策制定、影响力、合作、竞争[9] |
| Gladstein D L(1984) | 沟通、支持、冲突、战略讨论、个人投入[10] |
| Swezey R W(1992) | 沟通、协调、团队合作[11] |
| Campion M A(1993) | 团队精神、社会支持、工作负荷分摊、团队内沟通与合作[12] |
| Cohen W B(1997) | 内部过程(内部冲突、沟通),外部过程(外部冲突、沟通)[7] |
| Barrick M R(1998) | 凝聚力、开放性的沟通、冲突、工作弹性、工作分担[13] |
| 周国成(2008) | 信任协调、参与分权与内部监控[14] |
| 王娟茹(2012) | 沟通、社会支持、凝聚力[15] |
| 宋源(2012) | 合作行为、冲突行为、主动行为[16] |
| 葛宝山(2014) | 沟通、社会支持、凝聚力和冲突[17] |

2. 团队互动变量界定

分析发现,一方面沟通几乎是学者们公认的衡量团队互动的维度,和渠道因素中团队各种媒介的投入不同,这里的沟通注重强调沟通的效果与质量。在产学研协同创新团队内部知识转移过程中,团队成员利用各种渠道媒介达成及时、准确、充分和全面的沟通效果,这种高质量的沟通效果将极其有利于提升知识转移效能。另一方面,支持也被许多学者作为团队互动的主要因素进行研究,尤其本书对象是产学研协同创新团队,团队成员是来自高校、科研机构的教师、科研人员和企业的技术人员,作为知识创造主体的学研方与作为技术创新主体的企业之间通过分工合作和资源整合,协作开展产业技术创新和科技成果产业化活动,因此创新支持在团队互动中作用不容忽视。本书认为在产学研协同创新团队内部知识转移过程中,团队互动的维度主要包括沟通质量和创新支持。

(1)沟通质量。沟通一词源于拉丁文"Communicatio"和"Communis",有通信、交流、信息、分享、传送等含义。许多学者从不同视角对沟通的定义进行界定,具体有代表性的定义如表4-2所示。

表4-2 部分学者关于沟通的界定

| 视角 | 代表学者 | 概念界定 |
| --- | --- | --- |
| 共享的视角 | Schramm W(1953) | 通过分享信息、事实或态度,试图与他人或团体建立共同的理念和看法[18] |
| 信息的视角 | Berelson B(1981) | 通过大众传播和人际传播媒介进行符号传送[19] |
| 影响的视角 | Harris P H(1979) | 是一个循环的相互影响的过程,包括信息发出者、接受者和信息本身[20] |
| 交流的视角 | Newman W H(1961) | 是两个人或者两个以上人在观念、事实、情感以及意见上的交换的一个过程[21] |

可见,沟通是指用任何方法,彼此交换信息,它是人与其他人或群体

之间信息、思想、感情的交流反馈过程。知识转移过程中的沟通强调转移双方承载知识的信息或意见的交换过程。任何形式的知识转移都需要团队成员之间连续的、高质量的沟通。沟通质量则主要强调沟通应该是及时、准确、充分和全面的,即使同一沟通主体面对同一沟通对象,也要因时因地制宜,灵活运用多种沟通方式,以达到高质量的沟通效果。

(2)创新支持。创新支持(Support for Innovation)是指团队期待创新、赞成创新,并对工作策略、方法改进等提供实际的支持[22]。创新支持强调团队成员的互助,提供支持与帮助的作为与创新情境。这种支持主要包括实际和行为上的支持,如为保障协同创新提供各项资源、团队领导对协同创新的宽容和支持、团队领导对团队的技术协助与组织协调、团队领导对团队成员的技能提升、创新过程中的互帮互助等等[23],既有团队领导的支持,也有同事之间的支持。

## 4.2.2 知识转移效能维度与变量界定

### 1. 知识转移效能的含义与维度

为了更好地理解效能的含义,首先需要区分效能与效率、绩效的区别。

效率(Efficiency)字典解释为单位时间内完成的工作量,是指能够有效使用各种资源满足人们的各种愿望及需求。管理学视角下的效率强调特定时间里的组织各种投入与产出比。因此效率注重以最小的成本获得最大的产出结果,它是衡量效能的主要依据之一。

绩效(Performance)一词仅从语言学视角看是成绩和效益。绩效的概念已经根植于社会经济生活中的各个领域和方面,管理学视角下的绩效是组织为实现目标进行的不同层面上的有效输出;经济学视角下的绩效主要强调工作业绩、效益;心理学视角下的绩效则是指与内在心理相对的外部行为表现[24]。因此,绩效更加注重工作行为或结果某一方面的实际表现,在企业的管理中常被用在人力资源的研究评估中,而且绩效也非常注重成本与收益的关系。

效能(Effectiveness)一词的含义是期望达到系统目标的程度。效能的原意强调事物蕴藏的有利的效用能量,一般可以表现为能力、效率、质量、效益四个方面。管理学视角的效能主要是指组织管理活动在一定条件下所发挥作用的效果和完成特定目标的能力。效能更加注重总体表现,着重考察质量,不仅关注效果,还关注能力。

综上所述,本书将知识转移效能定义为知识转移活动达成预期结果或影响的程度,即知识转移的水平和能力,一般体现为数量、质量、效果、影响、能力、公众满意度等方面。具体来说,知识转移效能强调知识转移系统整体目标的实现程度,既包括知识转移的效果和转移质量(知识分享程度),也包括转移质量的保证能力(知识吸收能力)。

2. 知识转移效能变量界定

基于上述分析,本书从知识分享程度和知识吸收能力两个维度衡量知识转移效能。

①知识分享程度。关于知识分享的概念至今还没有形成统一的、权威的定义。学者们由于学科背景不同,研究的出发点和问题不同,仁者见仁,智者见智,所提出的概念各有所侧重,具体有代表性的知识分享的定义如表4-3所示。

表4-3 部分学者关于知识分享的界定

| 观点 | 代表学者 | 概念界定 |
| --- | --- | --- |
| 社会观 | Nancy M D (2000) | 知识分享是将自己的知识分享给他人,就如同将知识分送出去,与他人共同拥有该知识,进而使整个组织均知晓此知识[25] |

续表

| 观点 | 代表学者 | 概念界定 |
| --- | --- | --- |
| 沟通观 | Hendriks P（1999） | 知识的拥有方通过自己的动作、言语或书写等形式传递其知识，需求方则在感知这些行为表达方式的基础上，通过自己的模仿、倾听以及阅读等方式来认同、理解和消化这种知识[26] |
| 学习观 | Hooff B V D（2004） | 知识分享是组织成员相互交换他们的知识（隐性和显性知识）并共同创造新知识的过程[27] |
| 交易观 | Davenport T H（1998） | 知识分享的双方视为商品与服务市场的卖方和买方，分享知识的双方通过知识交易获得互惠、声誉等形式的收益[28] |

本研究对知识分享的理解是对知识分享社会观和沟通观的整合，将产学研协同创新团队内部的知识分享定义为产学研协同创新团队内部各个成员在与他人的互动过程中，有意识地共同分享彼此的知识、技能，使知识从个体拥有向群体拥有转变的过程。知识分享程度则是指在知识转移过程中成员之间分享知识的数量多少和质量高低。知识分享重视交流，与物质产品不一样，知识并不会因为分享而减少，相反每个参与知识分享的人会因为互相交流各类知识而使自己的知识存量显著上升。知识分享数量可以通过个人每月知识转移的平均数测定，知识分享质量包括相关性、理解度、准确度、完整性、可靠性和及时性[29]。

②知识吸收能力。知识吸收的概念最早由Cohen W M和Levinthal D A（1990）提出，强调识别、同化并利用新知识[30]。后来一些学者又继续补充完善，比较典型的有关知识吸收的定义如下表4-4所示。

表4-4 部分学者关于知识吸收的界定

| 视角 | 代表学者 | 概念界定 |
| --- | --- | --- |
| 知识视角 | Mowery D C（1995） | 由一系列技能组成，这些技能通常用于处理由外部转移来的隐性知识以及对引进技术进行改造[31] |
| | Kim L（1998） | 学习能力和问题解决能力的集合[32] |
| 关系视角 | Lane P J（1998） | 评价、消化和利用那些来自联盟合作者的新知识[33] |
| | Tiwana A（2005） | 团队成员与对等成员之间的知识经验交互作用[34] |
| 动态过程视角 | Zahra S A（2002） | 由一系列帮助企业获取、消化、吸收、利用知识的组织惯例和流程，是嵌入企业规则和流程中的动态能力[35] |
| | Todorova G（2007） | 是企业对知识利用的一个动态的、不断反馈的过程，包括知识评价、获取、消化、应用四方面[36] |

本书主要借鉴 Zahra S A（2002）和 Todorova G（2007）的定义，从动态过程的视角出发，认为产学研协同创新团队内部知识转移过程中的知识吸收能力就是知识受体理解、转化和运用来自于知识源的新知识的能力。理解知识的能力强调深入挖掘转移的新知识内涵并消化吸收转变为自己知识的能力；转化知识的能力是将新知识进行提炼并转化成能够运用的形式的能力；运用知识的能力可以提高新知识实际应用水平，发挥知识的最大功效。人们是否获取了知识不仅取决于知识分享的程度，而且还取决于知识吸收能力[37]。知识受体在理解知识的基础上，还要将共享的新知识与自己现有的知识有机融合，将新知识充分纳入实际工作过程中去解决实际问题，不断提高协同创新的能力。知识受体的吸收能力越强，越能更好地理解、转化并应用共享来的新知识，不断吸收、接纳

异质知识,推陈出新地创造新知识,使转移的新知识发挥更大的作用。可见,吸收知识的能力是知识转移中具有决定意义的一个环节,知识吸收能力的强弱在很大程度上影响着知识转移效能。

## 4.2.3 个人特质维度与变量界定

1. 个人特质的含义与维度

这里所谓的个人主要是指直接参与知识转移的个人,包括来自高校、科研机构和企业的教师、科研人员和技术人员等,他们是产学研协同创新团队内部知识转移活动的行为主体。高校、科研机构和企业的教师、科研人员和技术人员在具体从事知识转移的过程中表现出来的特点即是本书所说的个人特质。

国内外许多学者在研究知识转移影响因素时,都关注个人特质对知识转移的影响(参见1.2.1节中关于知识转移影响因素的综述),他们对个人特质维度的划分主要集中在知识源的转移意愿、动机、知识保护程度、转移能力、沟通编码能力、信任度、知识基础等;知识受体接收知识的动机、接收意愿、接收能力、沟通解码能力、先验知识等。

2. 个人特质变量界定

本维度主要来自于"I-P-O"模型输入要素中的个人因素(技能、态度、个人特质)。在产学研协同创新团队内部知识转移中,技能主要包括团队成员的转移、沟通编码、接收和沟通解码等能力;沟通编码能力强,其转移能力也强,转移能力中包含沟通编码能力,他们都是知识输出能力的一种;学习能力强,其沟通解码能力和接收能力也强,沟通解码能力和接收能力等可以概括为学习能力。态度主要包括知识源的信任度、转移意愿与知识保护程度、知识受体的接收意愿;在产学研协同创新团队内部知识转移中,参与知识转移的都是具有较高知识和技术水平的研究人员和技术人员,来自高校和科研机构的研究人员更具知识创新能力,而来自企业的技术人员的技术创新能力很强,都是值得信任的。并且为了提高科技创新水平,他们之间知识互补,很愿意接受对方知识增强协同创新能力,所以知识源的信任度和知识受体的接收意愿对知识转移影响均不明显。由于参与知识转移的成员自身较强的知识保护意识,使得他们不愿意转移知识,尤其在协同创新团队中,成员来自不同的企业、高校、科研机构,突破组织壁垒进行合作,企业担心技术诀窍、商业机密等信息外泄,学研机构担心专利知识等外泄,知识保护现象严重,因此转移意愿和知识保护程度没有本质区别,可以合二为一。个人特质主要指团队成员的知识基础、先验知识水平。参与知识转移的人员工作单位不同,其知识背景也不同,在协同创新团队中参与知识转移人员的知识基础会对知识转移产生重要影响,知识基础和先验知识基本等同。

因此,本书认为,在产学研协同创新团队内部知识转移中,个人特质主要包括转移意愿、输出能力、学习能力、先验知识四个维度。

## 4.2.4 知识特性维度与变量界定

### 1. 知识特性的含义与维度

知识转移活动的客体就是转移的知识,知识应该在转移过程中被传递、吸收、内化的经验与信息的综合。在产学研协同创新团队内部知识转移过程中,知识主要以隐性知识(如经验、技能、诀窍、判断力、目标倾向、观点、价值观、团队默契等)为主,同时也包含显性知识(如数据、科学公式、操作规程、说明书或手册、计算机程序、计划、组织管理制度等);既有个人知识(如专业知识、工作技能、诀窍、个人专利和发明、个人体验、个人思想和价值观等),也有组织知识(如组织或团队内的作业流程、信息系统、组织文化与团队协调合作等)。

国内外学者关于知识特性维度的划分说法各不相同,比较有代表性的知识特性维度的划分如下表4-5所示。

表4-5 知识特性维度的典型划分

| 代表学者 | 知识特性的维度 |
| --- | --- |
| Winter S G(1987) | 内隐性、可否观察性、复杂性、依附性[38] |
| Simonin B L(1999) | 复杂性、默会性、特殊性[39] |
| Cummings J L(2003) | 可表达性、嵌入性[40] |
| Reagans R(2003) | 复杂性、可编码性、默会性[41] |
| 疏礼兵(2007) | 内隐性[42] |
| 彭正龙(2008) | 默会性、嵌入性[43] |
| 苏卉(2009) | 默示性、复杂性、专用性[44] |
| 王挺(2011) | 知识势能、系统性、复杂性[45] |
| 杨建超(2012) | 内隐性、因果模糊性[46] |

2. 知识特性变量界定

从上表中发现,尽管国内外学者对影响知识转移的知识特性维度的划分有很多不同的维度,但很多维度之间存在着很强的相似性和相关性,如:默会性、默示性就是内隐性;可表达性、可编码性是指明晰性,它的反义词就是内隐性;依附性类似于嵌入性,其越强,知识越复杂,专用性越强;系统性越高,其隐含性也越高;特殊性即专用性。因此,国内外学者对影响知识转移的知识特性维度的划分主要集中在内隐性、复杂性、专用性方面。Simonin B L(2004)总结一些学者的研究成果后,认为知识的模糊性应该作为影响知识转移的重要因素,它主要通过内隐性、复杂性、专用性得以体现[47]。因此,本书仅仅采用知识的模糊性维度来代表知识的特性,研究知识的模糊性是如何通过影响团队互动进而影响知识转移效能的。

## 4.2.5　渠道因素维度与变量界定

1. 渠道因素的含义与维度

转移渠道就是指知识源与知识受体之间进行知识转移的媒介与路径,它是实现知识转移的途径和方式。知识转移媒介既包括人员流动、培训、观察、电话、备忘录、说明书、报表等传统的知识转移媒介,也包括视频会议、电子邮件等新兴的媒介。本书在3.3.2小节中已经对产学研协同创新团队内部知识转移渠道进行了阐述说明,产学研协同创新团队内部知识转移的渠道主要包括各种诸如会议交流等正式的面对面交流形式,日常聊天等非正式的面对面交流形式,E-mail群、BBS、QQ群、视频聊天等多种非面对面交流形式。

黄莉在研究生态产业集群知识转移影响因素时,将渠道因素划分为渠道丰富度、渠道形式、渠道方向性三方面[48]。叶舒航在研究转型企业外部知识转移影响因素时,认为知识转移媒介因素应该从知识转移方式匹配度入手,分析其对转型企业外部知识转移效果的影响[49]。丁秀好特别关注知识转移媒介在知识转移过程中的作用机制研究,运用案例分析的方法证实了合作创新中媒介丰度对知识模糊性和知识转移绩效关系的调节作用[50]。

2. 渠道因素变量界定

在产学研协同创新团队内部知识转移过程中,知识转移的媒介种类和形式越丰富多样,知识转移效果越好。而各种各样渠道媒介的提供与鼓励恰恰是创新团队的有效投入,如定期开会(包括视频会议)和组织活动都可以使成员有更多的机会交流,搭建网站、E-mail 群、BBS、QQ 群等为成员非面对面交流创造机会。因此,本书参考黄莉的研究成果,将渠道丰富度(渠道种类丰富)、渠道形式、渠道方向性结合在一起,命名为渠道丰富性因素。所谓渠道丰富性是指在知识转移过程中,知识转移的媒介种类丰富、形式多样,且具有双向转移的特点。

## 4.2.6　情境要素维度与变量界定

### 1. 情境要素的含义与维度

"情境"几乎涉及到与人发生关系的整个外部环境或外部世界,它是一个人在进行某种行动时所处的社会环境。知识转移情境是指知识在传输、吸收、利用、创新等活动中依赖的客观环境,它是知识转移要素与环境的有机结合,是知识转移得以顺利完成的重要基础。

情境多是由一些个体因素组成,如意识、责任心、忠诚度、行为等。Jensen 认为情境要素也包括宏观的、社会的制度文化背景因素[51]。徐升华通过梳理国内外相关研究文献,认为校企知识转移的情景因素包括外部情境(法律、经济、文化)和内部情境(组织环境、互动关系、知识特性)[52]。张秋来认为中小企业内知识转移情境因素主要有企业文化、激励机制、人际信任[53]。穆颖丽从宏观、中观、微观三个维度分析了图书馆协同知识转移的情境因素[54]。付桃红研究发现,地理距离、法律体系与行业政策、基础设施与技术水平、文化情境是影响软件外包知识转移的主要情境因素[55]。袁红军认为图书馆咨询团队内部知识转移情境因素包括组织支持、吸收能力、动机三方面[56]。

2. 情境要素变量界定

本书参考穆颖丽的观点，借鉴"I-P-O"模型团队因素和环境因素的思想，认为产学研协同创新团队内部知识转移的情境因素包括微观环境、中观环境、宏观环境三方面。微观环境主要指团队内部环境。将"I-P-O"模型下的团队因素和环境因素下的团队任务特质要素合并，考虑到产学研协同创新团队成员的异质性，成员对团队的信任，以及成员间的信任对知识转移效能影响至关重要，因此微观环境主要界定为信任水平要素。中观环境是指各转移主体所依托的高校、科研机构、企业及这些机构之间的关系。产学研协同创新团队中的成员来自不同的企业、高校和科研机构等协同单位，一方面，作为团队成员通过知识转移参与协同创新活动；另一方面，也作为协同单位的员工面临职称评定、晋级晋升、评奖评优、年度考核等问题。只有做好人员的边界管理才能协调好这二者的关系，而边界管理的好坏取决于各项制度的协同。借鉴"I-P-O"模型环境因素下奖励制度要素的思想，将中观环境主要界定为制度协同要素。宏观环境主要是指社会环境。协同创新是通过国家意志的引导和机制安排，充分调动协同各方的能力和优势，产生"1+1>2"的效应，协作开展科技创新活动。因此，国家对协同创新的政策支持功不可没。政府制定的各项政策为产学研知识创新、技术研发提供了有利条件，增加了他们合作研发和技术流动的可能性和技术转移的积极性[57]。借鉴"I-P-O"模型环境因素下环境压力要素的思想，将宏观环境主要界定为政府政策要素。政府政策主要是各级政府为鼓励教师、研究人员、技术人员积极参与协同创新团队内部的知识转移活动而给予的各种政策。

## 4.2.7 知识转移影响机理的概念模型

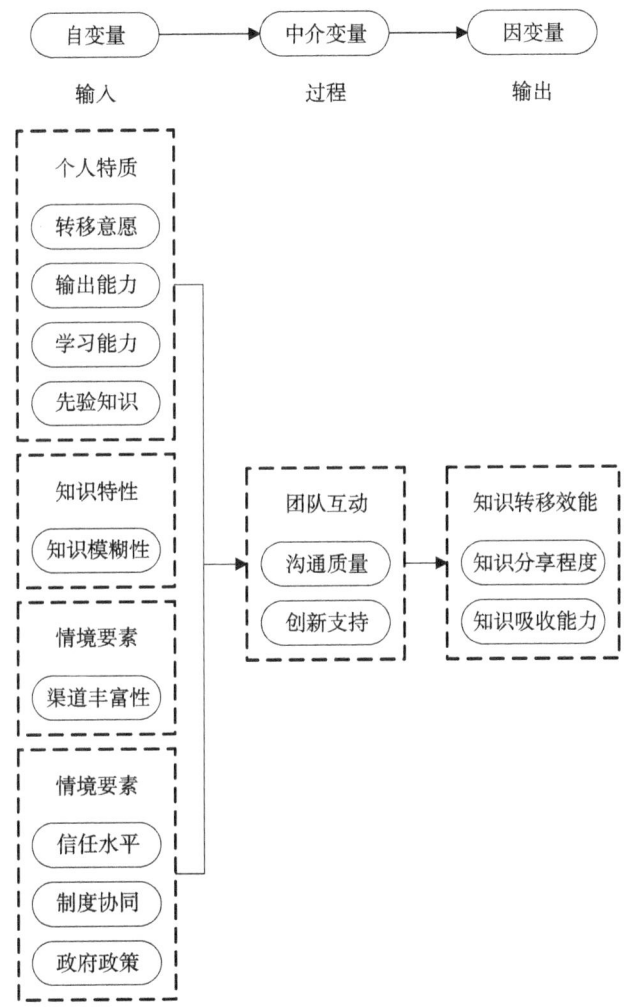

图4-2 本书的概念模型

根据上述假设推理分析,本书以产学研协同创新团队内部知识转移为研究内容,从产学研协同创新团队内部知识转移系统的输入要素、知识转移过程的团队互动、知识转移输出结果出发,构建了产学研协同创新团队内部知识转移影响机理的整体概念模型,如图4-2所示。

## 4.3 产学研协同创新团队内部知识转移影响机理的变量关系与假设模型

### 4.3.1 团队互动与知识转移效能的关系

#### 1. 沟通质量的相关假设

国内外学者很早就认识到沟通在组织活动中的重要作用,他们发现组织成员通过相互之间的联系、沟通,获取信息,协调各种活动并做出决策[58]。Rabbiosi和Murphy都指出沟通的好坏会影响知识转移能力[59][60]。Awang研究也发现,沟通信息和沟通技术对沟通效果与知识转移能力有积极的作用[61]。沟通能够使双方建立共同的利益关系,通过建设性对话进而使双方坦诚地面对各种冲突与问题。在产学研协同创新团队内部,良好的沟通质量既可以提高知识分享程度,又可以提高知识吸收能力。

在产学研协同创新团队中,来自高校、科研机构和企业的教师、研究人员和技术人员拥有的知识结构异质性较强,沟通会加速知识流动,影响被传递知识的数量和质量,提升知识分享的效率和效果。Davenport研究指出,良好的沟通可以使员工增进了解、鼓舞情绪、促进知识分享、提高工作满意度[28]。Dougherty研究发现,团队内部的有效沟通,将有助于减少人与人之间的误会与障碍,提高知识共享效率[62]。胡平波指出,成员间的沟通能将知识共享制度落到实处,有利于发现问题、缩小成员间的认知差距,构建和谐的知识共享环境,提高知识共享效率[63]。冯长利认为有效的沟通会加速知识有效地"流动"(共享),沟通在一定程度上加速了思想交流,高质量的沟通为知识共享活动提供了适宜的土壤。设计问卷收集数据后实证研究结果也证实,沟通对知识共享效果的正向影响十分显著[64]。可见,沟通质量的高低会影响产学研协同创新团队内部知识分享的程度。

在产学研协同创新团队内部知识转移过程中,频繁的沟通可以提高知识源的知识编码、传递能力,也有利于知识受体对知识的理解、吸收与应用。Leung认为,沟通能改变自我为中心的心态,进一步认清自己的角色,理解他人的观点[65]。Szulanski认为,知识源与知识受体间缺少有效的沟通会阻碍知识的接收[66]。成员之间高质量的沟通,使其有机会吸收、应用知识,并形成自己的观点。此外,由于产学研协同创新团队转移的知识隐含性较强,这类知识难以规范,不易传递,必须通过转移双方的频繁互动与合作才能把握其精髓与要领,最终被有效吸收利用,因此沟通是提高产学研协同创新团队知识吸收能力行之有效的方法。总之,在产学协同创新团队内部知识转移中,沟通越好,越容易交换信息,越利于知识吸收能力的提升。

因此,基于上述分析,本书提出如下研究假设:

H1:在产学研协同创新团队内部的知识转移过程中,沟通质量(CQ)对知识分享程度(KS)有显著的正向影响。

H2:在产学研协同创新团队内部的知识转移过程中,沟通质量(CQ)对知识吸收能力(KA)有显著的正向影响。

2. 创新支持的相关假设

King研究证实,创新支持会对知识分享产生积极的影响[67]。当团队成员感到其所在团队的创新支持力度较高时,就越能提升自己的工作效率,也越愿意分享知识。Stott实证研究发现,当成员倾向与领导保持一致,领导者对知识共享的支持会促进员工的知识共享[68]。在产学研协同创新团队中,领导积极鼓励成员追求创新并能够容忍创新带来的风险,团队成员就会为了完成协同创新活动而向彼此积极地分享知识、信息。正如隋杨指出,团队领导鼓励创新会增加团队成员对创新目标的认同,并促使与创新活动有关的信息不断交换和整合[69]。刘效广研究也发现,当团队成员得到了团队领导的支持和其他团队成员的支持时,他(她)对创新结果的期望会提高,结果会刺激其积极收集相关信息、获取创新资源[70]。

Barksdale研究发现,组织创新支持能够促使组织成员更好地完成角色行为[71]。当团队成员认为自己正在进行的创新被同事认可和接受,为了保证创新的成功,他(她)就会积极学习相关知识、努力提高相关技能。Goolsby研究指出,团队的创新支持提高了成员安全感,减少了工作压力,最终提升了团队成员的知识共享与整合能力[72]。如果团队成员感受到所在团队重视创新活动、为创新活动提供充足的资源、容忍创新失败、提供机会用以提升成员的技能等等,他们就会有更大的工作热情,更愿意奉献力量,更愿意努力学习提高自身能力[73];同时本身技能的提高将更促使成员有能力理解、转化和运用来自于知识源的新知识,增强知识吸收能力。Gilson研究得出结论,在创新团队中,团队成员感觉该团队创新支持的力度越大,其创新行为的投入越多[74]。

因此,基于上述分析,本书提出如下研究假设:

H3:在产学研协同创新团队内部知识转移过程中,创新支持(IS)对知识分享程度(KS)有显著的正向影响。

H4:在产学研协同创新团队内部知识转移过程中,创新支持(IS)对知识吸收能力(KA)有显著的正向影响。

## 4.3.2 个人特质与团队互动的关系

**1. 转移意愿的相关假设**

知识转移强调知识源根据受体的知识需求,有目的地传递知识,知识源的作用不容忽视。知识转移意愿是指知识源运用语言、文字等方式将自己的知识转移给知识受体的愿望程度。周密研究发现,知识权威丧失是阻碍知识贡献的重要影响因素[75]。魏道江也指出,个人担心失去竞争优势是决定知识共享能否实现的最直接原因[76]。一般来说,知识源只有感觉到输出知识后他们得到的回报远远高于自身的付出时,才会更有意愿投入大量时间和资源向外传递知识。

在产学研协同创新团队内部知识转移中,转移的知识主要是高校、科研机构和企业的教师、科研人员和技术人员所拥有的技术、诀窍、经验、技巧等隐性知识,这些隐性知识都是在以前的工作学习中积累起来的,是有价值的,是知识拥有者保持竞争优势的关键。知识拥有者将这些隐性知识分享给其他人,他们的经验和技术极易被其他人掌握。如果知识拥有者担心自己会因此失去对这些知识的权威或垄断地位,进而导致失去竞争优势地位时,他们就会缺少转移知识的意愿。当知识源缺少转移知识的意愿和动机时,他们就丧失了积极转移知识的内在推动力,很少会与团队成员进行及时、准确、充分和全面的沟通交流,进而导致沟通质量降低。只有当知识源的转移意愿和动机,即通过知识转移提高协同创新能力,十分明确时他们才会为了实现这一宏伟目标主动与团队其他成员进行有效沟通与互动,提高沟通效果和质量。在信息交流互动过程中,知识源随时掌握知识受体的信息需求,并不断提供更好的个性化服务[77]。知识源与知识受体作为沟通的主体,其共享知识的意愿会直接影响知识的编码和译码能力,这会影响知识沟通的准确性和全面性,降低沟通效果[64]。

因此,基于上述分析研究提出如下研究假设:

研究假设H5:在产学研协同创新团队内部知识转移过程中,转移意愿(TW)对沟通质量(CQ)有显著的正向影响。

2. 输出能力的相关假设

知识源不但应该有很强烈的知识转移意愿,还应具备较高的知识输出能力。知识输出能力应该具有如下要素:知识源能够清晰地知道自身知识的价值及其用途,能够掌握知识受体的需求和吸收能力,能够以恰当的形式和方式传递给知识受体[78]。因此本书将知识输出能力定义为知识源在正确评估知识受体的需求和吸收能力的基础上,采取合适的方式解释知识并将其进行有效转移的能力,主要包括知识的认知、编码、表达能力。Aladwani认为,知识源对专业技术知识的认知、编码、表达能力越强,其对模糊性的专业技术知识越能做出较准确的解释与表述,这将有助于知识交流活动[79]。

在产学研协同创新团队内部知识转移中,主要行为主体是来自高校、科研机构和企业的教师、科研人员和技术人员,他们转移的知识既有自身的知识,也包括所依附的组织所具有的各类知识。认知能力强调获得知识、应用知识的能力,即知道自身知识的价值及用途、掌握知识受体的需求和吸收能力。当知识源具备较高的认知能力时,一方面,他能更清楚知道自身具备的隐性知识以及所在组织中存在的各种显性和隐性知识,知道这些知识如何获得,明白它们的具体应用价值及其领域;另一方面,他能够清晰地了解知识受体到底需要那些知识以及他们的知识吸收水平。这有利于团队成员之间进行更有针对性且有效地信息沟通与交流,提高沟通质量。

编码是信息从一种形式或格式转换为另一种形式的过程。由于隐性知识不易编码,需要知识源有较高的编码能力,将要传递的隐性知识通过科学的编码进一步明晰,使更多的隐形知识得以快速有效地传递与反馈,这样才能实现及时、准确、充分和全面的高质量沟通。

表达能力指擅长将自己的思想、想法等,用语言、文字等方式清晰准确地表达出来,并使别人理解与掌握。由于隐性知识多嵌入在行动、过程、惯例、责任、价值和情感中,其传递的最好方法就是面对面的直接交流。在交流过程中,知识源可以运用许多手段传递知识,如:操作示范,Hakanson指出,明晰的操作示范可以使知识受体对传授的技术知识有更直观、清楚的理解,有利于知识受体对知识的吸收和消化[80]。此外,知识源还可以随时掌握知识受体的反馈信息,不断加以解释说明,加速知识的流动速度和对所转移知识的获取能力。由于沟通强调经过传递后被接受者感知的信息与发送者发出的信息应完全一致,知识源具有较好的表达能力会有助于隐性知识的传递与理解,提高沟通水平。

因此,基于上述分析,本书提出如下研究假设:

研究假设H6:在产学研协同创新团队内部知识转移过程中,输出能力(OA)对沟通质量(CQ)有显著的正向影响。

3. 学习能力的相关假设

学习能力是自我求知、做事、发展的能力,它是学习者用以帮助自己有效学习的技术,包括学习的外部技能和内部技能两方面。外部技能是个人在学习过程中所表现出来的使学习有效的行为,如查找资料、听课、阅读书籍文献、记笔记等学习环节中的技术;内部技能是个人在学习过程中用来指导自己的注意、记忆、思维过程,以保证有效学习的技能,常见的技能有,如何编码、储存、记忆、理解、提取、应用等等。本书所说的学习能力主要强调产学研协同创新团队成员在知识转移中,能以迅捷、简便、有效的方式获得准确的知识、信息,不断将新知识融入自己已有的知识中、从而改变已有知识结构,最终具有分析和解决实际问题的能力。

一个组织(或个人)的学习能力越强,其获取外部知识的能力也会越强。当一个人学习能力较强时,他就能快速有效地获取准确的知识与信息,并能及时转化为自身的能力。在产学研协同创新团队内部知识转移过程中,每个从事知识转移活动的行为主体学习能力的上升将使他们积累大量的有用知识,而且学习能力越强,越能更好地理解并应用知识,使其发挥更大的作用。很难想象没有学习行为,缺少学习技能,知识将如何被重构、表达、吸收、创造和利用[81]。当团队成员具有较强的学习能力时,其在知识转移过程中的分析和解决问题的能力会更强,进而能够在知识转移过程中更有能力互帮互助、相互支持,共同解决创新中遇到的困难。

因此,基于上述分析,本书提出如下研究假设:

研究假设H7:在产学研协同创新团队内部知识转移过程中,学习能力(SA)对创新支持(IS)有显著的正向影响。

4. 先验知识的相关假设

先验知识是人们根据过去经验或学习成果在长期的工作实践中积累下来的各种知识,既包括显性知识(数学表达式、计算机程序、报告、地图、规格及手册等),也包括隐性知识(技术诀窍、技能和能力、判断力、经验和阅历、直觉、偏好、价值观、人生观、目标倾向等)。先验知识的水平体现了一个人现有知识的内容、结构及专长。

在知识转移过程中,沟通是双方承载知识的信息或意见的交换过程,转移双方先验知识的水平决定了双方信息沟通的质量。对知识源而言,其先验知识越丰富,越清楚地了解怎样根据知识受体的特征表述与解释要转移的知识,让知识受体容易理解、转化、运用新知识;对知识受体而言,其先验知识越丰富,越明白怎样将知识需求表述准确,如何减少或避免转移的知识发生损失,如何提升知识接受能力。Hendrinks认为,知识受体在接受新知识时,一定要有丰富的先验知识去学习和分享新知识[82]。疏礼兵研究发现,如果知识受体知识存量有限,在知识转移过程中,会因为与知识源过大的知识差而很难理解、吸收、利用转移来的知识[83]。丰富的先验知识会使转移双方信息、知识的传递与反馈过程更顺利高效,保证沟通的及时、准确、充分和全面,提高沟通质量。

在产学研协同创新团队内部知识转移过程中,转移双方先验知识的水平也会对创新支持产生一定的影响。创新支持强调团队成员的互助,提供支持与帮助并创造创新情境。知识是日积月累的,团队成员主要凭借过去积累的知识和经验等对创新提供实际和行为上的支持。Dixon指出,过去的经验教训能够作为人们在下一次面临相似情境时执行任务的参考[84]。经验是在过去实践中得到的知识或技能,它可以帮助人们少走弯路,并且帮助更多的人走上成功之路。Bower指出,一个人大脑中存储的概念、内容、格式越多,其对新技术、新方法的接受和获取能力越强[85]。这也说明团队成员先验知识越丰富,越有能力掌握更多的方法、策略、技术、技巧等,进而为其他成员提供创新工作策略、方法改进等实际有效的支持。

因此,基于上述分析,本书提出如下研究假设:

研究假设H8:在产学研协同创新团队内部知识转移过程中,先验知识(PK)对沟通质量(CQ)有显著的正向影响。

研究假设H9:在产学研协同创新团队内部知识转移过程中,先验知识(PK)对创新支持(IS)有显著的正向影响。

## 4.3.3 知识模糊性与团队互动的关系

知识的模糊性强调转移中的知识具有隐性、缘由模糊性、结果不确定性、技术资源模糊性等特点,最终会阻碍组织学习,它是由于对技术或者工艺诀窍的行动和结果、投入和产出以及原因和结果缺乏了解和认识造成的。知识的模糊性来源于内隐性、复杂性、专用性等知识的自身属性。知识的模糊性既会影响沟通质量,也会影响创新支持。

胡昌平实证研究发现,知识的内隐性影响知识的表达效果[86],而知识的表达难度越大,越不利于转移双方进行充分准确的有效沟通。Pisano研究也发现,知识的内隐性导致技术、经验、诀窍等隐性知识必须通过成员之间密切互动与合作才可以真正被学习、掌握,也正是由于知识具有隐含性的特点,才致使成员之间在学习交流过程中出现障碍、引发冲突[87]。Nonaka还指出,隐性知识主要包括经验、信念、观点、价值、心智模式和技能等,它是个人通过经验获得的,很难进行编码和表达,因此很难被有效利用[88]。复杂性是特定知识在技术、例行事项、人员,以及资源间连接的相关程度,它可以影响人们对知识的理解程度并降低其可转移性[39]。专用性也称专有性、专属性。由于技术、经验、诀窍等知识多嵌入在个体、产品、惯例中[89],其嵌入程度越深,越依赖组织情景,专属性越强,知识越不容易被模仿、学习与交流。

产学研协同创新团队内部转移的知识主要是技术、技能、专利、经验、诀窍、直觉、偏好等很难进行编码、表达的隐性知识,这些知识更多的是黏附在组织惯例和特定人员的头脑中,内隐性较强、主观性较强、结构性较差,而且许多知识的技术原理深奥、专业性较强、涉及许多领域。这都会导致知识很难被知识源表达和传递,也会导致传递的知识不能被知识受体很好地理解、吸收并应用,其最终结果是,既不利于团队成员之间的有效沟通,也不利于他们相互之间的创新帮助与支持。

因此,基于上述分析,本书提出如下研究假设:

研究假设H10:在产学研协同创新团队内部知识转移过程中,知识模糊性(KF)对沟通质量(CQ)有显著的负向影响。

研究假设 H11：在产学研协同创新团队内部知识转移过程中，知识模糊性(KF)对创新支持(IS)有显著的负向影响。

## 4.3.4 渠道丰富性与团队互动的关系

渠道是知识交流的先决条件，如果没有知识转移渠道，那么知识转移根本无法发生。Steinfield研究发现，信息沟通过程中由于沟通媒介的选择而产生不同的"社交存在感"影响沟通的效果[90]。Byrne通过调查598名全职职工得出结论，当个人接受的信息、知识与自身的利益越相关时，面对面的沟通渠道会使他们的沟通满足更高[91]。高珊实证研究得出结论，计算机使用行为对沟通满意度的影响是显著的[92]。林佩莹以台塑关联企业为例，研究媒介丰富度对沟通满足的影响，通过实证结果得出结论，当个人感知的媒介丰富度越高时，沟通满足感就越强[93]。冯长利指出信息技术主要包括电视电话会议、网络视听、电子邮件等，其快速发展为组织创造了一种超越时间、地域的沟通和交流方式。他以华东地区12家大型国有企业为样本进行的实证研究发现，信息技术对沟通的正向影响显著[64]；这也说明新兴的媒介会影响沟通的满意度，进而影响沟通质量。

创新支持主要是指团队成员的互助，提供支持与帮助的作为与创新情境。渠道越丰富，越有利于转移双方处理复杂的主观信息，降低模糊性，使双方消除分歧达成理解上的一致[50]，提高创新支持力度，实现协同创新。在产学研协同创新团队中，成员来自不同的高校、科研院所和企业，除了在协同创新团队中参与协同创新活动，每个成员在各自原来的组织中也会承担工作任务，这将导致他们有时无法面对面地进行深入交流，影响创新支持，降低创新效率。渠道的丰富性强调团队成员既可以通过非正式交流方式（如聊天、日常交谈）交流、分享、传递知识，也可以利用网络方式（如MSN、QQ、E-mail、BBS、Blog等）交流、分享、传递知识，这恰恰解决了上述难题。团队成员之间可以随时借助电脑、手机等工具有效联系,随时解决创新中遇到的难题,互相帮助与支持。因此渠道丰富性也会对创新支持产生主要影响。

因此,基于上述分析,本书提出如下研究假设:

研究假设H12:在产学研协同创新团队内部知识转移过程中,渠道丰富性(CR)对沟通质量(CQ)有显著的正向影响。

研究假设H13:在产学研协同创新团队内部知识转移过程中,渠道丰富性(CR)对创新支持(IS)有显著的正向影响。

### 4.3.5 情境要素与团队互动的关系

1. 信任水平的相关假设

关于信任的定义,许多学者从社会学、心理学、管理学、经济学等角度进行了界定,且说法不一,具体有代表性的信任定义如表4-6所示。

表4-6 部分学者关于信任的界定

| 所属领域 | 代表学者 | 概念界定 |
| --- | --- | --- |
| 心理学和社会学 | Rotter J B (1967) | 信任是个体或群体对另一个体或者群体的言语、承诺、口头或书面声明可依赖的期望[94] |
| 管理学 | Mcallister D J (1995) | 信任是个人相信和愿意基于他人言辞、行为、决策进行行事的程度[95] |
| 经济学 | Hosmer L T (1995) | 信任是个人、群体或企业对其他个人、群体或企业在联合行为或经济交换中拥有的对对方符合伦理行为的期望[96] |
| 营销学 | Morgan R M (1994) | 信任是一方对交换伙伴的可靠性和正直的信心[97] |

续表

| 所属领域 | 代表学者 | 概念界定 |
| --- | --- | --- |
| 组织行为 | Zucker L G（1986） | 信任是所有涉及交换的人员共享的一组期望[98] |
| 公共关系 | Ledingham J（1998） | 信任是在关系中能相互依赖的感觉[99] |

综上所述,信任产生于人际之间的相互依赖关系中,以情感为基础,收益和风险并存。借鉴刘慧的研究成果,本书将产学研协同创新团队的信任定义为在协同创新活动过程中,成员一方(信任方)对另一方(被信任方)履行职责和义务以达成目标应采取正确行为的预期,并愿意承担另一方(被信任方)的行为结果可能为团队带来伤害的风险[100]。团队信任主要包括团队成员对团队的信任及团队成员之间的信任。团队成员对团队的信任主要是指团队成员对团队领导的认可及对团队目标、使命、工作方式、规章制度、规范准则、约束条例等的信任。团队成员之间的信任分为认知信任(Cognition-based trust)和情感信任(Affect-based trust)[95];认知信任强调对被信任方所具有的能力、可靠性的认知判断,其前提条件是绩效可靠性和技术可信性;情感信任强调以情感为基石的信任,它易于使团队成员之间发展一种牢固的价值观和感情纽带,并促进相互理解。

Dirks指出,信任能够促进团队成员之间的相互有效沟通,还可以减少他们之间的有害冲突[101]。信任可以使团队成员消除不安全感,在面对冲突时,把重点放在问题上,提出自己的意见,减少冲突,因此在团队协作过程中信任必不可少。赵钊认为,成员相互间信任水平较高时,双方在互动中会更少的设防,在具体沟通过程中不会把不一致的观点和价值观与人身攻击联系在一起,因此信任是团队完成互动、分享知识的基本保障[102]。Ferres研究发现,同事之间的信任程度能够有效地促进组织支持[103]。Morris认为,团队内部的信任对团队工作满意度的影响显著,信任可以改善团队工作关系,进而促进团队互动[104]。王娟茹调研了162名团队成员并通过实证分析发现,信任对团队互动的正向影响显著,即团队成员之间的信任感越强,他们之间的沟通越频繁,组织支持越容易实现,凝聚力越强[15]。

在产学研协同创新团队内部知识转移过程中,团队成员对团队领导的认可及对团队目标、使命、工作方式、规章制度、规范准则、约束条例等的信任,会提高团队凝聚力,为了实现团队愿景目标,成员之间会更愿意互相交流、互相支持。Ford研究发现,如果存在与上级管理者的信任,会导致更多的知识被利用和运用[105]。认知信任的前提条件是绩效可靠性和技术可信性,它更多依赖于知识转移双方长时间交往的认知和了解,一方对另一方掌握的信息越多,越能准确地预测对方的行为。在产学研协同创新团队内部知识转移过程中,成员需要知识解决问题,因此主要考虑的是哪种途径能够更快、更有效地解决问题,选择的衡量标准更倾向于绩效可靠性和技术可信性(例如:优秀的教育背景、专业技能培训、丰富的经验、成功的经历等)。知识受体对知识源的认知信任使他更加坚信所得到知识的可靠性,更加愿意与其交流沟通,进一步吸收知识并进行知识创造来解决自己的难题。Bouty发现熟人之间倾向于分享复合型知识[106]。处在情感信任关系中的人更愿意开放自己,通过与他人积极沟通来分享个人的信息、思想和知识。产学研协同创新团队成员间转移的主要是隐性知识,隐性知识分享以时间密集和个人交往为特征,它要求更高水平的情感信任,这反映出在亲密关系中体现更为显著的承诺。因此,对于团队成员之间的信任,当团队成员信任另一方时,在知识转移过程中会更有效率。当团队信任度较高时,团队成员会更乐于彼此交流沟通,凝聚力更强,最终一起解决问题。由此可见,信任可以让团队成员之间的互动进行得更加顺利[15]。

因此，基于上述分析，本书提出如下研究假设：

研究假设 H14：在产学研协同创新团队内部知识转移过程中，信任水平（TL）对沟通质量（CQ）有显著的正向影响。

研究假设 H15：在产学研协同创新团队内部知识转移过程中，信任水平（TL）对创新支持（IS）有显著的正向影响。

2. 制度协同的相关假设

众所周知，产学研协同创新团队中的成员来自不同的企业、高校和科研机构等协同单位。一方面，他们作为团队成员通过知识转移参与协同创新活动，另一方面，也作为协同单位的员工面临职称评定、晋级晋升、评奖评优、年度考核等问题。只有做好人员的边界管理才能协调好这二者的关系，而边界管理的好坏取决于各项制度的协同。制度协同主要强调经济行为主体对既定制度安排和制度结构的一种满意状态，如果从供求考虑，制度协同就是制度供给适应制度需求[107]。本书中，制度供给方主要来源于协同创新中心和产学研协同单位，而制度需求方则主要是协同创新团队成员。制度协同就是指制度供给方的制度制定真正满足了制度需求方的需求，这些制度主要包括人事制度、薪酬福利制度、考核制度、晋级晋职称制度、科研成果共享制度等。

人事制度方面，采取岗位工作与人事关系相分离的形式，协同创新团队成员被聘任后，其人事制度仍在原协同单位，成员随时可以回原单位，其基本工资仍由原单位支付，差额部分由聘任单位负责；聘任单位负责对团队成员进行考核，考核结果协同单位承认；聘任单位有职称评聘自主权，其评聘结果协同单位承认；成员在聘任单位取得的科研成果将与协同单位共享，并可得到协同单位的科研奖励。上述这些制度的协同将有效解决人员的边界管理问题，对协同创新团队成员产生极大的刺激，成员的创新激情和团结协作力会被充分调动起来。协同创新团队成员更愿意与其他成员交流自己通过长时间从事科学研究、技术研发中得来的专业知识、技术诀窍、技能等珍贵的知识,增强协作;同时团队成员的创新积极性和动力也会显著提高,他们将会互相支持提高创新效率,更好地完成协同创新活动。

因此,基于上述分析,本书提出如下研究假设:

研究假设H16:在产学研协同创新团队内部知识转移过程中,制度协同(SS)对沟通质量(CQ)有显著的正向影响。

研究假设H17:在产学研协同创新团队内部知识转移过程中,制度协同(SS)对创新支持(IS)有显著的正向影响。

3. 政府政策的相关假设

协同创新是通过国家意志的引导和机制安排,充分调动协同各方的能力和优势,产生"1+1>2"的效应,协作开展科技创新活动。因此,国家对协同创新的政策支持功不可没。本书所说的政府政策主要是各级政府为鼓励教师、研究人员、技术人员积极参与协同创新团队内部的知识转移活动而给予的各种政策。

Feldman研究发现,政府的研发资助对项目的知识溢出具有促进作用[108]。在知识转移的过程中,研发经费的多少直接影响科技成果的产出质量、科技成果转化的成功率及科研人员知识转移的积极性。一方面各级政府通过加强对产学研协同创新的财政拨款,鼓励和促进高校、科研机构与企业在基础研究与应用研究领域的协同创新。另一方面各级政府可以积极引导资金流向特定的核心研发和重点攻关项目,包括国家级的863、973等项目,和各级地方政府的各类科技攻关项目。这些项目面向国家重大需求,以前沿技术研究发展为重点,解决中国经济社会发展和科技自身发展中的重大科学问题,旨在开发具有自主知识产权的重大原始创新成果,提高我国自主创新能力。因此,这些项目很难靠企业或高校自己力量完成，需要来自产学研各组织的研究人员和技术人员的联合攻关、协同创新。当产学研协同创新团队有了研发经费的大力支持，成员会为了完成科技攻关项目、取得社会效益和经济效益而积极协同作战，各主体在协同创新过程中相互协调与"碰撞"，不断激发灵感，促进创新思想的产生。

Breznitz认为，全国性的法律法规和高校所在区域的具体政策是影响高校知识转移绩效的因素之一，这些政策可以影响知识转移的需求强度、规模和创新环境[109]。在培育和引进创新人才方面，各级政府通过制定相关政策培育高水平的创新人才和引进国内外高水平的创新人才。诸如给予创新人才购房补贴、安家补助、人才津贴等物质奖励；建立人才引进"绿色通道"，实现高层次人才无障碍引进；实行人才绿卡制度，凭绿卡享受家属落户、子女入学、配偶就业、免费人事代理、重新建档、社会保险等方面的权益。各级政府还可以制定政策鼓励建立以技术入股、期股期权、福利补贴为主要内容的"宽带薪酬"制度，以此激励创新成员。国务院总理李克强2015年7月27日在国家科技战略座谈会上指出，科技人员是科技创新的核心要素，是创造社会财富不可替代的重要力量，在基础研究收入保障机制外，还要创新收益分配机制，让科技人员以自己的发明创造合理合法富起来[110]。各级政府可以更多地制定鼓励科技与经济界面联系的创新政策法规，如《促进科技成果转化法》《关于加强技术创新，发展高科技，实现产业化的决定》《国家科学技术奖励条例实施细则》《中华人民共和国专利法实施细则》等等，这些政策法规的出台有效地调动了科技人员的创新积极性，促进了技术创新。

总而言之，政府制定的有利于协同创新和知识转移的各项政策为产学研协同创新团队内部知识转移活动提供了资金、人员等各项资源，是创新支持的有力保障。

因此，基于上述分析，本书提出如下研究假设：

研究假设 H18：在产学研协同创新团队内部知识转移过程中，政府政策（GP）对创新支持（IS）有显著的正向影响。

## 4.3.6 知识转移影响机理的假设模型

根据上述分析，本书共提出18个有关产学研协同创新团队内部知识转移影响机理的研究假设，具体见汇总表4-7所示。

表4-7 研究假设汇总表

| 编号 | 假设内容 | 影响方向 |
| --- | --- | --- |
| H1 | 沟通质量（CQ）对知识分享程度（KS）有显著的正向影响 | + |
| H2 | 沟通质量（CQ）对知识吸收能力（KA）有显著的正向影响 | + |
| H3 | 创新支持（IS）对知识分享程度（KS）有显著的正向影响 | + |
| H4 | 创新支持（IS）对知识吸收能力（KA）有显著的正向影响 | + |
| H5 | 转移意愿（TW）对沟通质量（CQ）有显著的正向影响 | + |
| H6 | 输出能力（OA）对沟通质量（CQ）有显著的正向影响 | + |
| H7 | 学习能力（SA）对创新支持（IS）有显著的正向影响 | + |
| H8 | 先验知识（PK）对沟通质量（CQ）有显著的正向影响 | + |
| H9 | 先验知识（PK）对创新支持（IS）有显著的正向影响 | + |
| H10 | 知识模糊性（KF）对沟通质量（CQ）有显著的负向影响 | − |
| H11 | 知识模糊性（KF）对创新支持（IS）有显著的负向影响 | − |
| H12 | 渠道丰富性（CR）对沟通质量（CQ）有显著的正向影响 | + |
| H13 | 渠道丰富性（CR）对创新支持（IS）有显著的正向影响 | + |
| H14 | 信任水平（TL）对沟通质量（CQ）有显著的正向影响 | + |
| H15 | 信任水平（TL）对创新支持（IS）有显著的正向影响 | + |
| H16 | 制度协同（SS）对沟通质量（CQ）有显著的正向影响 | + |
| H17 | 制度协同（SS）对创新支持（IS）有显著的正向影响 | + |
| H18 | 政府政策（GP）对创新支持（IS）有显著的正向影响 | + |

根据上述假设推理分析,本书以产学研协同创新团队内部知识转移为研究内容,从产学研协同创新团队内部知识转移系统的输入要素、知识转移过程的团队互动、知识转移输出结果出发,构建了产学研协同创新团队内部知识转移影响因素的整体假设模型,如图4-3所示。

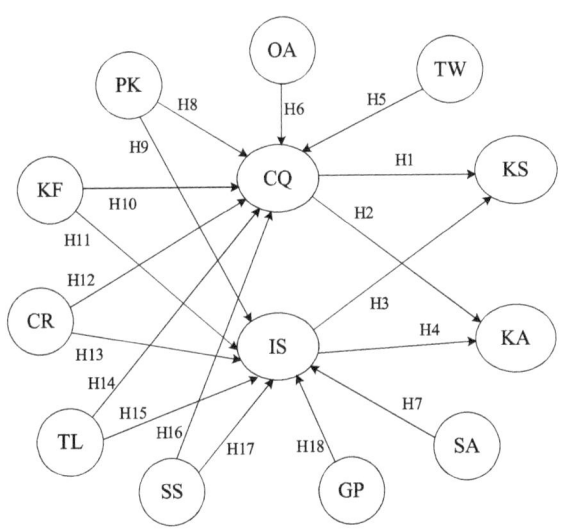

图4-3 本书研究的假设模型

## 4.4 本章小结

本章以团队效能理论与复杂性科学为基本思想,首先,提出了产学研协同创新团队内部知识转移影响机理的"I-P-O"理论模型。其中,输入因素"I"包括个人特质、知识特性、渠道因素、情境要素四个方面,过程因素"P"为产学研协同创新团队内部知识转移过程中团队成员互动要素,输出因素"O"即是产学研协同创新团队内部知识转移效能。其次,科学界定了各研究变量的维度。其中,个人特质包括转移意愿、输出能力、学习能力、先验知识,知识特性指知识模糊性,渠道因素即渠道丰富性,情境要素包含信任水平、制度协同、政府政策;团队互动要素有沟通质量、创新支持;知识转移效能包括知识分享程度、知识吸收能力。在此基础上,构建了产学研协同创新团队内部知识转移影响机理的概念模型。最后,通过分析各个影响因素对知识转移效能的影响程度与方式,确定了各自变量、中介变量、因变量之间的假设关系,构建了包含9个自变量,2个中介变量,2个因变量在内的产学研协同创新团队内部知识转移影响机理的假设模型,为以后的实证研究奠定了理论基础。

## 参考文献

[1] 刘春艳, 王伟. 基于耗散结构理论的产学研协同创新团队知识转移模型与机理研究[J]. 情报科学, 2016, 34(3): 42-47.

[2] 殷斌, 郭东强. 企业转型知识转移特性研究及流程设计[J]. 科技管理研究, 2012(10): 164-168.

[3] Ghoshal S. The innovative multinational:a differentiated network of organizational roles and management processes[D]. Harward Business School, 1986: 18-35.

[4] 张光磊, 刘善仕, 申红艳. 组织结构、知识转移渠道与研发团队创新绩效——基于高新技术企业的实证研究[J]. 科学学研究, 2011, 29(8): 1198-1206.

[5] 刘春艳, 王伟. 产学研协同创新联盟知识转移的策略研究[J]. 学习与探索, 2015(3): 110-113.

[6] Homans G C. Social behavior:its elementary forms[M]. New York:Harcourt Brace, 1974.

[7] Cohen W B, Bailey D E. What make teamwork: group effectiveness research

from the shop floor to the executive suite[J]. Journal of Management, 1997, 23: 239-290.

[8] Marks M A, Mathieu J E, Zaccaro S. A temporally based framework and taxonomy of team process[J]. Academy of Management Review, 2001, 26(3): 356-376.

[9] Jewell N, Reitz J. Group effectiveness in organizations[M]. Illinois: Foresman and Company, 1981.

[10] Gladstein D L. Groups in context: a model of task group effectiveness[J]. Administrative Science Quarterly, 1984, 29(4): 499-517.

[11] Swezey R W, Salas E. Teams: their training and performance[M]. New Jersey: Ablex Publishing Corp, 1992.

[12] Campion M A, Medsker G J, Higgs A C. Relations between work group characteristics and effectiveness: implications for designing effective work groups[J]. Personnel Psychology, 1993, 46(4): 823-847.

[13] Barrick M R, Stewart G L, Neubert M J, et al. Relating member ability and personality to work-team processes and team effectiveness[J]. Journal of Applied Psychology, 1998, 83(3): 377-391.

[14] 周国成, 李东辉. 团队内部互动因素对知识型团队效能影响的研究[J]. 黑龙江电力, 2008, 30(6): 477-480.

[15] 王娟茹, 杨瑾. 信任、团队互动与知识共享行为的关系研究[J]. 科学学与科学技术管理, 2012, 33(10): 31-39.

[16] 宋源. 虚拟团队互动行为与团队创新关系研究——一个基于高科技企业虚拟团队的实证研究[J]. 河南社会科学, 2012, 20(7): 47-51.

[17] 葛宝山, 刘牧. 创业团队通过团队互动行为实现团队信息共享的实证研究[J]. 情报科学, 2014, 32(6): 69-72.

[18] Schramm W. The process and effects of mass communication[M]. Chicago:

The University of Illinois Press, 1953:3.

[19] Berelson B, Janowitz M, Hirsch P. Reader in public opinion and mass communication[M]. New York: Macmillan Publishing Co. 1981.

[20] Harris P H, Moran R. Managing cultural differences[M]. Houston : Gulf Pub. Co., Book Division, c, 1979.

[21] Newman W H, Summer C E. The procee of management[M]. New York: Prentice-Hall, 1961:59.

[22] 耿昕, 石金涛. 基于多层次视角的创新气氛研究论述[J]. 科技管理研究, 2010, (16): 1-4.

[23] 李媛, 高鹏, 汤超颖, 等. 团队创新氛围与研发团队创新绩效的实证研究[J]. 中国管理科学, 2008, 16(专辑): 381-386.

[24] 王嘉依, 王少华. 经济学视野下的教师绩效考核[J]. 教学与管理, 2009(19): 12-14.

[25] Nancy M D. Common knowledge: how companies thrive by sharing what they know[J]. Long Range Planning, 2001(34).

[26] Hendriks P. Why share knowledge? The influence of ICT on the motivation for knowledge sharing[J]. Knowledge and Proeess Management, 1999, 6(2): 91-136.

[27] Hooff B V D, Ridder J A D. Knowledge sharing in context: the influence of organizational commitment, communication climate and CME use on knowledge sharing[J]. Journal of Knowledge Management, 2004, 8(6): 117-130.

[28] Davenport T H, Prusak L. Working knowledge: how organization manage what they know[M]. Cambridge, MA: Harvard Business School Press, 1998.

[29] Chiu C M, Hsu M H, Wang E T G. Understanding knowledge sharing in virtual communities:An integration of social capital and social cognitive

theories[J]. Decision SupportSystems, 2006, 42(3): 1872-1888.

[30] Cohen W M, Levinthal D A. Absorptive capacity: a new perspective on learning and innovation[J]. Administrative Science Quarterly, 1990, 35(l): 128-152.

[31] Mowery D C, Oxley J E. Inward technology transfer and competitiveness: the role of national innovation systems[J]. Cambridge Journal of Economics, 1995, 19(1): 67-93.

[32] Kim L. Crisis construction and organizational learning: capability building in catching-up at Hyundai Motor[J]. Organization Science, 1998, 9(4): 504-521.

[33] Lane P J, Lubatkin M. Relative absorptive capacity and interorganizational learning[J]. Strategic Management Journal, 1998, 19 (5): 461-477.

[34] Tiwana A, Melean E. Expertise integration and creativity information systems development[J]. Journal of Management Information Systems, 2005, 22: 13-44.

[35] Zahra S A, George G. Absorptive capacity: a review, reconceptualization and extension[J]. The Academy of Management Review, 2002, 27(2): 185-203.

[36] Todorova G, Durisin B. Absorptive capacity: valuing a reconceptualization [J]. Academy of Management Review, 2007(3): 774-786.

[37] Park B I. Knowledge transfer capacity of multinational enterprises and technology acquisition in international joint ventures[J]. International Business Review, 2011, 20(1): 75-87.

[38] Winter S G. Knowledge and competence as strategic assets[A]. Teece D J. The competitive challenge: strategic for industrial innovation and renewal [C]. Cambridge, MA: Ballinger, 1987: 159-184.

[39] Simonin B L. Ambiguity and the process of knowledge transfer in strategic alliances[J]. Strategic Management Journal, 1999, 20(7):595-623.

[40] Cummings J L, Teng B S. Transferring R&D knowledge: the key factors affecting knowledge transfer success[J]. Journal of Engineering and Technology Management, 2003, 20(1): 39-68.

[41] Reagans R, Mcevily B. Network structure and knowledge transfer: the effects of cohesion and range[J]. Administrative Science Quarterly, 2003, 48(2): 240-267.

[42] 疏礼兵. 技术创新视角下企业研发团队内部知识转移影响因素的实证分析[J]. 科学学与科学技术管理, 2007, 28(7): 108-114.

[43] 彭正龙, 陶然. 基于认知能力的项目团队内部知识特性对知识转移影响机制研究[J]. 情报杂志, 2008(9): 45-49.

[44] 苏卉. 知识特性对知识转移效率影响效应的结构分析[J]. 图书情报工作, 2009, 53(4): 101-105.

[45] 王挺. 虚拟研发团队知识转移效能影响因素的SEM模型验证分析[J]. 图书情报工作, 2011, 55(20): 72-76.

[46] 杨建超, 尹洁, 吴洁. 高校科研创新团队内部知识转移影响因素研究——基于江苏省实证分析[J]. 情报杂志, 2012, 31(8): 182-187.

[47] Simonin B L. An empirical investigation of the process of knowledge transfer in international strategic alliances[J]. Journal of International Business Studies, 2004, 35(5): 407-427.

[48] 黄莉, 徐升华. 生态产业集群知识转移影响因素研究[J]. 图书馆学研究, 2015(13): 2-9.

[49] 叶舒航, 郭东强, 葛虹. 转型企业外部知识转移影响因素研究——基于元分析方法[J]. 科学学研究, 2014, 32(6): 909-918.

[50] 丁秀好, 黄瑞华. 合作创新中媒介丰度对知识模糊性和知识转移绩

效关系的调节作用研究[J].研究与发展管理,2008,20(5): 9-13.

[51] Jensen R J, Szulanski G. Stickiness and the adaptation of cross-border knowledge transfers [J]. Journal of International Business Studies, 2004, 35(6): 508-523.

[52] 徐升华,李山.校企知识转移的情境、渠道与模式选择路径[J].科技进步与对策,2012,29(11): 126-132.

[53] 张秋来,李心满.基于主体与情境因素的中小企业内部知识转移研究[J].行政事业资产与财务,2012(3): 5-9.

[54] 穆颖丽.图书馆协同知识转移的情境因素分析及优化策略[J].图书馆建设,2013(8): 57-60.

[55] 付桃红,杜荣.情境因素对软件外包过程中知识转移的影响分析[J].科技管理研究,2010(6): 200-202.

[56] 袁红军.图书馆咨询团队内部知识转移效率:知识特性与组织情境的影响[J].情报理论与实践,2013,36(6): 49-52.

[57] 原长弘,高金燕,孙会娟.地方政府支持与区域市场需求规模不确定性对高校技术转移效率的影响——来自中国"211工程"大学的证据[J].研究与发展管理,2013,25(3): 10-17.

[58] 应洪斌,朱薇.企业内部信息沟通中网络媒介选择研究[J].西安电子科技大学学报(社会科学版),2008,18(4): 23-29.

[59] Rabbiosi L, Santangelo G D. Parent company benefits from reverse knowledge transfer: the role of the liability of newness in MNEs[J]. Journal of Word Business, 2013, 48(1): 160-170.

[60] Murphy G, Salomone S. Using social media to facilitate knowledge transfer in complex engineering environments: a primer for educators[J]. European Journal of Engineering Education, 2013, 38(1): 70-84.

[61] Awang A H, Hussain M Y, Malek J A. Knowledge transfer and the role of

local absorptive capability at science and technology parks[J]. The Learning Organization, 2013, 20(4/5): 291-307.

[62] Dougherty D. Interpretive barriers to successful product innovation in large firms[J]. Organization Science, 1992, 3(2): 179-202.

[63] 胡平波. 网络组织中知识共享效率评价指标体系的建设[J]. 情报杂志, 2009(1):68-71.

[64] 冯长利, 韩玉彦. 供应链视角下共享意愿沟通与知识共享效果关系的实证研究[J]. 软科学, 2012, 26(4): 48-53.

[65] Leung K, Tjosvold D W. Conflict management in Asia Pacific Rim[M]. Singapore: Wiley, 1998.

[66] Szulanski G. Exploring internal stickiness: impediments to the transfer of best Practice within the firm[J]. Strategies Management Journal, 1996, 17 (Winter Special Issue): 27-43.

[67] King W R, Marks P V. Motivating knowledge sharing through a knowledge management system [J]. Omega, 2008, 36 (1): 131-146.

[68] Stott K, Walker A. Teambuilding: the manager's complete guide to teams in organizations[M]. New York: Prentice Hall, 1995.

[69] 隋杨, 陈云云, 王辉. 创新氛围、创新效能感与团队创新：团队领导的调节作用[J]. 心理学报, 2012, 44(2): 237-248.

[70] 刘效广, 王艳平, 李倩. 创新氛围对员工创造力影响的多水平分析[J]. 管理评论, 2010, 22(8): 34-38.

[71] Barksdale K, Werner J M. Managerial ratings of in-role behaviors, organizational citizenship behaviors, and overall performance: testing different models of their relationship[J]. Journal of Business Research, 2001 (2): 145-155.

[72] Goolsby J R. A theory of role stress in boundary spanning positions of mar-

keting organizations[J]. Journal of the Academy of Marketing Science, 1992, 20(2): 155-164.

[73] 曹科岩, 戴健林. 人力资源管理实践、组织支持感与员工知识分享行为关系研究[J]. 科技管理研究, 2010(24): 120-124.

[74] Gilson L L, Shalley C E. A little creativity goes a long way: An examination of teams' engagement in creative processes[J]. Journal of Management, 2004, 30: 453-470.

[75] 周密, 刘倩, 梁安. 组织内成员间知识共享的影响因素研究[J]. 管理学报, 2013, 10(10): 1545-1552.

[76] 魏道江, 李慧民, 康承业. 基于解释结构模型的知识共享影响因素分析[J]. 情报科学, 2015, 33(7): 92-97.

[77] 张秋英. 实习护生成就动机与临床沟通能力的关系[J]. 护理实践与研究, 2013, 10(11): 144-145.

[78] Martin X, Salomon R. Knowledge transfer capacity and its implications gout the theory of the multinational corporation[J]. Journal of International Businesses Studies, 2003, 34: 356-373.

[79] Aladwani A M. An integrated performance model of information systems projects[J]. Journal of Management Information Systems, 2002, 19(1): 185-210.

[80] Hakanson L. Technology characteristics and reverse technology transfer[C]. Vienna, Austria: 1998.

[81] 丁丽鸽. 知识转移的理论基础初探[J]. 图书馆学研究, 2010 (3):1-7.

[82] Hendrinks P. Why share knowledge? The influence of RT on motivation for knowledge sharing[J]. Knowledge and Process Management, 1999, 6(2): 91-100.

[83] 疏礼兵. 团队内部知识转移的过程机制与影响因素研究[D]. 杭州:浙

江大学, 2006.

[84] Dixon M. Project management body of knowledge[M]. London:Association for Project Management, 2000.

[85] Bower G H, Hilgard E. Theories of learning[M]. Englewood Cliffs, NJ: Prentice-Hall, 1981.

[86] 胡昌平, 周知. 网络社区中知识转移影响因素分析[J]. 图书馆学研究, 2014, (23): 24-30,6.

[87] Pisano G. Knowledge integration and the locus of learning: an empirical analysis of process development[J]. Strategic Management Journal, 1994, 15(3): 85-100.

[88] Nonaka I. A dynamic theory of organizational knowledge creation[J]. Organization Science, 1994, 5(1): 14-37.

[89] Argote L, Ingram P. Knowledge transfer:a basis for competitive advantage in firms[J]. Organizational Behavior and Human Decision Processes, 2000, 82(l): 150-169.

[90] Steinfield C W. Computer-mediated communications in organizational settings: emerging conceptual frameworks and directions for research[J]. Management Communication Quarterly, 1992, 5(3): 348-365.

[91] Byrne Z S, Lemay E. Different media for organizational communication: perceptions of quality and satisfaction[J]. Journal of Business and Psychology, 2006, 21(2): 149-173.

[92] 高珊, 关兴鹏. 国有企业计算机媒介沟通行为对沟通满意度影响研究[J]. 现代商业, 2011(17): 71-72.

[93] 林佩莹, 王哲伟, 许孟琪. 组织媒介丰富度对沟通满足之影响——以台塑关联企业为例[EB/OL]. http://www.docin.com/p-309545861.html, 2015-4-6.

[94] Rotter J B. A newscale for the measurement of interpersonal trust[J]. Journal of Personality. 1967, 35: 651-665.

[95] Mcallister D J. Affect-and cognition- based trust as foundations for interpersonal cooperation in organizations[J]. Academy of Management Journal, 1995, 38(1): 24-59.

[96] Hosmer L T. Trust: the connecting link between organizational theory and philosophical ethics[J]. Academy of Management Review, 1995, 20: 379-403.

[97] Morgan R M, Hunt S D. The commitment-trust theory of relationship marketing[J]. Journal of Marketing, 1994, 58(3): 20-38.

[98] Zucker L G. Production of trust: institutional sources of economic structure, 1840-1920[J]. Research in Organizational Behavior. 1986, 8: 53-111.

[99] Ledingham J, Bruning S. Relationship management in public relations: Dimensions of an organization-public relationship[J]. Public Relations Review, 1998, 24(1): 55-65.

[100] 刘慧. 高校科研团队人际信任对创新绩效的影响——以知识共享与整合为中介变量[J]. 技术经济与管理研究, 2013(11): 24-28.

[101] Dirks K T, Ferrin D L. The role of trust in organizational settings[J]. Organization Science, 2001, 12(4): 450-467.

[102] 赵钊, 王云峰, 方莹, 等. 首席信息官与高层管理团队互动模式及其对共识的影响[J]. 科学学与科学技术管理, 2008, 29(9): 186-191.

[103] Ferres N, Connell J, Travaglione A. Co-worker trust as a social catalyst for constructive employee attitudes[J]. Journal of Managerial Psychology, 2004, 19(6): 608-622.

[104] Morris S D, Klesner J L. Corruption and trust: theoretical considerations and evidence from Mexico[J]. Comparative Political Studies, 2010, 43

(10): 1258-1285.

[105] Ford D. Trust and knowledge management: the key to success[J]. Journal of Knoeledge Management, 2003(5): 55-56.

[106] Bouty I. Interpersonal and interaction influences on informal resource exchanges between R & D researchers across organizational boundaries[J]. Academy of Management Journal, 2000, 43(1): 50-65.

[107] 顾保国. 企业集团制度协同绩效分析[J]. 理论探讨, 2006(2): 75-77.

[108] Feldman M P, Kelley M R. The ex ante assessment of knowledge spillovers: Government R & D policy, economic incentives and private firm behavior[J]. Research Policy, 2006, 35(10): 1509-1521.

[109] Breznitz S M. Improving or impairing?Following technology transfer changes at the university of Cambridge[J]. Regional Studies, 2011, 45(4): 463-478.

[110] 尊重知识,让科技人员合理合法富起来[EB/OL]. 2015-7-30. http://views.ce.cn/view/ent/201507/30/t20150730_6085262.shtml.

# 第5章 产学研协同创新团队内部知识转移影响机理的量表设计与评估

根据第4章的研究假设,本章构建了产学研协同创新团队内部知识转移影响机理的测试工具——量表。依据量表的一般构建程序,本章的内容包括三方面。首先,在国内外相关文献的研究基础上,设计变量的初始测量问题,包括各变量的定义、具体测量问题、量表理论来源。其次,通过小规模深度访谈的定性方法对初始量表进行必要的修订,使用初始量表进行预调研,对初始量表进行信度和效度的定量评估,以检验初始量表的有效性和可靠性,并对初始量表进行最终的修正。最后,在以上定性、定量评估的基础上,构建产学研协同创新团队内部知识转移影响机理的正式测试量表。

## 5.1 量表测量问题的设计

一般来说,经验丰富的人在编制变量的测量问题时,往往会从三方面考虑测量问题的来源:直接选用国内外优秀的相关测量问题、修改以前学者的有关测量问题、自己编制。本书众多变量的测量问题主要来自于修改以前学者的有关测量问题和自己编制。

### 5.1.1 自变量

本书需要测量的自变量包括：个人特质(转移意愿、输出能力、学习能力、先验知识)，知识特性(知识模糊性)，渠道因素(渠道丰富性)，情境要素(信任水平、制度协同、政府政策)。

1. 个人特质

(1)转移意愿。转移意愿是指知识源是否愿意以及愿意在多大程度上与知识受体分享自有知识，它包含了动机、意愿等因素。知识源在知识转移过程中投入的人力、时间、知识资源的多少可以客观体现其发送意愿的程度。

作者依据本研究研究需求，结合本研究特定情境，参考Dixon[1]、朱亚丽[2]的研究成果，自行设计了5个问题来衡量转移意愿，具体如表5-1所示。

表5-1 转移意愿测量问题

| 变量 | 测量问题 |
| --- | --- |
| 转移意愿 | 我愿意将自己的知识和经验告诉团队其他成员 |
| | 在作决策或讨论时，我会尽己所能提供意见 |
| | 我投入了充足的时间和精力来参与知识转移 |
| | 我能主动提出改进团队内部知识流动的方案 |
| | 我会积极参与团队各种内部知识交流活动 |

(2)输出能力。输出能力是指知识源在正确评估知识受体的需求和吸收能力的基础上，采取准确的方式阐释知识并将其转移的能力，一般包括知识的认知、编码和表达能力。因此，知识源的知识输出能力可以从三方面衡量：一是知识源能够清晰地知道自身知识的价值及其用途；

二是知识源能够正确掌握和评估知识受体的技术、知识需求以及其吸收能力;三是知识源能够清晰准确地表达自身知识的水平和能力。

作者依据本书的研究需求,结合本书的特定情境,参考 Park[3]、任丽丽[4]的研究成果,自行设计 6 个问题衡量输出能力。具体见表 5-2 所示。

表 5-2 输出能力测量问题

| 变量 | 测量问题 |
| --- | --- |
| 输出能力 | 我清晰地了解自身知识的用途 |
| | 我能科学评价自身知识的价值 |
| | 我清楚地知道知识受体所需的知识 |
| | 我能以恰当的方式清楚地表达要转移的知识 |
| | 我能够为知识受体获取知识提供有效帮助 |
| | 我在知识转移方面有丰富的经验 |

(3)学习能力。在产学研协同创新团队内部知识转移过程中,学习能力是指团队成员能以快速有效的方式获取准确的知识、信息,并不断将其融入自己已有的知识中、从而改变已有知识结构,最终具有分析和解决实际问题的能力。学习能力主要强调自我求知、做事、发展的能力,它是一个人学习态度、学习技能和终身学习的总和。

作者依据本研究的研究需求,结合本研究的特定情境,参考陈劲[5]的研究成果,自行设计了 5 个问题来衡量学习能力,具体见表 5-3。

表 5-3 学习能力测量问题

| 变量 | 测量问题 |
| --- | --- |
| 学习能力 | 我有很强的学习外部知识的意愿 |
| | 我虚心学习外部知识 |
| | 我积极参与学习外部知识 |

续表

| 变量 | 测量问题 |
| --- | --- |
| 学习能力 | 我有正确的方法学习外部知识 |
| | 我树立了终身学习的理念 |

(4)先验知识。先验知识是知识存量(基础),是知识积累的结果。知识转移主体必须有足够的知识基础,才有能力来评估、同化及应用新知识。吴彬等将企业科研团队的知识存量根据依附的载体不同划分为三类:以人为载体的知识、以物为载体的知识、以团队为载体的知识[6]。本书所说的先验知识主要是指依附在产学研协同创新团队成员身上的各种知识、经验、技能等。

作者依据本书的研究需求,结合本书的特定情境,参考Cohen[7]、李长玲[8]的研究成果,自行设计了4个问题来衡量先验知识,具体如表5-4所示。

表5-4 先验知识测量问题

| 变量 | 测量问题 |
| --- | --- |
| 先验知识 | 我具有丰富的专业知识 |
| | 与同行相比,我的学历比较高 |
| | 与同行相比,我拥有较多的工作经验 |
| | 与同行相比,我拥有较高的工作技能或科研能力 |

2. 知识特性

本书采用知识模糊性来代表知识的特性。知识模糊性作为影响知识转移的重要因素,主要通过内隐性、复杂性、专用性来体现。内隐性是指知识难以编码、不易表达、难以传授的特点;复杂性体现在描述某一知识时所需的相关技术、规范、人力及其他资源的总量;专用性强调知识嵌入个体、工具(产品)和惯例中的程度越深,专属性越强。知识的模糊性增加了知识编码、表达、内化、应用的难度,极大提高了知识转移的壁垒,降低了知识分享和知识吸收的效率和效果。

作者依据本研究的研究需求,结合本研究的特定情境,参考Kostova[9]、冯长利[10]的研究成果,自行设计了6个问题来衡量知识的模糊性,具体如表5-5所示。

表5-5 知识模糊性测量问题

| 变量 | 测量问题 |
| --- | --- |
| 知识模糊性 | 转移的知识很难用格式化语言和书面方式表达 |
| | 转移的知识必须从经验中学习或在工作中领悟 |
| | 转移的知识涉及多个知识领域并包含多个知识类型,其专业化程度非常高 |
| | 转移的知识必须知识源亲自教导才能学会 |
| | 转移来的知识需要相关知识背景才能理解 |
| | 转移的知识在应用时需要对相关人员进行专门培训 |

3. 渠道因素

本书选用渠道丰富性来研究渠道因素是如何通过影响团队互动进而影响知识转移的。渠道丰富性强调在产学研协同创新团队内部知识转移的过程中,知识转移的媒介种类丰富、形式多样,且具有双向转移的特点。

作者依据本研究的研究需求,结合本研究的特定情境,参考Cummings[11]、刘辉琴[12]的研究成果,自行设计了5个问题来衡量渠道丰富性,具体如表5-6所示。

表5-6 渠道丰富性测量问题

| 变量 | 测量问题 |
| --- | --- |
| 渠道丰富性 | 团队成员经常通过非正式交流方式交流、分享、传递知识 |
|  | 团队成员经常利用网络方式交流、分享、传递知识 |
|  | 团队建立知识库和信息共享平台 |
|  | 团队经常开展各种面对面讨论会 |
|  | 团队中资深专家学者经常指导新人 |

4. 情境要素

知识转移情境是指知识在传输、吸收、利用、创新等活动中依赖的客观环境，它是知识转移要素与环境的有机契合，是知识转移能够顺利进行的重要基础。本书将产学研协同创新团队内部知识转移情境因素概括为微观环境（信任水平）、中观环境（制度协同）、宏观环境（政府政策）三方面。

（1）信任水平。信任是指在协同创新活动过程中，成员一方（信任方）对另一方（被信任方）履行职责和义务以达成目标应采取正确行为的预期，并愿意承担另一方（被信任方）的行为结果可能为团队带来伤害的风险。信任主要包括团队成员对团队的信任以及团队成员之间的认知信任和情感信任。团队成员对团队的信任是指成员对团队领导的认可以及对团队目标、使命、工作方式、规章制度、规范准则、约束条例等的信任；认知信任是对被信任方所具有的能力、可靠性的认知判断；情感信任主要是以情感为基石的信任。

作者依据本研究的研究需求，结合本研究的特定情境，参考Blomqvist[13]、疏礼兵[14]的研究成果，自行设计了7个问题来衡量信任水平，具体如表5-7所示。

表 5-7 信任水平测量问题

| 变量 | 测量问题 |
| --- | --- |
| 信任水平 | 团队成员对团队领导工作能力和方式是认可的 |
| | 团队成员对团队的规章制度、规范准则、约束条例等是认可的 |
| | 团队成员非常负责任的工作态度,让我放心地依赖他 |
| | 团队成员具有很强的知识理解能力及领悟能力 |
| | 根据过去的经验,团队成员执行工作的能力不容置疑 |
| | 如果我和成员分开不再一起工作,我们都会有失落感 |
| | 我与团队中的成员能够自由地表达观念、感觉和看法 |

（2）制度协同。制度协同是指制度供给方（协同创新中心和产学研协同单位）所制定的制度真正满足了制度需求方（协同创新团队成员）的需求,这些制度主要包括人事、薪酬福利、考核、晋级晋职称、科研成果共享等。

作者依据本研究的研究需求,结合本研究的特定情境,参考 Kankanhalli[15]、陈耘[16]的研究成果,自行设计了 6 个问题来衡量制度协同,具体如表 5-8 所示。

表 5-8 制度协同测量问题

| 变量 | 测量问题 |
| --- | --- |
| 制度协同 | 我所在组织制定鼓励积极参与创新团队的薪酬福利制度 |
| | 我所在组织承认我在协同创新中心的职称评聘结果 |
| | 我所在组织承认我在协同创新中心取得的学术成果 |
| | 我所在组织承认我在协同创新中心的考核评价结果 |
| | 我所在组织保留我的人事档案关系并随时接纳我 |
| | 我所在组织承认我在协同创新中心的评优、评先进结果 |

(3)政府政策。政府政策主要是各级政府为鼓励教师、研究人员、技术人员积极参与协同创新团队内部的知识转移活动而给予的各种政策支持。主要包括研发经费的支持政策,培育和引进创新人才方面的相关政策,以技术入股、期股期权、福利补贴为主要内容的"宽带薪酬"制度,创新政策法规等。

作者依据本研究的研究需求,结合本研究的特定情境,参考毕会英[17]、原长弘[18]的研究成果,自行设计了5个问题来衡量政府政策,具体如表5-9所示。

表5-9 政府政策测量问题

| 变量 | 测量问题 |
| --- | --- |
| 政府政策 | 各级政府对基础研究与应用研究领域协同创新的财政拨款支持力度很大 |
| | 各级政府对促进协同创新的各类科技攻关项目的研发经费支持力度很大 |
| | 各级政府在培育和引进创新人才方面的相关政策支持力度很大 |
| | 各级政府积极制定政策鼓励建立以技术入股、期股期权、福利补贴为主要内容的"宽带薪酬"制度 |
| | 各级政府在制定科技与经济界面联系的创新政策法规方面相关政策支持力度很大 |

## 5.1.2 中介变量

本书的中介变量包括沟通质量和创新支持。

1. 沟通质量

沟通质量是知识转移的基本保障,当沟通质量较差时,会影响知识接收,削减知识转移的效果。沟通质量主要从沟通的及时性、准确性、充分性和全面性四个方面来衡量。沟通的及时性主要强调沟通能随时在需要的时候进行；沟通的准确性主要强调沟通通常是正确的、能让人放心的；沟通的充分性主要强调沟通频次足够多，能保证顺利完成任务；沟通的全面性则主要强调沟通的广泛全面，不缺任何重要的信息[19]。

作者依据本研究的研究需求，结合本研究的特定情境，参考Goldhaber[20]、王海霞[21]的研究成果，自行设计了6个问题来衡量沟通质量，具体如表5-10所示。

表5-10 沟通质量测量问题

| 变量 | 测量问题 |
| --- | --- |
| 沟通质量 | 团队成员间很容易、很自由地进行沟通和交流 |
| | 团队成员间沟通及时顺畅 |
| | 团队成员间沟通和交流的准确性较高 |
| | 虽然团队成员会一起讨论问题，但彼此坚持己见 |
| | 团队成员间能够充分表达个人的观点 |
| | 团队成员沟通全面，不缺少任何重要信息 |

2. 创新支持

这里的创新支持主要是协同创新团队的创新支持，团队支持的创新气氛是团队成员对团队支持成员创新的认知程度。本书主要从成员创新的支持、团队资源的支持、团队领导的支持三方面来衡量团队的创新支持气氛。成员创新的支持强调团队鼓励、支持成员的新想法、鼓励成员多样性；团队资源的支持是指团队用于创新的人、财、物、时间等资源的投入；团队领导的支持是指团队领导对协同创新的宽容和支持等。

作者依据本研究的研究需求，结合本研究的特定情境，参考Anderson[22]、薛靖[23]的研究成果,自行设计了6个问题来衡量创新支持,具体如表5-11所示。

表5-11 创新支持测量问题

| 变量 | 测量问题 |
| --- | --- |
| 创新支持 | 团队鼓励成员创新 |
|  | 允许成员用不同的办法处理相同的问题 |
|  | 我的新想法及其应用会得到团队成员的支持 |
|  | 团队中有足够的时间用于创新 |
|  | 团队中有足够的资金检验创新想法 |
|  | 团队领导对成员创新能力是认可的 |

## 5.1.3 因变量

本书的因变量包括知识分享程度和知识吸收能力。

### 1. 知识分享程度

国内外学者从知识分享行为、知识分享结果、知识分享内容、知识吸收、知识获取等不同方面对知识分享进行衡量,本书侧重于知识分享结果和分享内容的研究,认为知识分享是知识转移过程中成员之间分享知识的数量多少和质量高低。因此,知识分享程度主要从知识分享数量和知识分享质量两方面来具体衡量。

作者依据本研究的研究需求,结合本研究的特定情境,参考Al-Alawi[24]、徐小英[25]的研究成果,自行设计了8个问题来衡量知识分享程度,具体如表5-12所示。

表 5-12 知识分享程度测量问题

| 变量 | 测量问题 |
| --- | --- |
| 知识分享 | 大多数团队成员都会将自己的知识分享给他人 |
| | 我和团队成员经常一起交流专业领域的知识 |
| | 团队成员经常合作,共同分析和解决问题 |
| | 团队成员分享的知识非常可靠、及时 |
| | 团队成员分享的知识非常容易理解 |
| | 团队成员分享的知识对我非常有用 |
| | 我对转移知识的数量、质量十分满意 |
| | 我对转移知识的过程十分满意 |

2. 知识吸收能力

知识吸收就是知识受体理解、转化并运用来自于知识源的新知识。理解知识强调深入挖掘转移的新知识内涵并消化吸收转变为自己的知识;转化知识是将新知识提炼并转化成能够运用的形式;运用知识强调将转化来的知识真正应用于实际。

作者依据本研究的研究需求,结合本研究的特定情境,参考Camisón[26]、Flatten[27]的研究成果,自行设计了6个问题来衡量知识吸收能力,具体如表5-13所示。

表 5-13 知识吸收能力测量问题

| 变量 | 测量问题 |
| --- | --- |
| 知识吸收 | 我能正确理解转移来的新知识 |
| | 我对转移的新知识有能力较快吸收和消化 |
| | 我能将已消化的新知识与其他知识融合 |
| | 我有能力重构和使用获得的新知识 |
| | 我能把新知识应用在工作实践中 |
| | 通过知识转移,我的知识能力、创新能力和创新水平都得到提升 |

### 5.1.4 控制变量

控制变量是指除自变量之外，其他影响因变量的变量。一般来说，控制变量不在概念模型之中，但它也会影响概念模型中的某些变量。本书中的控制变量是指研究对象的背景信息资料，主要包括个体、团队、协同创新中心三个层面。个体层面包括被调查者的性别、年龄、学历、职称、来源、职位；团队层面就是团队规模；协同创新中心层面即团队所在协同创新中心（平台）的级别。本书所提到的所有控制变量均为一般性的分类变量，对它们的测量都采用单项选择法。

## 5.2 初始量表的定性修订与定量评估

### 5.2.1 初始量表的定性修订

从上述分析可以看出，作者根据国内外相关学者的研究成果，依据本书的需求，结合本书的特定情境，完成了各类变量的测量问题，即构建了本书的初始量表。该量表采用7点李克特（Likert）测量量表，即1=完全不符合，2=很不符合，3=比较不符合，4=说不清，5=比较符合，6=很符合，7=完全符合。为了保证量表的科学性、完备性，需要采用适合的方法对初始量表进行初步修订。

本书采用小规模深度访谈的定性方法对测量量表进行初步修订。所谓深度访谈（In-depth Interview）是通过非结构化的、直接一对一的访问获取大量丰富生动的定性资料，经研究者主观分析，最终总结归纳出结论。

深度访谈的目的：确保量表设置的问题与本书目标相关，确保量表设置的问题不存在过于冗余的情况，确保量表设置的问题不存在遗漏某些重要内容的情况，确保量表设置的问题措辞合理精确、无歧义并能被快速准确地理解，确保量表设置的问题满足能够获得诚实回答的条件，确保研究目的和预期的研究结论能够统一等。

本书的深度访谈对象包括1名大学教授、2名大学副教授、2名企业总工程师、2名科研院所的研究员。他们或从事知识管理领域的研究工作，或作为团队成员参加产学研协同创新，对本书的研究内容有着较深的见解。访谈的核心问题包括：测量问题与研究目标是否相符？测量问题是否有多余的？测量问题是否有遗漏？测量问题的措辞是否准确？测量问题的用语是否通俗？测量问题的表述是否精确、简洁？测量问题是否有暗示性用语？测量问题是否触及调查者的隐私？测量问题是否带有多重含义？研究目的和预期的研究结论是否统一？整体测量题量是否合适？

访谈结果发现：个别维度下的测量问题之间有交叉、有些测量问题多余、测量问题的措辞方面存在不足等。借鉴专家学者的意见进一步修正量表，删除输出能力维度下的"我在知识转移方面有丰富的经验"，知识模糊性维度下的"转移的知识必须从经验中学习或在工作中领悟"，信任水平维度下的"如根据过去的经验，团队成员执行工作的能力不容置疑"，制度协同维度下的"我所在组织承认我在协同创新中心的评优、评先进结果"，沟通质量维度下的"虽然团队成员会一起讨论问题，但彼此坚持己见"，创新支持维度下的"团队鼓励成员创新"，知识分享程度维度下的"大多数团队成员都会将自己的知识分享给他人"7个测量问题。将知识分享程度维度下的"我对转移知识的数量、质量十分满意"和"我对转移知识的过程十分满意"合并成一个问题，即"我对参与的知识分享活动十分满意"；对学习能力维度、先验知识维度和渠道丰富性维度的测量问题措辞进行了修改。参考专家建议,增加一个甄别团队类型的问题,即您所在团队的成员组成情况:①高校+科研院所+企业或公司、②高校+科研院所、③高校,这样在最终问卷甄别时,可以将选项①保留,其余选项删除。因为协同创新中心下的团队也有不是由来自产学研的成员组成的,有的团队只是由高校科研人员组成或仅是由高校和科研院所等学研方成员组成,为了保证调研对象更符合本书对象,最后增加了该问题。

通过小规模深度访谈,初步修订了量表的问题、语句、用词等,有效地保证了量表的准确性。为了方便接下来的量表定量评估,在此先对各变量、问题进行编号,初始量表的内容汇总如附录1所示。

## 5.2.2　初始量表的定量评估

5.2.1 节内容运用小规模深度访谈的定性方法对测量问题进行了初步修正,本部分则通过预调查获得小样本数据,利用 SPSS17.0 统计分析软件,采用定量方法对测量问题进行评估分析。根据分析结果删除或修改量表的测量问题,以便得到正式的测量量表,为下一章实证检验提供科学合理的测量工具。

1. 预调查的实施及其描述性统计分析

预调查是在黑龙江省哈尔滨市的 5 所高校中进行的,这 5 所高校有 1 个国家级和 7 个省级协同创新中心,主要采用方便抽样的调查方式对各协同创新中心下的创新团队进行调研。方便抽样(Convenience Sampling)属于非概率抽样,从便利性角度考虑样本的获取,其主要优点是简单易行、花费时间较少、迅速获得对调查对象的大致了解。由于是预调查,对样本数要求不高,因此采用方便抽样,亲自走访这几所高校的协同创新团队,随时向团队人员发放问卷。

预调查共回收问卷 78 份,通过筛选,将问卷填写不完整、填写"不确定"选项过多、所有问题选同一答案、答案呈"Z"型排列等问题予以删除，同时将问卷中甄别团队类型的Q63问题选项为①的保留，其余选项删除（见附录2）。最终获得有效问卷57份，问卷有效回收率为73%。

利用SPSS17.0统计分析软件对预调查样本进行描述分析，其样本分布情况如表5-14所示。从表中发现：在预调查获取的57份有效样本中，男性占大多数，比例高达70.2%；26~45岁的中青年比例最大，合计占75.4%；具有研究生的高学历人员比例较大，总计37人，合计占64.9%；具有高级职称的人数较多，总计39人，合计占68.4%；来自高校的人数最多，共计30人，占52.6%；科研骨干最多，共计32人，占56.1%；样本属于6~10人团队的最多，共计27人，占47.4%；样本所在团队属于省级协同创新中心（平台）的有42人，占73.7%。从上述统计分析可以看出，整个预调查小样本数据分布基本合理，比较切合产学研协同创新团队的特点，同时样本具有一定的覆盖面，总体来说，预调查样本基本符合研究要求。

表5-14 预调查样本情况分布统计表

| 内容 | 类别 | 频次(人) | 百分比(%) | 累计百分比(%) |
| --- | --- | --- | --- | --- |
| 性别 | 男 | 40 | 70.2 | 70.2 |
|  | 女 | 17 | 29.8 | 100.0 |
| 年龄 | 25岁及以下 | 0 | 0 | 0 |
|  | 26~35岁 | 21 | 36.8 | 36.8 |
|  | 36~45岁 | 22 | 38.6 | 75.4 |
|  | 46~55岁 | 10 | 17.5 | 93.0 |
|  | 56岁及以上 | 4 | 7.0 | 100.0 |

续表

| 内容 | 类别 | 频次(人) | 百分比(%) | 累计百分比(%) |
|---|---|---|---|---|
| 学历 | 大专 | 0 | 0 | 0 |
|  | 本科 | 13 | 22.8 | 22.8 |
|  | 硕士 | 24 | 42.1 | 64.9 |
|  | 博士 | 20 | 35.1 | 100.0 |
| 职称 | 初级 | 0 | 0 | 0 |
|  | 中级 | 18 | 31.6 | 31.6 |
|  | 副高级 | 28 | 49.1 | 80.7 |
|  | 正高级 | 11 | 19.3 | 100.0 |
| 来源 | 高校 | 30 | 52.6 | 52.6 |
|  | 科研院所 | 15 | 26.3 | 78.9 |
|  | 公司或企业 | 12 | 21.1 | 100.0 |
| 职位 | 一般科研人员 | 21 | 36.8 | 36.8 |
|  | 科研骨干 | 32 | 56.1 | 93.0 |
|  | 团队带头人 | 4 | 7.0 | 100.0 |
| 团队规模 | 5人及以下 | 2 | 3.5 | 3.5 |
|  | 6~10人 | 27 | 47.4 | 50.9 |
|  | 11~15人 | 17 | 29.8 | 80.7 |
|  | 16~20人 | 9 | 15.8 | 96.5 |
|  | 21人及以上 | 2 | 3.5 | 100.0 |
| 协同创新中心(平台)级别 | 国家级 | 15 | 26.3 | 26.3 |
|  | 省级 | 42 | 73.7 | 100.0 |
|  | 校级 | 0 | 0 | 100.0 |

2. 评估方法与标准

(1)信度分析。信度(Reliability)即可靠性,是衡量没有误差的程度,也是测量结果的一致性或稳定性程度。一般而言,两次或两个测量的结果越是一致,测量误差越小,问卷信度就越高。信度是任何一种测量的必要条件,但不是唯一条件,即信度低效度一定低,但信度高未必表示效度也高。因此,信度分析很重要,信度高的问卷能为研究者提供可靠准确的信息,可作为决策的主要依据。本书利用SPSS17.0统计软件进行信度分析,具体步骤如下。

首先,进行CITC分析来纯化测量问题。在初始量表中,测量问题几乎都是在参考一些学者研究成果的基础上改进和设计的,尽管通过定性分析已经对测量量表进行了修正,但仍避免不了会有一些不太合适的测量问题,因此还需要对量表测量问题进行深度纯化,保证量表的有效性。CITC(Corrected-Item Total Correlation)是纠正条目的总相关系数,即在同一变量维度下,每一问题与其所属维度的其他问题总和的相关系数。利用SPSS17.0统计软件,在分析—度量—可靠性分析—统计量—勾选"如果项已删除则进行度量"—继续选项,最终点击"确定"按钮即可,"校正的项总计相关性"一栏就是CITC,一般需要大于0.5,否则应该考虑删除。

其次,进行问卷内部一致性信度检验。信度检验的方法有很多,目前最常用的是Cronbach's Alpha(简称$\alpha$)系数法,$\alpha$系数法特别适合定距尺度的测试量表(如Likert量表),因此本书采用$\alpha$系数法检验量表信度。利用SPSS17.0统计软件,在分析—度量—可靠性分析,左侧"模型"中勾选"$\alpha$"选项,点击"确定"按钮即可。$\alpha$系数应在0~1之间,$\alpha$系数越接近于1,表明量表信度越好。关于$\alpha$的取值标准说法不一,一些学者认为可接受的最小$\alpha$系数为0.6[28],还有一些学者认为$\alpha$系数最小应为0.7[29],本书认为$\alpha > 0.7$是一个合适的标准阈值。

最后,在做CITC和$\alpha$系数检验时,CITC小于0.5的问卷问题应删除,

但删除后的 α 系数没有提高反而下降,该问题可以保留,反之该问题则删除。

(2)效度分析。效度(Validity)即有效性,是测量的有效程度或正确性。效度越高,测量结果越能显示其所要测量的特征。效度比信度更为重要,因为量表首先要保证能如实地测量出所要测量的东西,否则这种测量将没有意义。一般而言,效度高的量表,其信度也必定高;但信度高的量表,其效度未必高。

效度包含内容效度、准则效度和建构效度。内容效度(Content Validity)也称表面效度或逻辑效度,强调量表问题能否代表要测量的内容。常用估计内容效度的方法是请有关专家对量表测量问题与原来的内容范围是否符合进行分析,并对量表测量问题是否较好地代表了原来的内容做出判断。本书量表问题的设计参考了大量的文献研究成果,并采用小规模深度访谈的定性方法对量表进行修订,量表的内容效度较好。准则效度(Criterion-related Validity)也称效标效度或预测效度,它是选择一种指标或测量工具用以分析量表的问题与准则的联系,当二者显著相关或量表问题对准则的不同取值、特性表现出显著差异才是有效的问题。通常,选择一个合适的准则分析量表效度十分困难,此方法的应用受到限制,因此本书不做检验。

本书主要检验建构效度,建构效度(Construct Validity)也称为结构效度,衡量量表工具能衡量某种潜变量的程度,包括收敛效度和区别效度。收敛效度(Convergent Validity)强调测量相同变量的问题应在同一个变量构面上,而且同一变量构面不同问题之间应具有显著的相关性。收敛效度分析即单维度检验,就是要证明模型中的各个变量是单维度的,即各个变量的测量问题只能生成一个因子。区别效度(Discriminant Validity)的内涵就是量表中潜变量与潜变量之间能够很好地区分,不会重叠。一般来说,建构效度的检验方法主要包括以个别项目分数和总分的相关系数作为检验量表的构建效度指标;因子分析法;其他相关方法。

通常,建构效度分析的理想方法是因子分析法,本书具体应用探索性因子分析,采用主成分分析法进行建构效度的检验。具体应用SPSS17.0统计软件,步骤:分析—降维—因子分析,在"描述"中勾选"原始分析结果"和"KMO和Bartlett的球形度检验"选项,在"抽取"中勾选"主成分""相关性矩阵""基于特征值""为旋转的因子解"选项,在"旋转"中勾选"最大方差法""旋转解"选项,最终点击"确定"按钮即可。

首先,检验量表测量问题之间的相关性。通过KMO(Kaiser-Meyer-Olkin)样本测度和Bartlett球形度检验来判断相关程度,只有相关程度较高时,才适合做因子分析。KMO值越接近1,意味着变量问题之间的相关性越强,原有测量问题越适合做因子分析。关于KMO的取值说法不一,Kaiser给出了常用的KMO度量标准:0.9以上表示非常适合,0.8~0.9表示很适合,0.7~0.8表示适合,0.6~0.7表示不太适合,0.5~0.6表示很勉强,0.5以下表示极不适合[30]。另外,Bartlett球体检验的$\chi^2$统计值的显著性概率小于等于显著性水平时,量表才有建构效度,才能进行因子分析。

其次,分析测量问题的因子载荷(Factor Loadings)。因子载荷反映原变量与某个共同因子的相关程度,越大越好。使用SPSS17.0软件进行探索性因子分析,采用主成分分析方法,共同因子的选取标准是特征根大于1。在进行方差最大化正交旋转后的Factor Loadings上,多数学者都采纳Fornell的观点,认为在探索性因子分析中,Factor Loadings的绝对值应该大于0.5[31]。在同一潜变量中,Factor Loadings绝对值越大,表示收敛效度越高。如果一个测量问题在所有因子上的载荷都小于0.5,说明这个测量问题反映的意义不明确,没有价值,应该予以删除。每一个测量问题只能在其所属的潜变量中出现一个大于0.5的Factor Loadings值,符合这个条件的测量问题越多,则量表的区别效度越高。如果一个测量问题在两个或两个以上因子上的载荷都大于0.5,出现交叉负载的现象,该测量问题也不能更好地进行变量间的区分,应该予以删除。同时,提取共同因子的累积方差贡献率要大于50%,累计方差贡献率表明共同因子对量表的累计有效程度,越大越好。只有满足这些标准,才说明各变量之间具有较好的建构效度。

值得一提的是,为了保证测量问题的质量和降低问卷的复杂度,超过7个问题的维度需要将Factor Loadings < 0.7的问题删除。

在前两步基础上,问卷的一些测量问题已经删除,再次计算删除后剩余测量问题的信度,只有 $\alpha$ 系数大于0.7,才能说明删除后的问卷量表效果较好。

3. 初始量表的信度分析

(1)自变量的信度分析评价结果。如前所述,本书的自变量包括转移意愿、输出能力、学习能力、先验知识、知识模糊性、渠道丰富性、信任水平、制度协同、政府政策9个,具体分析如表5-15所示。

在转移意愿的5个测量问题中,$TW_5$的CITC值低于0.5,仅为0.440,删除该问题后 $\alpha$ 系数为0.902,高于转移意愿维度 $\alpha$ 系数的0.874,因此 $TW_5$ 应删除。

在输出能力的5个测量问题中,$OA_4$的CITC值低于0.5,仅为0.437,删除该问题后 $\alpha$ 系数为0.912,高于输出能力维度 $\alpha$ 系数的0.880,因此 $OA_4$ 应删除。

在学习能力的5个测量问题中,最小的CITC值为0.602(>0.5),$\alpha$ 系数为0.857(>0.7),表明该量表信度较高,所有问题都予以保留。

在先验知识的4个测量问题中,最小的CITC值为0.697(>0.5),$\alpha$ 系数为0.865(>0.7),表明该量表信度较高,所有问题都予以保留。

在知识模糊性的5个测量问题中,$KF_1$的CITC值低于0.5,仅为0.437,删除该问题后 $\alpha$ 系数为0.911,高于知识模糊性维度的 $\alpha$ 系数的0.871,因此 $KF_1$ 应删除。

在渠道丰富性的 5 个测量问题中，$CR_3$ 和 $CR_5$ 的 CITC 值仅为 0.210 和 0.441（<0.5），删除 $CR_3$ 后 α 系数为 0.817，高于渠道丰富性维度的 α 系数 0.772，因此将 $CR_3$ 删除；删除 $CR_5$ 后 α 系数为 0.763，低于渠道丰富性维度的 α 系数 0.772，考虑到小样本调查时的抽样误差和该问题对渠道丰富性维度指标的意义，$CR_5$ 应予以保留。

在信任水平 6 个测量问题中，$TL_3$ 和 $TL_5$ 的 CITC 值仅为 0.360 和 0.342（<0.5），删除 $TL_3$ 后 α 系数为 0.829，高于信任水平维度 α 系数 0.818，因此 $TL_3$ 删除；删除 $TL_5$ 后 α 系数 0.836，高于信任水平维度 α 系数 0.818，因此 $TL_5$ 应删除。

在制度协同的 5 个测量问题中，$SS_5$ 的 CITC 值低于 0.5，仅为 0.475，删除该问题后 α 系数为 0.854，高于制度协同维度的 α 系数的 0.844，因此 $SS_5$ 应删除。

在政府政策的 5 个测量问题中，$GP_2$ 的 CITC 值低于 0.5，仅为 0.316，删除该问题后 α 系数为 0.832，高于政府政策维度的 α 系数的 0.804，因此 $GP_2$ 应删除。

表 5-15　自变量测量问题的信度分析结果

| 变量名称 | 测量问题 | 纠正条目的总相关系数 CITC | 问题删除后的 α 系数 | α 系数 |
| --- | --- | --- | --- | --- |
| 转移意愿 TW | $TW_1$ | 0.851 | 0.808 | $\alpha=0.874$ |
| | $TW_2$ | 0.749 | 0.836 | |
| | $TW_3$ | 0.728 | 0.841 | |
| | $TW_4$ | 0.755 | 0.834 | |
| | $TW_5$（删除） | 0.440 | 0.902 | |

续表

| 变量名称 | 测量问题 | 纠正条目的总相关系数 CITC | 问题删除后的 α 系数 | α 系数 |
|---|---|---|---|---|
| 输出能力 OA | $OA_1$ | 0.882 | 0.810 | |
| | $OA_2$ | 0.844 | 0.821 | |
| | $OA_3$ | 0.664 | 0.866 | $\alpha=0.880$ |
| | $OA_4$(删除) | 0.437 | 0.912 | |
| | $OA_5$ | 0.762 | 0.844 | |
| 学习能力 SA | $SA_1$ | 0.732 | 0.811 | |
| | $SA_2$ | 0.752 | 0.806 | |
| | $SA_3$ | 0.602 | 0.851 | $\alpha=0.857$ |
| | $SA_4$ | 0.612 | 0.843 | |
| | $SA_5$ | 0.689 | 0.823 | |
| 先验知识 PK | $PK_1$ | 0.711 | 0.832 | |
| | $PK_2$ | 0.735 | 0.820 | $\alpha=0.865$ |
| | $PK_3$ | 0.725 | 0.824 | |
| | $PK_4$ | 0.697 | 0.836 | |
| 知识模糊性 KF | $KF_1$(删除) | 0.437 | 0.911 | |
| | $KF_2$ | 0.899 | 0.789 | |
| | $KF_3$ | 0.582 | 0.871 | $\alpha=0.871$ |
| | $KF_4$ | 0.777 | 0.826 | |
| | $KF_5$ | 0.865 | 0.798 | |
| 渠道丰富性 CR | $CR_1$ | 0.713 | 0.664 | |
| | $CR_2$ | 0.634 | 0.699 | |
| | $CR_3$(删除) | 0.210 | 0.817 | $\alpha=0.772$ |
| | $CR_4$ | 0.736 | 0.654 | |
| | $CR_5$ | 0.441 | 0.763 | |

续表

| 变量名称 | 测量问题 | 纠正条目的总相关系数 CITC | 问题删除后的 α 系数 | α 系数 |
|---|---|---|---|---|
| 信任水平 TL | $TL_1$ | 0.644 | 0.778 | $\alpha=0.818$ |
| | $TL_2$ | 0.626 | 0.779 | |
| | $TL_3$(删除) | 0.360 | 0.829 | |
| | $TL_4$ | 0.757 | 0.746 | |
| | $TL_5$(删除) | 0.342 | 0.836 | |
| | $TL_6$ | 0.774 | 0.741 | |
| 制度协同 SS | $SS_1$ | 0.764 | 0.779 | $\alpha=0.844$ |
| | $SS_2$ | 0.748 | 0.784 | |
| | $SS_3$ | 0.601 | 0.826 | |
| | $SS_4$ | 0.680 | 0.804 | |
| | $SS_5$(删除) | 0.475 | 0.854 | |
| 政府政策 GP | $GP_1$ | 0.598 | 0.768 | $\alpha=0.804$ |
| | $GP_2$(删除) | 0.316 | 0.832 | |
| | $GP_3$ | 0.631 | 0.753 | |
| | $GP_4$ | 0.690 | 0.732 | |
| | $GP_5$ | 0.735 | 0.715 | |

(2)中介变量的信度分析评价结果。如前所述,本书包括沟通质量和创新支持2个中介量,具体分析如表5-16所示。

在沟通质量的5个测量问题中,$CQ_1$的CITC值低于0.5,仅为0.374,删除该问题后α的系数为0.877,高于沟通质量维度α系数0.849,因此$CQ_1$应删除。

在创新支持的5个测量问题中,$IS_4$的CITC值低于0.5,仅为0.376,删除该问题后α的系数为0.848,高于创新支持维度的α系数0.824,因此$IS_4$应删除。

表5-16 中介变量测量问题的信度分析结果

| 变量名称 | 测量问题 | 纠正条目的总相关系数 CITC | 问题删除后的α系数 | α系数 |
|---|---|---|---|---|
| 沟通质量 CQ | $CQ_1$（删除） | 0.374 | 0.877 | $\alpha=0.849$ |
| | $CQ_2$ | 0.630 | 0.827 | |
| | $CQ_3$ | 0.775 | 0.785 | |
| | $CQ_4$ | 0.790 | 0.782 | |
| | $CQ_5$ | 0.753 | 0.793 | |
| 创新支持 IS | $IS_1$ | 0.783 | 0.735 | $\alpha=0.824$ |
| | $IS_2$ | 0.640 | 0.783 | |
| | $IS_3$ | 0.680 | 0.770 | |
| | $IS_4$（删除） | 0.376 | 0.848 | |
| | $IS_5$ | 0.621 | 0.788 | |

（3）因变量的信度分析评价结果。如前所述，本书包括知识分享程度和知识吸收能力2个因量，具体分析如表5-17所示。

表5-17 因变量测量问题的信度分析结果

| 变量名称 | 测量问题 | 纠正条目的总相关系数 CITC | 问题删除后的α系数 | α系数 |
|---|---|---|---|---|
| 知识分享程度 KS | $KS_1$ | 0.754 | 0.818 | $\alpha=0.861$ |
| | $KS_2$ | 0.703 | 0.828 | |
| | $KS_3$（删除） | 0.443 | 0.873 | |
| | $KS_4$ | 0.671 | 0.834 | |
| | $KS_5$ | 0.734 | 0.822 | |
| | $KS_6$ | 0.631 | 0.843 | |

续表

| 变量名称 | 测量问题 | 纠正条目的总相关系数 CITC | 问题删除后的α系数 | α系数 |
|---|---|---|---|---|
| 知识吸收能力 KA | $KA_1$ | 0.773 | 0.820 | α=0.864 |
| | $KA_2$ | 0.635 | 0.848 | |
| | $KA_3$ | 0.631 | 0.848 | |
| | $KA_4$ | 0.798 | 0.814 | |
| | $KA_5$(删除) | 0.384 | 0.888 | |
| | $KA_6$ | 0.788 | 0.816 | |

在知识分享程度6个测量问题中,$KS_3$的CITC值低于0.5,仅为0.443,删除该问题后α系数为0.873,高于知识分享程度维度α系数0.861,因此$KS_3$应删除。

在知识吸收能力6个测量问题中,$KA_5$的CITC值低于0.5,仅为0.384,删除该问题后α系数为0.888,高于知识吸收能力维度α系数0.864,因此$KA_5$应删除。

4. 初始量表的效度分析

初始变量信度分析删除12个不合格的测量问题后,接下来要进行量表效度分析。正如前面分析的结论,本书主要检验建构效度,即收敛效度和区别效度,具体采用探索性因子分析法。Bentler认为,当研究模型中变量较多且样本量较小时,可以将所有变量分成几组分别进行探索性因子分析[32]。因此本书在进行区别效度分析时将所有变量分成了三大组,即将个人特质下的转移意愿、输出能力、学习能力、先验知识划分为一组;将另外5各自变量:知识模糊性、渠道丰富性、信任水平、制度协同、政府政策划分为一组;将中介变量(沟通质量、创新支持)和结果变量(知识分享程度、知识吸收能力)划分为一组。本书分别对三组变量进行探索性因子分析。

(1) 第一组变量的建构效度分析,分析结果见表 5-18。KMO 值为 0.787(>0.7),Bartlett 球体检验 $\chi^2$ 统计值的显著性为 0.000,因此数据适合做因子分析。采用 Kaiser 标准化正交旋转法,旋转在 6 次迭代后收敛,共提取 4 个特征值大于 1 的因子,4 个因子累积方差贡献率为 77.214%,超过了 50% 的标准;每个测量问题在单一因子上的负载值均大于 0.5,但 $SA_3$ 出现交叉负载现象,其在因子 1 和因子 2 上均超过 0.5,说明该测量问题不能更好地进行变量间的区分,应该删除。

表 5-18 第一组变量的建构效度分析结果

| 变量名称 | 测量问题 | 因子 | | | |
|---|---|---|---|---|---|
| | | 因子1 | 因子2 | 因子3 | 因子4 |
| 转移意愿 TW | $TW_1$ | 0.085 | 0.941 | 0.130 | 0.139 |
| | $TW_2$ | 0.346 | 0.662 | 0.158 | 0.395 |
| | $TW_3$ | 0.448 | 0.733 | 0.185 | -0.024 |
| | $TW_4$ | 0.010 | 0.923 | 0.104 | 0.128 |
| 输出能力 OA | $OA_1$ | 0.194 | 0.123 | 0.918 | 0.156 |
| | $OA_2$ | 0.148 | 0.176 | 0.901 | 0.180 |
| | $OA_3$ | 0.478 | 0.008 | 0.612 | 0.307 |
| | $OA_5$ | 0.092 | 0.200 | 0.869 | 0.084 |
| 学习能力 SA | $SA_1$ | 0.785 | 0.205 | 0.243 | -0.118 |
| | $SA_2$ | 0.839 | 0.115 | 0.152 | 0.205 |
| | $SA_3$ | 0.576 | 0.533 | 0.192 | 0.056 |
| | $SA_4$ | 0.690 | 0.146 | 0.214 | -0.089 |
| | $SA_5$ | 0.832 | 0.071 | -0.039 | 0.289 |
| 先验知识 PK | $PK_1$ | 0.316 | 0.198 | 0.306 | 0.715 |
| | $PK_2$ | 0.206 | 0.228 | 0.171 | 0.747 |
| | $PK_3$ | 0.000 | 0.013 | 0.123 | 0.874 |
| | $PK_4$ | -0.118 | 0.074 | 0.045 | 0.868 |

续表

| 变量名称 | 测量问题 | 因子 | | | |
|---|---|---|---|---|---|
| | | 因子1 | 因子2 | 因子3 | 因子4 |
| KMO值 | | 0.787 | | | |
| 显著性概率Sig. | | 0.000 | | | |
| 解释的总方差 | 初始特征值 | 6.987 | 2.425 | 1.989 | 1.725 |
| | 累积方差贡献率 | 41.099 | 55.362 | 67.064 | 77.214% |

删除$SA_3$后再次做探索性因子分析,具体结果见表5-19。KMO值为0.767($>0.7$),Bartlett球体检验$\chi^2$统计值的显著性为0.000,因此数据适合做因子分析。采用Kaiser标准化正交旋转法,旋转在6次迭代后收敛,共提取4个特征值大于1的因子,每个测量问题在单一因子上的负载值均大于0.5,且没有出现交叉负载现象,4个因子累积方差贡献率为78.285%,超过了50%的标准。因此,删除$SA_3$后第一组变量之间具有良好的建构效度。

表5-19 第一组变量修正后的建构效度分析结果

| 变量名称 | 测量问题 | 因子 | | | |
|---|---|---|---|---|---|
| | | 因子1 | 因子2 | 因子3 | 因子4 |
| 转移意愿 TW | $TW_1$ | 0.089 | 0.134 | 0.134 | 0.947 |
| | $TW_2$ | 0.347 | 0.165 | 0.392 | 0.665 |
| | $TW_3$ | 0.435 | 0.195 | −0.023 | 0.723 |
| | $TW_4$ | 0.017 | 0.106 | 0.122 | 0.931 |
| 输出能力 OA | $OA_1$ | 0.189 | 0.920 | 0.154 | 0.120 |
| | $OA_2$ | 0.141 | 0.904 | 0.178 | 0.171 |
| | $OA_3$ | 0.475 | 0.615 | 0.304 | 0.006 |
| | $OA_5$ | 0.085 | 0.872 | 0.083 | 0.194 |

续表

| 变量名称 | 测量问题 | 因子 | | | |
|---|---|---|---|---|---|
| | | 因子1 | 因子2 | 因子3 | 因子4 |
| 学习能力 SA | $SA_1$ | 0.792 | 0.245 | −0.125 | 0.214 |
| | $SA_2$ | 0.840 | 0.159 | 0.202 | 0.118 |
| | $SA_4$ | 0.703 | 0.213 | −0.098 | 0.161 |
| | $SA_5$ | 0.831 | −0.030 | 0.288 | 0.071 |
| 先验知识 PK | $PK_1$ | 0.317 | 0.309 | 0.713 | 0.200 |
| | $PK_2$ | 0.213 | 0.172 | 0.743 | 0.235 |
| | $PK_3$ | −0.006 | 0.127 | 0.878 | 0.006 |
| | $PK_4$ | −0.112 | 0.044 | 0.866 | 0.079 |
| KMO值 | | 0.767 | | | |
| 显著性概率Sig. | | 0.000 | | | |
| 解释的总方差 | 初始特征值 | 6.517 | 2.324 | 1.963 | 1.721 |
| | 累积方差贡献率 | 40.732 | 55.259 | 67.526 | 78.285 |

(2) 第二组变量的建构效度分析,分析结果见表5-20。KMO值为0.832(>0.7),Bartlett球体检验$\chi^2$统计值的显著性为0.000,因此数据适合做因子分析。采用Kaiser标准化正交旋转法,旋转在7次迭代后收敛,共提取5个特征值大于1的因子,每个测量问题在单一因子上的负载值均大于0.5,且没有出现交叉负载现象,5个因子累积方差贡献率为74.473%,超过了50%的标准。因此,本书的第二组变量之间具有良好的建构效度。

表5-20 第二组变量的建构效度分析结果

| 变量名称 | 测量问题 | 因子 | | | | |
|---|---|---|---|---|---|---|
| | | 因子1 | 因子2 | 因子3 | 因子4 | 因子5 |
| 知识模糊性 KF | $KF_2$ | 0.854 | 0.311 | 0.044 | 0.172 | 0.168 |
| | $KF_3$ | 0.692 | −0.195 | 0.193 | 0.391 | 0.086 |
| | $KF_4$ | 0.866 | 0.259 | 0.012 | 0.081 | 0.185 |
| | $KF_5$ | 0.900 | 0.263 | 0.128 | 0.115 | 0.148 |
| 渠道丰富性 CR | $CR_1$ | 0.321 | 0.048 | 0.298 | 0.639 | 0.281 |
| | $CR_2$ | 0.224 | 0.065 | 0.377 | 0.631 | 0.231 |
| | $CR_4$ | 0.229 | 0.282 | 0.138 | 0.747 | 0.186 |
| | $CR_5$ | 0.025 | 0.413 | 0.036 | 0.708 | 0.072 |
| 信任水平 TL | $TL_1$ | 0.074 | 0.113 | 0.867 | −0.028 | 0.309 |
| | $TL_2$ | 0.013 | 0.252 | 0.736 | 0.271 | 0.041 |
| | $TL_4$ | 0.188 | 0.349 | 0.686 | 0.332 | 0.111 |
| | $TL_6$ | 0.084 | 0.385 | 0.592 | 0.427 | 0.232 |
| 制度协同 SS | $SS_1$ | 0.266 | 0.657 | 0.447 | 0.305 | 0.092 |
| | $SS_2$ | 0.210 | 0.814 | 0.096 | 0.195 | 0.123 |
| | $SS_3$ | 0.184 | 0.637 | 0.239 | 0.172 | 0.147 |
| | $SS_4$ | 0.117 | 0.681 | 0.334 | 0.104 | 0.291 |
| 政府政策 GP | $GP_1$ | 0.239 | 0.102 | 0.331 | 0.293 | 0.543 |
| | $GP_3$ | 0.196 | 0.299 | 0.265 | 0.477 | 0.529 |
| | $GP_4$ | 0.132 | 0.339 | 0.041 | 0.042 | 0.839 |
| | $GP_5$ | 0.206 | 0.035 | 0.257 | 0.339 | 0.762 |
| KMO值 | | 0.832 | | | | |
| 显著性概率Sig. | | 0.000 | | | | |
| 解释的总方差 | 初始特征值 | 9.160 | 2.104 | 1.419 | 1.137 | 1.074 |
| | 累积方差贡献率 | 45.799 | 56.321 | 63.418 | 69.104 | 74.473 |

(3)第三组变量的建构效度分析,分析结果见表5-21。KMO值为0.827(>0.7),且Bartlett球体检验的$\chi^2$统计值的显著性为0.000,这说明数据适合做因子分析。采用具有Kaiser标准化的正交旋转法,旋转在7次迭代后收敛,共提取4个特征值大于1的因子,每个测量问题在单一因子上的负载值均大于0.5,且没有出现交叉负载现象,4个因子累积方差贡献率为72.509%,超过了50%的标准。因此,本书的第三组变量之间具有良好的建构效度。

表5-21 第三组变量的建构效度分析结果

| 变量名称 | 测量问题 | 因子 | | | |
|---|---|---|---|---|---|
| | | 因子1 | 因子2 | 因子3 | 因子4 |
| 沟通质量 CQ | $CQ_2$ | 0.367 | 0.443 | 0.577 | 0.012 |
| | $CQ_3$ | 0.080 | 0.313 | 0.838 | 0.224 |
| | $CQ_4$ | 0.229 | 0.157 | 0.824 | 0.270 |
| | $CQ_5$ | 0.349 | 0.104 | 0.738 | 0.337 |
| 创新支持 IS | $IS_1$ | 0.162 | 0.265 | 0.383 | 0.755 |
| | $IS_2$ | 0.123 | 0.097 | 0.137 | 0.861 |
| | $IS_3$ | 0.276 | 0.300 | 0.240 | 0.654 |
| | $IS_5$ | 0.436 | 0.175 | 0.142 | 0.607 |
| 知识分享 程度KS | $KS_1$ | 0.745 | 0.384 | 0.168 | 0.149 |
| | $KS_2$ | 0.774 | 0.084 | 0.262 | 0.150 |
| | $KS_4$ | 0.598 | 0.437 | 0.332 | 0.080 |
| | $KS_5$ | 0.741 | 0.260 | 0.139 | 0.332 |
| | $KS_6$ | 0.663 | 0.231 | 0.121 | 0.240 |
| 知识吸收 能力KA | $KA_1$ | 0.400 | 0.725 | 0.155 | 0.225 |
| | $KA_2$ | 0.188 | 0.738 | 0.253 | 0.164 |
| | $KA_3$ | 0.159 | 0.816 | 0.118 | 0.172 |
| | $KA_4$ | 0.467 | 0.525 | 0.369 | 0.270 |
| | $KA_6$ | 0.399 | 0.613 | 0.303 | 0.361 |

续表

| 变量名称 | 测量问题 | 因子 | | | |
|---|---|---|---|---|---|
| | | 因子1 | 因子2 | 因子3 | 因子4 |
| KMO值 | | 0.827 | | | |
| 显著性概率Sig. | | 0.000 | | | |
| 解释的总方差 | 初始特征值 | 9.365 | 1.442 | 1.218 | 1.027 |
| | 累积方差贡献率 | 52.027 | 60.037 | 66.802 | 72.509 |

通过预试调查获取一部分样本并对其进行信度、收敛效度和区别效度的定量分析，共删除不合格测量问题13个，问卷测量条款的质量得以更大程度地提升，调研问卷更加有效，可以更好地保障正式调查的进行。在正式调查后，随着数据规模的上升，指标还可能会得到更大改进。

表5-22 测量问题的最终信度分析结果

| 变量类型 | 变量名称 | 变量符号 | 净化后的测量问题数目（个） | 信度 $\alpha$ |
|---|---|---|---|---|
| 自变量 | 转移意愿 | TW | 4 | 0.902 |
| | 输出能力 | OA | 4 | 0.912 |
| | 学习能力 | SA | 4 | 0.851 |
| | 先验知识 | PK | 4 | 0.865 |
| | 知识模糊性 | KF | 4 | 0.911 |
| | 渠道丰富性 | CR | 4 | 0.817 |
| | 信任水平 | TL | 4 | 0.865 |
| | 制度协同 | SS | 4 | 0.854 |
| | 政府政策 | GP | 4 | 0.832 |

续表

| 变量类型 | 变量名称 | 变量符号 | 净化后的测量问题数目(个) | 信度 α |
|---|---|---|---|---|
| 中介变量 | 沟通质量 | CQ | 4 | 0.877 |
| | 创新支持 | IS | 4 | 0.848 |
| 因变量 | 知识分享程度 | KS | 5 | 0.873 |
| | 知识吸收能力 | KA | 5 | 0.888 |

5. 最终信度分析结果

预调查样本数据经过定量的分析评价之后,初始测量问题由67个减少到54个,分别为转移意愿、输出能力、学习能力、知识模糊性、渠道丰富性、制度协同、政府政策、沟通质量、创新支持、知识分享程度、知识吸收能力各减少1个测量问题,信任水平减少2个测量问题。经过净化的测量问题需要再次进行信度分析,其最终结果如表5-22所示。

## 5.3 正式量表的形成

终上所述,经过定性修正和定量评价等工作,本书形成了较为合理的测量问题,在此基础上,最终调查工具——问卷量表形成,具体参见附录2。

第一部分,问卷说明。主要包括基本概念说明和填写说明,为了让被调查者更准确地填写问卷,保证填写质量,调查者解释了本书所指的知识、知识转移、知识源、知识受体的概念。同时就不同形式下问卷如何填写进行说明。

第二部分，问卷基本内容。这是问卷的核心部分，由修正净化后的54个测量问题组成，分别对转移意愿、输出能力、学习能力、先验知识、知识模糊性、渠道丰富性、信任水平、制度协同、政府政策、沟通质量、创新支持、知识分享程度、知识吸收能力13个变量进行调查。所有的测量问题均采用7点Lkiert量表的形式，数字1~7依次代表符合程度，依次为"完全不符合""很不符合""比较不符合""说不清""比较符合""很符合""完全符合"。

第三部分，基本信息。由8个控制变量和1个甄别题组成。其中控制变量包括被调查者个人的基本信息（性别、年龄、学历、职称、来源、职位）、被调查者所在团队的规模、协同创新团队所在协同创新中心（平台）的级别。

第四部分，结束语。对填写调查问卷的人员表示感谢。留下作者的联系电话和邮箱，被调查人员可将意见和建议反馈给作者，以便作者更好地改善问卷。若被调查人员需要本次调研的汇总报告请留下联系方式，作者会将研究结果发送给所需之人。

## 5.4　本章小结

本章主要参考国内外相关文献的研究成果，依据本书的需求，结合本书的特定情境，设计完成了本书各类变量的测量问题，并采用7点李克特（Likert）测量量表的形式构建了本书的初始量表。为了保证量表的科学性、完备性，通过小规模深度访谈的定性方法对初始量表进行了必要的修订，借鉴专家学者的意见修正了量表，包括：输出能力、知识模糊性、信任水平、制度协同、沟通质量、创新支持、知识分享程度7个维度分别删除了1个测量问题，共计删除了7个测量问题；将知识分享程度维度下的两个问题合并成一个问题;对学习能力、先验知识和渠道丰富性三个维度的测量问题措辞进行了修改;增加了一个甄别团队类型的问题。在运用定性方法对测量问题进行修正的基础上,采用预调查的方式对测量问题再次进行定量评价分析,共获得小样本有效问卷57份,利用SPSS17.0统计分析软件进行量表的信度和效度分析,删除了转移意愿、输出能力、学习能力、知识模糊性、渠道丰富性、信任水平、制度协同、政府政策、沟通质量、创新支持、知识分享程度、知识吸收能力维度下的13个测量问题,形成本书的最终测量工具——正式量表。

## 参考文献

[1] Dixon N M. Common knowledge: how companies thrive by sharing what they know[M]. Boston: Harvard Business School Press, 2000: 48-75.

[2] 朱亚丽. 基于社会网络视角的企业间知识转移影响因素实证研究[D]. 杭州:浙江大学, 2009.

[3] Park B I. Knowledge transfer capacity of multinational enterprises and technology acquisition in international joint ventures[J]. International Business Review, 2011, 20(1): 75-87.

[4] 任丽丽. 中外合资企业知识转移:影响因素及效能结果研究[D]. 成都:西南财经大学, 2011.

[5] 陈劲,蒋子军,陈钰芬. 开放式创新视角下企业知识吸收能力影响因素研究[J]. 浙江大学学报(人文社会科学版), 2011, 41(5): 71-82.

[6] 吴彬,常宏建. 企业科研团队知识存量的相对度量研究[J]. 经济管理, 2010, 32(5): 69-73.

[7] Cohen W M, Levinthal D A. Absorptive capacity: a new perspective on learning and innovation[J]. Administrative Science Quarterly, 1990, 35(l):

128-152.

[8] 李长玲. 知识存量及其测度[J]. 情报杂志, 2004(7):65-66.

[9] Kostova T. Transnational transfer of strategic organizational practices:a contextual perspective[J]. Academy of Management Review, 1999, 24(2): 308-324.

[10] 冯长利. 供应链知识共享影响因素研究[D]. 大连:大连理工大学, 2011.

[11] Cummings J L, Teng B S. Transferring R&D knowledge: the key factors affecting knowledge transfer success[J]. Journal of Engineering and Technology Management, 2003, 20(1): 39-68.

[12] 刘辉琴. 高校科研团队内部知识转移绩效影响因素的实证研究[D]. 杭州:浙江工业大学, 2009.

[13] Blomqvist K. The many faces of trust[J]. Scandinavian Journal of Management, 1997, 13(3): 271-286.

[14] 疏礼兵. 团队内部知识转移的过程机制与影响因素研究[D]. 杭州:浙江大学, 2006.

[15] Kankanhalli A, Tan B C Y, Wei K K. Contributing knowledge to electronic knowledge repositories: an empirical investigation[J]. MIS Quarterly, 2005, 29(1): 113-143.

[16] 陈耘. 知识转移激励传导理论与实证研究[D]. 武汉:武汉理工大学, 2011.

[17] 毕会英. 政府在大学技术转移中的职能定位[J]. 科技管理研究, 2006(1): 17-23.

[18] 原长弘, 高金燕, 孙会娟. 地方政府支持与区域市场需求规模不确定性对高校技术转移效率的影响——来自中国"211工程"大学的证据[J]. 研究与发展管理, 2013, 25(3): 10-17.

[19] 黄敏学, 李小玲, 潘黎. 销售经理与销售人员的沟通质量对其工作结果影响的研究[J]. 武汉大学学报(哲学社会科学版), 2008, 61(6): 862-867.

[20] Goldhaber G M, Krivonos P D. The ICA communication audit: process, status, and critique[J]. Journal of Business Communication, 1977, 15(1): 41-55.

[21] 王海霞. 团队互动对团队效能的影响研究[D]. 天津:天津财经大学, 2008.

[22] Anderson N R, West M A. Measuring climate for work group innovation:development and validation of the team climate inventory[J]. Journal of Organizational Behavior, 1998, 19(3): 235-258.

[23] 薛靖. 创意团队成员个人创新行为影响因素实证研究[D]. 杭州:浙江大学, 2006.

[24] Al-Alawi A I, Al-Marzooqi N Y, Mohammed Y F. Organizational culture and knowledge sharing: critical success factors[J]. Journal of Knowledge Management, 2007, 11(2): 22-42.

[25] 徐小英. 校企合作教育对技能型人才创造力的影响研究——知识分享的中介作用[D]. 武汉:武汉大学, 2011.

[26] Camisón C, Forés B. Knowledge absorptive capacity: new insights for its conceptualization and easurement [J]. Journal of Business Research, 2010, 63(7): 707-715.

[27] Flatten T C, Engelen A, ZahrA S A, et al. A measure of absorptive capacity: scale development and validation[J]. European Management Journal, 2011, 29(2): 98-116.

[28] 陈江, 吴能全. 人口统计特征对工作满意度影响的实证研究[J]. 统计与决策, 2013(23): 104-107.

[29] Bock W, Zmud R W, Kim Y G, et al. Behavioral intention formation in knowledge sharing:examining the roles of extrinsic motivators, social-psychological forces, and organizational climate[J]. MIS Quarterly, 2005, 29 (l): 87-111.

[30] Kaiser H F. A second generation little jiffy[J]. Psychometrika, 1970, 35(4): 401-415.

[31] Fomell C, Larcker D F. Structural equation models with unobservable variables and measurement errors[J]. Journal of Marketing Research, 1981, 18 (1): 39-50.

[32] Bentler P M, Chou C P. Practical issues in structural modeling[J]. Sociological Methods & Research, 1987, 16(1): 78-117.

# 第6章 产学研协同创新团队内部知识转移影响机理的实证研究

第五章构建了产学研协同创新团队内部知识转移影响机理的正式测试量表,本章在此基础上,选取调查对象进行问卷发放与回收,通过数据分析对第四章的概念模型和研究假设进行验证。第一,进行实证数据的收集和描述性统计分析;第二,介绍具体分析方法并选取统计分析软件;第三,利用SPSS17.0统计分析软件检验量表的信度和效度;第四,运用SPSS17.0、SmartPLS2.0和Mplus4.0统计分析软件进行控制变量的分析、中介效应和假设模型的检验;最后,汇总研究假设模型的实证检验结果并进行深入讨论分析。

## 6.1 实证数据的收集与描述性统计分析

### 6.1.1 实证数据的收集

本书的研究对象是产学研协同创新团队,它是一种新型的人才组织模式,主要以各类型各级别的协同创新中心为依托,主要包括面向科学前沿、文化传承创新、行业产业以及区域发展重大需求的四类协同创新中心。因此主要采用向国家级、省级、校级的各类型产学研协同创新中心下的团队发放调查问卷的方式收集数据。

正式调研主要采用方便抽样和滚雪球抽样相结合的方式进行问卷的发放和回收。一方面，与预调查相似，采用方便抽样的方式在哈尔滨市高校中亲自走访一些产学研协同创新团队，发放纸质问卷；另一方面，利用滚雪球抽样发放电子问卷。关于方便抽样的定义、特点和采用方便抽样的原因在预调查中已经阐明，此处省略。滚雪球抽样（Snowball Sampling）顾名思义就是随机找到一些调查对象，由他介绍提供另外一些符合要求的调查对象，以此类推不断将样本量越滚越大[1]。滚雪球抽样的优点就是能够根据一些样本的特征对样本进行控制，特别适合寻找总体中十分稀少的样本。本书的调查对象在总体中十分稀少，因此采用滚雪球的抽样方式可以更好地保证样本的代表性。在滚雪球抽样过程中，最先确定的被调查者主要来自两部分：一是借助作者高校教师的优势寻找在协同创新团队中的熟人，二是通过一些协同创新中心网站查找团队负责人的联系方式并通过E-mail与其联系；然后利用这部分人的社会关系再将问卷发给其他人，以此类推，像滚雪球一样不断收集样本。为了方便问卷的回收，在问卷星上将调研问卷制成网络电子版本，只需将链接发给被调研的人员即可。被调查者只需打开链接，填好问卷并保存，作者就能够在问卷星网站上收到问卷。

本书采用结构方程模型（Smart PLS2.0）作为主要分析工具，对样本容量有一定的要求。Gerbing认为，应用结构方程模型做研究时，至少需要150个调研样本[2]。应用比较广泛的标准是Gorsuch的观点，选择样本量应满足测量问题和被试数据比例1:5以上，即被调查人数是测量问题的5倍以上，最好达到10倍（1:10）[3]。本书借鉴这一标准，由于调查问卷中共设54个测量问题，总体研究样本至少不应少于270个。

调研问卷中郑重承诺：本问卷仅供学术研究分析之用，没有任何商业目的;本问卷采用匿名回答的方式进行,被调查者所提供的资料将不对外公开,保证不将被调查者的资料提供给任何第三方;被调查者若需要本书的成果摘要,作者会通过被调查者留下的E-mail发送一份汇总报告以供参考。本书大样本调查从2015年3月正式开始,到2015年6月结束,共计耗时4个月。正式调研最初将问卷链接发放给20多个参与产学研协同创新的熟人和朋友以及10多个产学研协同创新团队的负责人,再通过他们的配合,不断将链接转给其他从事产学研协同创新工作的朋友、同事等;与此同时亲自走访哈尔滨市几所高校协同创新中心,发放纸质问卷;先后共回收电子和纸质问卷563份。依据样本初试的原则,将不符合要求的问卷删除,最终得到有效问卷440份,问卷有效回收率为78.15%。

## 6.1.2 样本的描述性统计

1. 性别

在440有效问卷中,男性共284人,占64.5%;女性共156人,占35.5%(表6-1)。总体来看,调查样本性别分布男女比例不均,男性明显高于女性,几乎是女性的2倍。原因是调查样本主要来自于产学研的科研人员和技术人员,而从事知识密集型职业的男性比女性多,所以被调查者的性别分布基本是合理的。

表6-1 被调查者性别统计表

| 性别 | 频次(人) | 百分比(%) | 有效百分比(%) | 累积百分比(%) |
| --- | --- | --- | --- | --- |
| 男 | 284 | 64.5 | 64.5 | 64.5 |
| 女 | 156 | 35.5 | 35.5 | 100.0 |
| 合计 | 440 | 100.0 | 100.0 | |

2. 年龄

在440份有效问卷中,25岁以下共2人,占0.5%;26~35岁共144人,占32.7%;36~45岁共180人,占40.9%;46~55岁共102人,占23.2%;56岁及以上共12人,占2.7%(见表6-2)。总体来看,调查样本年龄分布主要集中45岁以下,占73.6%,这个年龄段的人员几乎都是单位骨干,其精力充沛、创新意识和能力较强,这和对调查对象的需求不谋而合,所以被调查者的年龄分布基本是合理的。

表6-2　被调查者年龄统计表

| 年龄 | 频次(人) | 百分比(%) | 有效百分比(%) | 累积百分比(%) |
|---|---|---|---|---|
| 25岁以下 | 2 | 0.5 | 0.5 | 0.5 |
| 26~35岁 | 144 | 32.7 | 32.7 | 33.2 |
| 36~45岁 | 180 | 40.9 | 40.9 | 74.1 |
| 46~55岁 | 102 | 23.2 | 23.2 | 97.3 |
| 56岁及以上 | 12 | 2.7 | 2.7 | 100.0 |
| 合计 | 440 | 100.0 | 100.0 | |

3. 学历

在440份有效问卷中,大专学历共6人,占1.4%;本科学历共102人,占23.2%;硕士研究生学历共194人,占44.1%;博士研究生学历共138人,占31.4%(表6-3)。总体来看,调查样本硕士研究生和博士研究生较多,共占75.5%,基本符合调查对象的特点,高校、科研院所和企业的研究人员、技术人员大多具有较高的学历,所以被调查者的学历分布基本是合理的。

表 6-3　被调查者学历统计表

| 学历 | 频次(人) | 百分比(%) | 有效百分比(%) | 累积百分比(%) |
|---|---|---|---|---|
| 大专 | 6 | 1.4 | 1.4 | 1.4 |
| 本科 | 102 | 23.2 | 23.2 | 24.5 |
| 硕士研究生 | 194 | 44.1 | 44.1 | 68.6 |
| 博士研究生 | 138 | 31.4 | 31.4 | 100.0 |
| 合计 | 440 | 100.0 | 100.0 | |

4. 职称

在440份有效问卷中,初级职称共14人,占3.2%;中级职称共132人,占30.0%;副高级职称共214人,占48.6%;高级职称共80人,占18.2%(表6-4)。总体来看,调查样本主要集中于中级、副高级职称,共占78.6%,而副高级职称人数最多,几乎占调查样本的一半,调查样本的职称分布基本符合调查对象的特点,被调查者的职称分布基本是合理的。

表 6-4　被调查者职称统计表

| 职称 | 频次(人) | 百分比(%) | 有效百分比(%) | 累积百分比(%) |
|---|---|---|---|---|
| 初级 | 14 | 3.2 | 3.2 | 3.2 |
| 中级 | 132 | 30.0 | 30.0 | 33.2 |
| 副高级 | 214 | 48.6 | 48.6 | 81.8 |
| 高级 | 80 | 18.2 | 18.2 | 100.0 |
| 合计 | 440 | 100.0 | 100.0 | |

5. 来源

在440份有效问卷中,来自高校的共284人,占64.5%;来自科研院所的共94人,占21.4%;来自公司或企业的共62人,占14.1%(表6-5)。总体来看,调查样本有三分之二来自高校,主要原因是我国现阶段建立的产学研协同创新中心几乎都是由高校牵头的,充分利用高校的各种资源,高校的研究人员比例较高,因此调查样本的来源分布基本符合调查对象的特点,被调查者的来源分布基本合理。

表6-5  被调查者来源统计表

| 来源分布 | 频次(人) | 百分比(%) | 有效百分比(%) | 累积百分比(%) |
| --- | --- | --- | --- | --- |
| 高校 | 284 | 64.5 | 64.5 | 64.5 |
| 科研院所 | 94 | 21.4 | 21.4 | 85.9 |
| 公司或企业 | 62 | 14.1 | 14.1 | 100.0 |
| 合计 | 440 | 100.0 | 100.0 | |

6. 职位

在440份有效问卷中,一般科研人员共104人,占23.6%;科研骨干共288人,占65.5%;团队带头人共48人,占10.9%(表6-6)。总体来看,调查样本的职位分布主要集中于团队科研骨干,占近三分之二的比例;而团队带头人最少。这基本符合创新团队的特点,被调查者的职位分布基本是合理的。

表6-6  被调查者职位统计表

| 职位分布 | 频次(人) | 百分比(%) | 有效百分比(%) | 累积百分比(%) |
| --- | --- | --- | --- | --- |
| 一般科研人员 | 104 | 23.6 | 23.6 | 23.6 |
| 科研骨干 | 288 | 65.5 | 65.5 | 89.1 |
| 团队带头人 | 48 | 10.9 | 10.9 | 100.0 |
| 合计 | 440 | 100.0 | 100.0 | |

### 7. 团队规模

在440份有效问卷中,在5人及以下团队的共2人,占0.5%;在6~10人团队的共172人,占39.1%;在11~15人团队的共156人,占35.5%;在16~20人团队的共92人,占20.9%;在21人及以上团队的共18人,占4.1%(表6-7)。总体来看,调查样本所在团队的规模分布主要集中于6~20人,占95.4%。

表6-7 被调查者所在团队规模统计表

| 团队规模 | 频次(人) | 百分比(%) | 有效百分比(%) | 累积百分比(%) |
| --- | --- | --- | --- | --- |
| 5人及以下团队 | 2 | 0.5 | 0.5 | 0.5 |
| 6~10人团队 | 172 | 39.1 | 39.1 | 39.5 |
| 11~15人团队 | 156 | 35.5 | 35.5 | 75.0 |
| 16~20人团队 | 92 | 20.9 | 20.9 | 95.9 |
| 21人及以上团队 | 18 | 4.1 | 4.1 | 100.0 |
| 合计 | 440 | 100.0 | 100.0 | |

### 8. 协同创新中心(平台)级别

在440份有效问卷中,在国家级协同创新中心(平台)的共154人,占35.0%;在省级协同创新中心(平台)的共240人,占54.5%;在校级协同创新中心(平台)的共46人,占10.5%(表6-8)。

表6-8 被调查者所在协同创新中心(平台)级别统计表

| 平台级别 | 频次(人) | 百分比(%) | 有效百分比(%) | 累积百分比(%) |
| --- | --- | --- | --- | --- |
| 国家级协同创新中心 | 154 | 35.0 | 35.0 | 35.0 |
| 省级协同创新中心 | 240 | 54.5 | 54.5 | 89.5 |

续表

| 平台级别 | 频次(人) | 百分比(%) | 有效百分比(%) | 累积百分比(%) |
|---|---|---|---|---|
| 校级协同创新中心 | 46 | 10.5 | 10.5 | 100.0 |
| 合计 | 440 | 100.0 | 100.0 | |

## 6.1.3 变量的描述性统计

本书所有的潜变量都采用Likert 7点量表的形式来测量,由于各潜变量均包含多个测量问题,因此需要对所有的潜变量进行赋值。本书采用均值赋值的方法,即针对每个潜变量的多个问题计算均值并将其作为变量值。赋值后各潜变量的极值、均值和标准差等描述性统计结果如表6-9所示。

知识分享程度KS和知识吸收能力KA均值都较高,分别达到5.980、6.013,说明本书调研的产学研协同创新团队都具有较高的知识转移效能。

知识模糊性KF均值为4.232,相对较低,但也超过4,说明产学研协同创新团队内部转移知识的模糊性是较大的,这与现实相符。

在个人特质因素方面,先验知识PK的均值较高,接近6,说明在产学研协同创新团队内部转移过程中,团队成员的知识基础较好,这与现实情况比较相符,因为协同创新团队成员均是有着较高知识水平的科研人员和技术人员,他们多具有较高学历,且学识渊博、经验丰富,因此先验知识水平较高。

渠道要素中的渠道丰富性CR均值为5.829,也较高,说明产学研协同创新团队内部沟通交流渠道丰富,这与现实也较为吻合,随着网络技术的发展,人们之间的交流手段越来越丰富,除了可以通过聊天、日常交谈等方式交流、分享、传递知识,还可以充分利用网络方式(如MSN、QQ、E-mail、BBS、Blog等)交流、分享、传递知识。

在情景要素中,信任水平TL的均值比较高,达到5.671,说明在产学研协同创新团队内部转移过程中,团队成员之间能够互相信任,现实也是如此,由于协同创新团队成员来自高校、研究院所和企业的不同组织的技术和科研人员,他们都是具有对方需要的不同的技术和知识,都是值得信赖的,在高水平的信任氛围下,成员之间才能更好地互相合作进行知识转移,提高协同创新水平。

中介要素创新支持IS的均值也较高,达到5.841,说明在产学研协同创新团队内部知识转移的过程中,成员之间以及来自团队领导的创新支持较高,这与现实是相符的。随着我国"2011计划"的正式实施,协同创新中心陆续建立,协同创新团队不断出现,为了鼓励成员积极参与知识转移提高协同创新能力,团队对创新工作策略、方法改进等不断提供实际支持,成员之间也只有不断互相帮助才能取长补短,更好地完成协同创新项目。

表6-9 变量的描述统计量

| 变量名称 | 样本数（人） | 极小值 | 极大值 | 均值 | 标准差 |
| --- | --- | --- | --- | --- | --- |
| 转移意愿TW | 440 | 2.50 | 6.50 | 5.397 | 0.738 |
| 输出能力OA | 440 | 1.50 | 6.00 | 5.095 | 0.653 |
| 学习能力SA | 440 | 2.30 | 6.00 | 5.086 | 0.609 |
| 先验知识PK | 440 | 3.00 | 7.00 | 5.936 | 0.669 |
| 知识模糊性KF | 440 | 3.00 | 7.00 | 4.232 | 0.702 |
| 渠道丰富性CR | 440 | 3.00 | 6.75 | 5.829 | 0.604 |
| 信任水平TL | 440 | 3.00 | 6.75 | 5.671 | 0.706 |
| 制度协同SS | 440 | 2.75 | 6.50 | 5.313 | 0.716 |
| 政府政策GP | 440 | 2.75 | 6.00 | 5.042 | 0.645 |
| 沟通质量CQ | 440 | 2.25 | 6.25 | 5.111 | 0.638 |
| 创新支持IS | 440 | 3.00 | 7.00 | 5.841 | 0.742 |

续表

| 变量名称 | 样本数（人） | 极小值 | 极大值 | 均值 | 标准差 |
|---|---|---|---|---|---|
| 知识分享程度 KS | 440 | 3.00 | 7.00 | 5.980 | 0.635 |
| 知识吸收能力 KA | 440 | 2.40 | 7.00 | 6.013 | 0.729 |

注：均值、标准差均取小数点后3位数。

## 6.2 模型验证的分析方法

### 6.2.1 控制效应的分析方法

本书模型将被调查者的性别、年龄、学历、职称、来源、职位、团队规模、团队所在协同创新中心（平台）的级别作为控制变量，关注这些控制变量对中介变量沟通质量和创新支持以及对因变量知识分享程度和知识吸收能力的影响。本书主要采用单因素方差分析的方法来分析这些控制变量的作用，采用统计分析软件 SPSS17.0 进行操作分析。

单因素方差分析（One-way ANOVA）也称一维方差分析，它用来研究一个控制变量的不同水平是否对观测变量产生了显著影响。在单因素方差分析过程中，首先要看 $F$ 检验值，只有 $F$ 检验值存在差异显著性时，才有比较的统计意义。接下来分别对每一影响因素的不同分类组合进行多重比较检验，具体采用 Post Hoc 检验方法，先对方差齐性进行检验（Levene 检验），如果方差齐性检验的显著性概率小于0.05，表明方差非齐性，对于方差不齐的应采用非参数检验方法，常用 Tamhane'T2 的两两 $t$ 检验结果判断均值是否存在显著差异；反之，如果方差齐性检验的显著性概率大于0.05，表明方差齐性，对于方差为齐性的通常采用 LSD 的两两 $t$ 检验结果判断均值是否存在显著差异。

## 6.2.2 中介效应的分析方法

中介效应分析在心理学、管理学和传播学等社会科学研究领域应用广泛,Rucker 研究指出,2005—2009 年间发表在《人格与社会心理学杂志》和《人格与社会心理学公报》上的文章分别有 59% 和 65% 使用了中介分析[4]。中介分析之所以被许多学者关注并使用,主要原因在于中介效应可以分析自变量对因变量影响的过程和作用机制,中介分析能够得到更多更深入的结果。

中介变量(Mediator)是自变量对因变量产生影响的中介,而且是自变量影响因变量的实质的、内在的原因。图 6-1 是最简单的中介变量路径示意图[5]。图 6-1(a):方程 $Y=cX+e_1$ 的系数 $c$ 是自变量作用于因变量的总效应;图 6-1(b):方程 $M=aX+e_2$ 的系数 $a$ 是自变量作用于中介变量的效应;在方程 $Y=c'X+bM+e_3$ 中,系数 $b$ 是控制了自变量影响后,中介变量作用于因变量的效应,系数 $c'$ 则是考虑或控制了中介变量后,自变量作用于因变量的直接效应;$e_1$、$e_2$、$e_3$ 是回归残差;中介效应等于间接效应 $ab$,它与总效应和直接效应的关系:$c=c'+ab$。

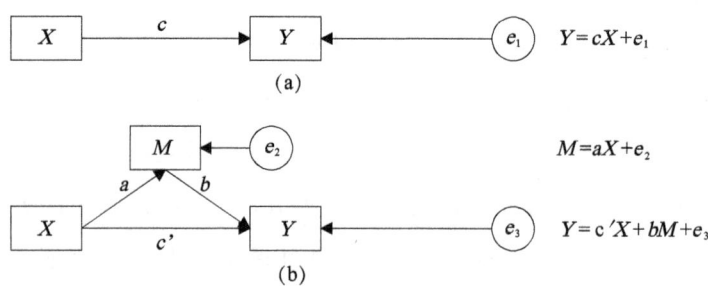

图 6-1 中介变量路径示意图

中介效应的检验方法主要包括逐步检验回归系数法、系数乘积检验法、差异系数检验法、Bootstrapping法。其中最常用的方法是Baron提出的逐步检验回归系数法[6],但近年来越来越多的学者对该方法提出批评和质疑。Mackinnon研究发现,在有些情况下尽管c不显著仍然存在实质的中介效应,因此逐步检验回归系数法将错过很多实际存在的中介效应[7]。Mackinnon模拟研究指出,逐步检验回归系数法的统计功效最小,相比之下,系数乘积检验法和差异系数检验法具有较高的统计效力[8]。Cheung模拟研究得出结论,Bootstrapping法比其他方法的统计效力要高[9]。Preacher和Hayes研究都证实Bootstrapping法是目前比较理想的中介效应检验法[10][11]。

我国学者温忠麟较为全面分析了近十年中介效应分析方法,总结了一个中介效应分析流程。通过分析指出,该流程综合了逐步检验回归系数法和Bootstrap法的优点,相比于单纯的Bootstrap法检验系数乘积,该程序检验对第一类错误率、检验力、结果的解释性都将会更好,既可以做部分中介检验,也可以做完全中介检验;具体流程图见图6-2[5]。

从中介效应检验流程图中发现,中介效应检验包括以下五步。

①检验方程$Y=cX+e_1$的系数$c$,显著则按中介效应立论,反之按遮掩效应立论。无论显著与否都将进行下一步检验。

②依次检验方程$M=aX+e_2$的系数$a$和方程$Y=c'X+bM+e_3$的系数$b$,当$a$和$b$都显著时,间接效应显著,直接进入环节④;当$a$和$b$有一个不显著时,进入环节④。

③用Bootstrap法检验$ab$,显著就表明间接效应显著,进入环节④;不显著则表明间接效应不显著,停止分析。

④检验方程$Y=c'X+bM+e_3$的系数$c'$,不显著就表明直接效应不显著,只有中介效应。显著则表明直接效应显著,可能存在其他中介,进入环节⑤。

⑤比较$ab$和$c'$的符号,同号属于部分中介效应,报告中介效应占总

效应的比例 $ab/c$；异号属于遮掩效应，报告间接效应与直接效应比例的绝对值 $|ab/c'|$。

本书在①②④⑤环节采用统计分析软件Smart PLS2.0进行分析，在环节③采用统计分析软件Mplus进行分析。

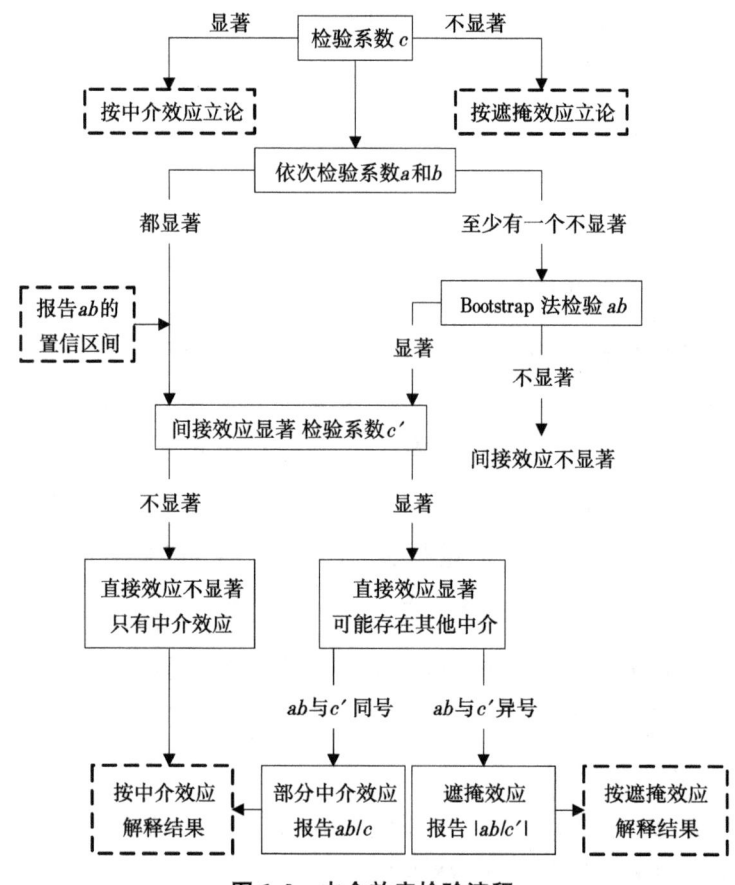

图6-2　中介效应检验流程

### 6.2.3　结构模型的分析方法

本书采用结构方程建模方法（Structural Equation Modeling，SEM）对假

设模型进行验证。SEM是一种融合了因素分析和路径分析的多元统计技术,它是在20世纪70年代由瑞典统计学家Joreskog和Sorbom等学者提出的统计理论的基础上发展而成的。SEM在20世纪80年代已经很成熟,它弥补了传统统计方法的不足,被该研究领域的美国密歇根大学商学院知名教授Fornell C盛誉为"第二代多元统计方法",成为多元数据分析的重要工具。

SEM的强势在于对多变量间交互关系的定量研究,主要研究显变量与潜变量以及潜变量之间的关系,多用于社会学、教育学、医学、市场营销学和行为学等领域[12]。SEM建模方法主要包括以协方差结构为基础的建模方法(Linear Structural RELationship,LISREL)和以偏最小二乘法为基础的路径建模方法(Partial Least Square,PLS)。

LISREL是协方差结构模型分析的典型代表,其基本思想是根据研究人员设计的理论模型求出观测变量的协方差阵,然后与实际样本得到的协方差阵进行拟合,要求变量具有正态分布且样本数足够大[13]。PLS是一种新型的多元统计分析技术,其基本思想是以方差为基础,寻求所有残差方差条件最小来构建模型。PLS方法用于多元成分数据的建模时能够克服成分数据分布复杂、变换后变量完全相关的问题。这两种建模技术差别较大,应该根据研究目的和数据的自身条件选择适当的建模技术。

由于本书变量相对较多,而样本量相对较少,难以保证正态分布,因此采用偏最小二乘法结构方程建模(Partial Least Squares Structural Equation Modeling,PLS-SEM)的方法进行数据分析。PLS-SEM是一种新型的多元统计分析技术,其优点表现为不需要在参数估计前进行模型识别,所受限制较小,对观测数据拟合精度较高,在样本数据非正态分布、共线性等情况下仍然稳定[14]。所以PLS-SEM方法用于多元成分数据的建模时,能够克服成分数据分布复杂、变换后变量完全相关的问题。

PLS-SEM在实际应用中包括模型设定、模型估计、模型评价、模型修正、模型确定五个步骤。

1. 模型设定

PLS-SEM 构建的第一步就是模型设定,主要包括基础理论模型的设定(测量模型和结构模型)和构建因果关系路径图。因为 PLS-SEM 是一个证实性的建模技术,其基础理论模型的设定须有一个理论支持或在以往研究中得到经验性结论作为基础,要构建出测量模型和结构模型。构建因果关系路径图是将所研究的各个变量之间的关系清晰地以路径图的方式描述出来,这有利于理顺各个变量之间的关系,并利于直接转化为建模方程。

(1)测量模型(外部模型)。设显变量为 $n$ 组,每组含有的变量为 $g_i$,则每组显变量可表示为

$$x_i = (x_{i1}, x_{i2}, \cdots, x_{ig_i}) \quad (i=1, 2\cdots, n)$$

本书中 $n=13$,每组显变量表示为

$x_1 = (x_{11}, x_{12}, x_{13}, x_{14})$,$x_2 = (x_{21}, x_{22}, x_{23}, x_{24})$,

$x_3 = (x_{31}, x_{32}, x_{33}, x_{34})$,$x_4 = (x_{41}, x_{42}, x_{43}, x_{44})$,

$x_5 = (x_{51}, x_{52}, x_{53}, x_{54})$,$x_6 = (x_{61}, x_{62}, x_{63}, x_{64})$,

$x_7 = (x_{71}, x_{72}, x_{73}, x_{74})$,$x_8 = (x_{81}, x_{82}, x_{83}, x_{84})$,

$x_9 = (x_{91}, x_{92}, x_{93}, x_{94})$,$x_{10} = (x_{101}, x_{102}, x_{103}, x_{104})$,

$x_{11} = (x_{111}, x_{112}, x_{113}, x_{114})$,$x_{12} = (x_{121}, x_{122}, x_{123}, x_{124})$,

$x_{13} = (x_{131}, x_{132}, x_{133}, x_{134})$,

假定显变量都是 $x_{ij}(i=1, 2\cdots, n; j=1,2, \cdots g_i)$ 基于 $N$ 个共同的观察点或样本(本书 $N=440$),每组显变量 $x_i$ 对应的潜变量为 $\xi_i(i=1, 2, \cdots, n)$,经过数据预处理后,$x_{ij}$ 和 $\xi_i$ 是标准化的。

在 PLS-SEM 模型中,每组显变量 $x_i$ 与对应的潜变量 $\xi_i$ 之间构成测量模型,通常有两个假设:

首先,每个显变量都与唯一的潜变量相关联,且它们的关系可以通过一个线性回归方程表示,即

$$x_{ij} = \lambda_{ij}\xi_i + \varepsilon_{ij}(i=1,2,\cdots,n; j=1,2,\cdots,g_i) \qquad (6\text{-}1)$$

其中 $\varepsilon_{ij}$ 是随机误差,$E(\varepsilon_{ij})=0$,$\varepsilon_{ij}$ 与 $\xi_i$ 不相关,且所有来自不同样本的误差都是互不相关的。

其次,潜变量 $\xi_i$ 是所有显变量 $x_{ij}$ 的线性组合,即

$$\xi_i = \sum_{j=1}^{g_i}(w_{ij}x_{ij}) + \delta_i(i=1,2,\cdots,n; j=1,2,\cdots,g_i) \qquad (6\text{-}2)$$

其中 $\delta_i$ 是随机误差,$E(\delta_i)=0$,$\delta_i$ 与 $x_{ij}$ 不相关,且所有来自不同样本的误差都是互不相关的。

(2)结构模型(内部模型)。不同的潜变量 $\xi_i$ 之间的因果关系构成结构模型,它是由一组线性方程组表示,即

$$\xi_i = \sum_{i \neq j}\beta_{ij}\xi_j + \zeta_i(i=1,2,\cdots,n; j=1,2,\cdots,g_i) \qquad (6\text{-}3)$$

其中 $\zeta_i$ 是随机误差,$E(\zeta_i)=0$,$\zeta_i$ 与 $\xi_j$ 不相关,且所有来自不同样本的误差都是互不相关的。

2. 模型估计

PLS-SEM 的参数估计主要是通过迭代的方法展开的,一是根据显变量与潜变量的关系来对潜变量进行估算(测量模型估计,也称外部估计),二是通过对潜变量关联关系来估算(结构模型估计,也称内部估计)[15]。

(1)测量模型估计。潜变量 $\xi_i$ 可以由显变量 $x_{ij}$ 的线性组合来估计,估计值为

$$\overline{\xi}_i = \left(\sum_{j=1}^{g_i} w_{ij}x_{ij}\right)^{*}(i=1,2,\cdots,n; j=1,2,\cdots,g_i) \qquad (6\text{-}4)$$

式中,$w_{ij}$ 是外部权重,*是说明需要标准化处理估计值。

(2)结构模型估计。潜变量 $\xi_i$ 还可以通过与之关联的其他潜变量 $\xi_j$

进行估计,估计值为

$$\overline{\xi}_i = \left(\sum_{j \in \{j: \beta_{ij} \neq 0\}} w'_{ij} \overline{\xi}_j\right)(i=1, 2, \cdots, n; j=1, 2, \cdots, g_i)$$

其中 $w'_{ij}$ 为内部权重,计算公式:

$$w'_{ij} = \text{sign}(r(\overline{\xi}_i, \overline{\xi}_j)) = \begin{cases} 1 & r(\overline{\xi}_i, \overline{\xi}_j) > 0; i=1, 2, \cdots, n; j=1, 2, \cdots, g_i \\ -1 & r(\overline{\xi}_i, \overline{\xi}_j) < 0; i=1, 2, \cdots, n; j=1, 2, \cdots, g_i \\ 0 & r(\overline{\xi}_i, \overline{\xi}_j) = 0; i=1, 2, \cdots, n; j=1, 2, \cdots, g_i \end{cases}$$

式中采用符号权重和的形式来定义内部权数,$r$ 是相关系数,sign 是符号函数。

(3)模型参数估计值的计算步骤。PLS-SEM方法利用迭代算法计算潜变量的估计值,据此计算模型参数值,具体步骤如下:

第一步,初值设定。

$k=1$, $w_{ij}^{(1)}=1$, $i=1, 2, \cdots, n$; $j=1, 2, \cdots, g_i$。

第二步,计算潜变量 $\xi_i$ 的外部估计。

$$\overline{\xi}_i^{(k)} = \left(\sum_{j=1}^{p_i} w_{ij}^{(k)} x_{ij}\right)(i=1, 2, \cdots, n; j=1, 2, \cdots, g_i)$$

第三步,计算内部估计。

$$\overline{i}^{(k)} = \left(\sum_{j, \beta_{ij} \neq 0} w'_{ij} \overline{\xi}_i^{(k)}\right)(i=1, 2, \cdots, n; j=1, 2, \cdots, g_i)$$

第四步,计算外部权重。

$$w_{ij}^{(k+1)} = r(x_{ij}, \overline{\xi}_i^{(k)}) \quad (i=1, 2, \cdots, n; j=1, 2, \cdots, g_i)$$

第五步,若 $|w_{ij}^k - w_{ij}^{k+1}| < 10^{-5}(i=1, 2, \cdots, n; j=1, 2, \cdots, g_i)$ 或达到给定的迭代次数,则停止迭代,否则返回到第二步继续迭代。

第六步,将经迭代得到的外部权重代入式(6-4)计算潜变量估计值。

第七步,根据得到的潜变量估计值,运用一元线性回归模型的普通最小二乘法估计测量模型和结构模型的参数 $\lambda_{ij}$ 和 $\beta_{ij}$[16]。

3. 模型评价

模型评价主要检查模型能否充分有效地对观测变量进行解释,包括对测量模型和结构模型的检验。

(1)测量模型的检验。主要检验信度、收敛效度和区别效度。

第一,信度检验。信度检验最常用的是Cronbach's Alpha(简称 α)系数法,α 系数在0~1之间。α 系数越大,表明测量的可信程度越大。本书认为 α 系数最好大于0.7,具体取值原因参见5.2.2节解释。

第二,收敛效度检验。收敛效度的检验标准一般为潜变量测量指标的因子载荷(Factor Loadings)一般最好大于0.7;平均变异萃取量(Average Variance Extracted,AVE)应大于0.5;组合信度值(Composite Reliability,CR)应大于0.8[17]。

第三,区别效度检验。区别效度的检验标准是:潜变量与不同潜变量测量指标的因素载荷量(Cross Loadings)应小于潜变量测量指标的因子载荷Factor Loadings[18];每个潜变量 AVE 的平方根大于其与其他潜变量之间的相关系数(Latent Variable Correlations,LVC)[19]。

(2)结构模型的检验。依据萧文龙的建议,主要从路径系数、解释力 $R^2$、GoF 指数进行检验[20]。

第一,路径系数(Path Coefficient)。路径系数主要是用来判定各个潜变量之间的影响方向及其是否显著。路径系数为正数表明正向影响,路径系数为负数表明负向影响。由 $T$ 检验值判定各个潜变量之间的影响是否显著,一般来说,$T>1.96$ 时在0.05水平上显著,$T>2.58$ 时在0.01水平上显著,$T>3.29$ 时在0.001水平上显著。

第二,解释力 $R^2$。$R^2$ 即确定系数(Coefficient of Determination),反映内生潜变量能被外生潜变量解释的程度,其含义与传统回归分析的 $R^2$ 一致。$R^2$是无量纲系数,有确定的取值范围(0~1),$R^2$越大表明模型的拟合优度越大,自变量对因变量的解释程度越高,自变量引起的变动占总变动的百分比越高。FORNELL等指出,$R^2 > 0.67$为具有实务上的价值,$R^2 = 0.33$左右表示中度解释能力,$R^2 = 0.19$左右表示解释能力薄弱,一般来说$R^2 >$应大于0.3[19]。

第三,适配度GoF。GoF(Goodness of Fit)用来提供整体模型的预测效用,是平均共同性(Communality)指标乘上解释力$R^2$的平均再开根号。一般来说,0.1、0.25、0.36表示弱的、中度的、强的适配度[21]。

常用的PLS-SEM模型评价算法有Blindfolding交互检验算法和Bootstrap算法[22],本书基于Bootstrapping算法采用Smart PLS 2.0软件进行假设检验和路径分析。

4. 模型修正

当初始模型数据拟合效果不好,初始模型有缺陷时,需要改进初始模型的适合程度,对初始模型进行修正。模型修正既包括测量模型的修正,也包括结构模型的修正。一般来说,通过将潜变量对应的显变量进行增减调整来完成测量模型的修正,通过增减内生潜变量和外生潜变量、改变潜变量之间的路径连接等完成结构模型的修正。PLS-SEM的建模过程是一个不断调整的过程,修改后的模型还需要继续用相同的观测数据进行检验,然后再修正、再检验,直到找到一个简洁的、数据拟合较好的、满足理论要求的较为合理的模型。

5. 模型确定

经过多次反复修正得到的简洁、数据拟合较好、满足理论要求的较为合理的模型即可以确定为研究最终的实证模型。应该指出的是,这里所谓的最终模型不见得是最优模型,但可以肯定的是,经过上述流程生成的最终模型是所有已经考虑过的模型或者修正后的模型中最好的。

## 6.3 测量模型验证

在 Smart PLS2.0 软件上点击计算"Calculate"按钮——偏最小二乘算法（PLS Algorithm），确定后得出具体运算结果，并以此为依据进行测量模型的检验。原始测量模型运算后效果图如图 6-3 所示。

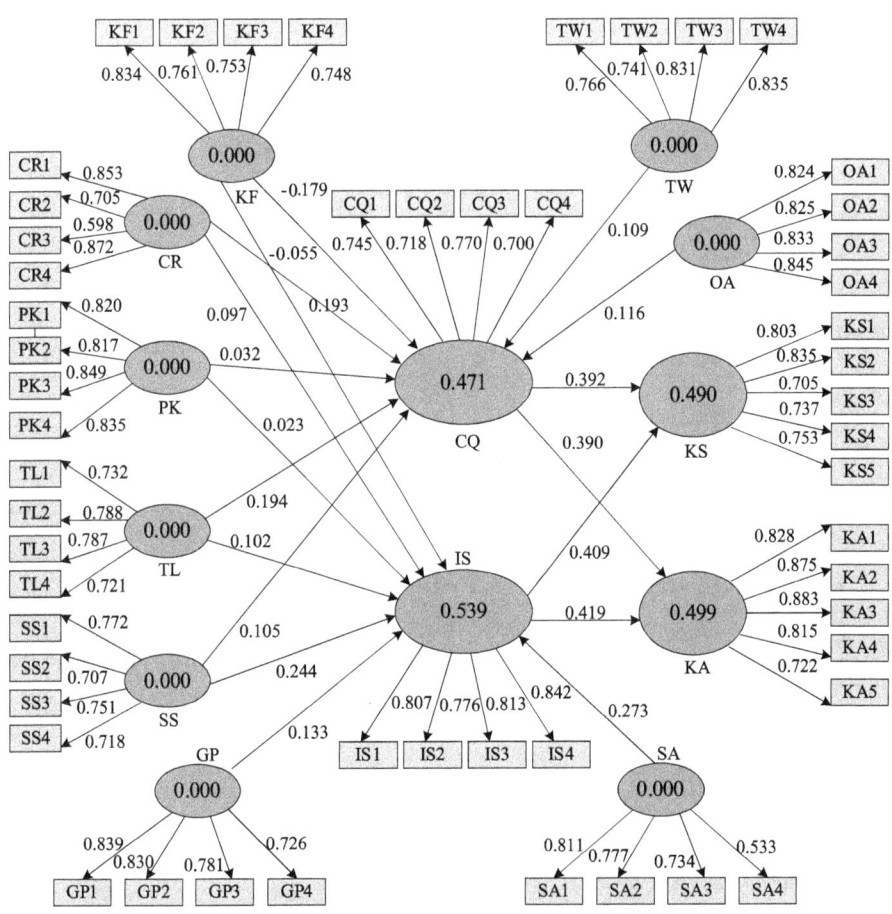

图 6-3 原始测量模型分析效果图

## 6.3.1 信度检验

信度也称可靠性,是指问卷的可信程度。信度检验主要是指测量结果的一贯性、一致性、再现性和稳定性。原始测量模型运算后效果见图6-3,单击"Html Report"按钮,出现报表,数据结果整理后如表6-10所示。

表6-10显示,除了学习能力SA的克朗巴哈系数 $\alpha$ 为0.684,略小于标准值0.7之外,其他潜变量的克朗巴哈系数 $\alpha$ 值均超过0.7,由此可见,本书采用的测量模型信度较高。

表6-10 原始测量模型信度检验验证结果汇总

| 变量名称 | 转移意愿TW | 输出能力OA | 学习能力SA | 先验知识PK | 知识模糊性KF | 渠道丰富性CR | 信任水平TL |
|---|---|---|---|---|---|---|---|
| $\alpha$ 系数 | 0.804 | 0.852 | 0.684 | 0.851 | 0.778 | 0.755 | 0.752 |
| 变量名称 | 制度协同SS | 政府政策GP | 沟通质量CQ | 创新支持IS | 知识分享程度KS | 知识吸收能力KA | |
| $\alpha$ 系数 | 0.721 | 0.806 | 0.713 | 0.825 | 0.826 | 0.883 | |

注:$\alpha$ 系数值取小数点后3位数,以下同。

## 6.3.2 效度检验

本书主要检验建构效度(衡量工具能衡量某种潜变量的程度),包括收敛效度和区别效度。

1. 收敛效度检验

收敛效度强调测量同一潜变量不同测量问题之间是否具有显著的相关性。图6-3所示,除了SA4、CR3两个测量问题之外,其他所有潜变

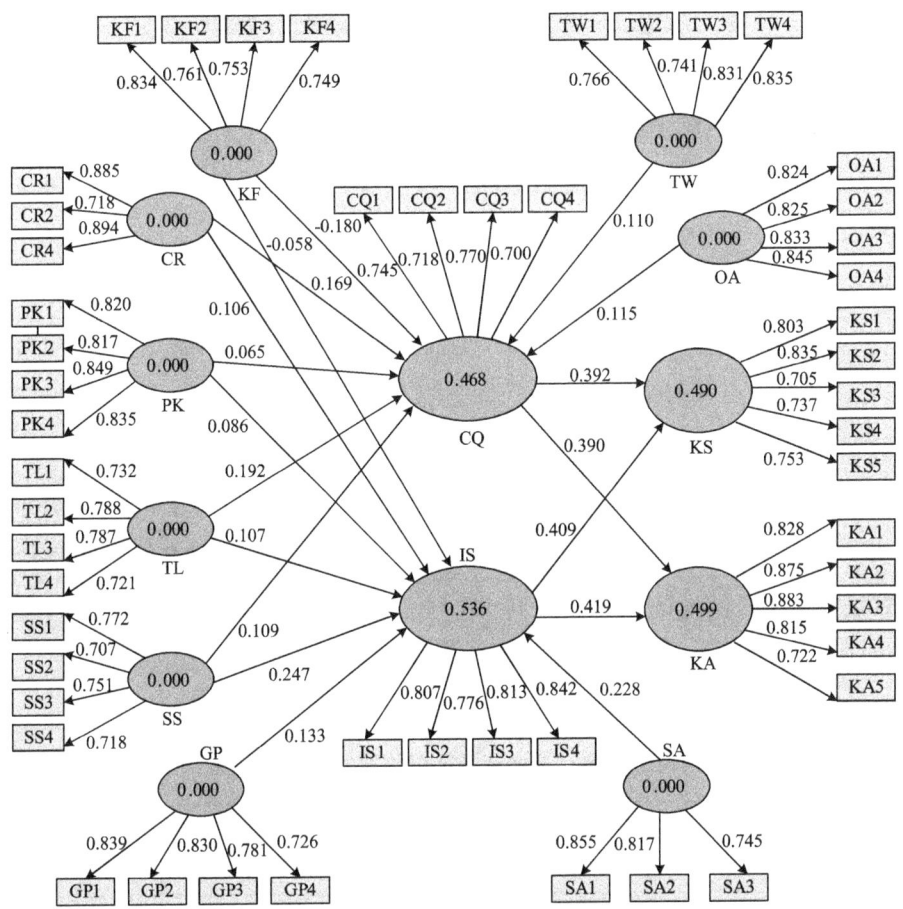

图6-4 修正后的测量模型分析效果图

量测量问题的因子载荷Factor Loadings均大于0.7。学习能力潜变量中的测量问题SA4的载荷因子仅为0.533,远远小于0.7,所以该测量问题不能准确描述潜变量学习能力,将其删除后进行第二次检验,结果潜变量学习能力的α系数上升至0.733,大于删除之前的0.684,潜变量学习能力信度提高,因此测量问题SA4可以删除。渠道丰富性潜变量中的测量问题CR3的载荷因子为0.598,小于0.7,所以该测量问题对潜变量渠道丰富性的描述解释能力较差，应将其删除，同时删除测量问题CR3后进行第二次检验，结果潜变量渠道丰富性的α系数上升至0.779，高于删除之前的0.755，潜变量渠道丰富性的信度提高，因此测量问题CR3可以删除。

删除SA4、CR3后，对修正后的测量模型再次计算后的效果见图6-4所示。

单击"Html Report"按钮，出现报表，数据结果整理后如表6-11所示。

表6-11显示：修正后的测量模型潜变量学习能力SA、渠道丰富性CR的α系数均较以前提升，修正后的模型达到了更优的信度。同时，修正模型所有潜变量测量问题的载荷因子Factor Loadings均大于0.7，能够较灵敏地度量变量之间的线性关系，显著性较高；所有潜变量的平均变异萃取量AVE均大于0.5，可以解释50%以上的方差，调查表有较好的收敛效度；所有潜变量的组合信度值CR均大于0.8，调查表具有较高的内部一致性。可见修正后的测量模型收敛有效性显著。

表6-11 修正后的测量模型收敛效度验证结果

| 变量名称 | α | Factor Loadings | AVE | CR |
| --- | --- | --- | --- | --- |
| 沟通质量CQ | 0.713 | 0.700~0.770 | 0.538 | 0.823 |
| 渠道丰富性CR | 0.779 | 0.718~0.894 | 0.699 | 0.874 |
| 政府政策GP | 0.806 | 0.726~0.839 | 0.632 | 0.873 |
| 创新支持IS | 0.825 | 0.776~0.842 | 0.656 | 0.884 |
| 知识吸收能力KA | 0.883 | 0.722~0.883 | 0.684 | 0.915 |
| 知识模糊性KF | 0.778 | 0.730~0.837 | 0.601 | 0.857 |
| 知识分享程度KS | 0.826 | 0.705~0.835 | 0.590 | 0.878 |
| 输出能力OA | 0.852 | 0.824~0.845 | 0.692 | 0.900 |
| 先验知识PK | 0.851 | 0.817~0.849 | 0.690 | 0.899 |
| 学习能力SA | 0.733 | 0.745~0.855 | 0.651 | 0.848 |

续表

| 变量名称 | α | Factor Loadings | AVE | CR |
|---|---|---|---|---|
| 制度协同SS | 0.721 | 0.707~0.772 | 0.544 | 0.827 |
| 信任水平TL | 0.752 | 0.721~0.799 | 0.574 | 0.843 |
| 转移意愿TW | 0.804 | 0.741~0.835 | 0.631 | 0.872 |

注：Factor Loadings、AVE、CR值均取小数点后3位数，以下同

2. 区别效度检验

区别效度强调各潜变量之间是否存在足够的区分效度。修正后的测量模型的区别效度检验如表6-12、表6-13所示（点选"Html Report"，报表数据的结果整理）。

由表6-12可以看出潜变量与其他不同潜变量测量指标的因素载荷量Cross Loadings < 潜变量测量指标的因子载荷Factor Loadings（粗斜体为Factor Loadings，细体为Cross Loadings）。

由表6-13可以看出每个潜变量的平均变异萃取量AVE的平方根（粗斜体）大于其与其他潜变量之间的相关系数LVC。

因此，修正后的测量模型区别效度显著。

表 6-12　修正后的测量模型区别效度验证结果 1 ——Cross Loadings < Factor Loadings

| 变量 | CQ | CR | GP | IS | KA | KF | KS | OA | PK | SA | SS | TL | TW |
|---|---|---|---|---|---|---|---|---|---|---|---|---|---|
| CQ1 | **0.745** | 0.403 | 0.346 | 0.348 | 0.456 | -0.336 | 0.466 | 0.393 | 0.274 | 0.370 | 0.394 | 0.448 | 0.329 |
| CQ2 | **0.718** | 0.368 | 0.342 | 0.405 | 0.445 | -0.337 | 0.455 | 0.310 | 0.250 | 0.340 | 0.378 | 0.384 | 0.385 |
| CQ3 | **0.770** | 0.421 | 0.370 | 0.379 | 0.429 | -0.340 | 0.472 | 0.338 | 0.268 | 0.362 | 0.352 | 0.423 | 0.330 |
| CQ4 | **0.700** | 0.374 | 0.295 | 0.408 | 0.459 | -0.355 | 0.386 | 0.393 | 0.269 | 0.386 | 0.379 | 0.375 | 0.329 |
| CR1 | 0.396 | **0.885** | 0.448 | 0.427 | 0.408 | -0.313 | 0.430 | 0.384 | 0.313 | 0.492 | 0.363 | 0.401 | 0.348 |
| CR2 | 0.458 | **0.718** | 0.461 | 0.508 | 0.527 | -0.288 | 0.468 | 0.437 | 0.336 | 0.5122 | 0.514 | 0.503 | 0.443 |
| CR4 | 0.467 | **0.849** | 0.452 | 0.439 | 0.427 | -0.369 | 0.534 | 0.389 | 0.331 | 0.462 | 0.390 | 0.434 | 0.381 |
| GP1 | 0.353 | 0.460 | **0.839** | 0.475 | 0.407 | -0.238 | 0.433 | 0.365 | 0.280 | 0.368 | 0.442 | 0.434 | 0.314 |
| GP2 | 0.309 | 0.434 | **0.830** | 0.434 | 0.361 | -0.226 | 0.390 | 0.365 | 0.235 | 0.312 | 0.385 | 0.365 | 0.272 |
| GP3 | 0.435 | 0.485 | **0.781** | 0.422 | 0.477 | -0.359 | 0.462 | 0.392 | 0.369 | 0.490 | 0.428 | 0.476 | 0.399 |
| GP4 | 0.380 | 0.359 | **0.726** | 0.366 | 0.395 | -0.325 | 0.372 | 0.338 | 0.302 | 0.409 | 0.343 | 0.374 | 0.318 |
| IS1 | 0.405 | 0.481 | 0.431 | **0.807** | 0.492 | -0.346 | 0.561 | 0.423 | 0.293 | 0.513 | 0.483 | 0.446 | 0.376 |
| IS2 | 0.389 | 0.420 | 0.446 | **0.776** | 0.472 | -0.312 | 0.446 | 0.374 | 0.312 | 0.455 | 0.454 | 0.457 | 0.316 |
| IS3 | 0.476 | 0.445 | 0.437 | **0.813** | 0.539 | -0.342 | 0.478 | 0.384 | 0.340 | 0.455 | 0.506 | 0.465 | 0.391 |
| IS4 | 0.427 | 0.452 | 0.425 | **0.842** | 0.515 | -0.343 | 0.503 | 0.375 | 0.325 | 0.525 | 0.527 | 0.445 | 0.404 |
| KA1 | 0.490 | 0.506 | 0.393 | 0.505 | **0.828** | -0.432 | 0.438 | 0.359 | 0.288 | 0.510 | 0.420 | 0.467 | 0.414 |
| KA2 | 0.500 | 0.484 | 0.438 | 0.541 | **0.875** | -0.409 | 0.464 | 0.467 | 0.376 | 0.506 | 0.488 | 0.496 | 0.404 |

续表

| 变量 | CQ | CR | GP | IS | KA | KF | KS | OA | PK | SA | SS | TL | TW |
|---|---|---|---|---|---|---|---|---|---|---|---|---|---|
| KA3 | 0.470 | 0.450 | 0.429 | 0.525 | **0.883** | -0.400 | 0.439 | 0.420 | 0.338 | 0.497 | 0.467 | 0.463 | 0.407 |
| KA4 | 0.546 | 0.459 | 0.399 | 0.520 | **0.815** | -0.408 | 0.493 | 0.420 | 0.335 | 0.512 | 0.427 | 0.419 | 0.422 |
| KA5 | 0.508 | 0.375 | 0.466 | 0.479 | **0.722** | -0.435 | 0.502 | 0.411 | 0.350 | 0.468 | 0.475 | 0.472 | 0.323 |
| KF1 | -0.389 | -0.324 | -0.309 | -0.339 | -0.436 | **0.834** | -0.444 | -0.297 | -0.211 | -0.409 | -0.331 | -0.332 | -0.288 |
| KF2 | -0.336 | -0.288 | -0.244 | -0.305 | -0.308 | **0.761** | -0.426 | -0.265 | -0.148 | -0.326 | -0.281 | -0.297 | -0.239 |
| KF3 | -0.341 | -0.281 | -0.291 | -0.262 | -0.385 | **0.753** | -0.439 | -0.278 | -0.244 | -0.286 | -0.320 | -0.331 | -0.227 |
| KF4 | -0.374 | -0.310 | -0.258 | -0.369 | -0.424 | **0.749** | -0.449 | -0.330 | -0.265 | -0.361 | -0.289 | -0.313 | -0.262 |
| KS1 | 0.509 | 0.525 | 0.431 | 0.464 | 0.408 | -0.387 | **0.803** | 0.397 | 0.375 | 0.418 | 0.490 | 0.448 | 0.353 |
| KS2 | 0.557 | 0.516 | 0.465 | 0.475 | 0.478 | -0.451 | **0.835** | 0.436 | 0.353 | 0.485 | 0.503 | 0.463 | 0.394 |
| KS3 | 0.495 | 0.507 | 0.430 | 0.485 | 0.467 | -0.444 | **0.705** | 0.515 | 0.366 | 0.433 | 0.407 | 0.473 | 0.404 |
| KS4 | 0.351 | 0.315 | 0.314 | 0.472 | 0.411 | -0.448 | **0.737** | 0.326 | 0.194 | 0.457 | 0.382 | 0.436 | 0.298 |
| KS5 | 0.388 | 0.318 | 0.339 | 0.466 | 0.403 | -0.455 | **0.753** | 0.355 | 0.180 | 0.436 | 0.390 | 0.430 | 0.322 |
| OA1 | 0.402 | 0.389 | 0.462 | 0.402 | 0.420 | -0.305 | 0.474 | **0.824** | 0.306 | 0.407 | 0.380 | 0.384 | 0.360 |
| OA2 | 0.390 | 0.381 | 0.390 | 0.367 | 0.410 | -0.295 | 0.414 | **0.825** | 0.267 | 0.369 | 0.362 | 0.384 | 0.395 |
| OA3 | 0.444 | 0.469 | 0.366 | 0.450 | 0.428 | -0.343 | 0.468 | **0.833** | 0.333 | 0.442 | 0.458 | 0.474 | 0.397 |
| OA4 | 0.385 | 0.379 | 0.306 | 0.373 | 0.418 | -0.315 | 0.416 | **0.845** | 0.248 | 0.399 | 0.343 | 0.455 | 0.372 |
| PK1 | 0.323 | 0.305 | 0.328 | 0.393 | 0.416 | -0.271 | 0.333 | 0.293 | **0.820** | 0.280 | 0.347 | 0.389 | 0.220 |
| PK2 | 0.268 | 0.362 | 0.297 | 0.263 | 0.321 | -0.225 | 0.305 | 0.283 | **0.817** | 0.253 | 0.324 | 0.251 | 0.173 |

续表

| 变量 | CQ | CR | GP | IS | KA | KF | KS | OA | PK | SA | SS | TL | TW |
|---|---|---|---|---|---|---|---|---|---|---|---|---|---|
| PK3 | 0.285 | 0.301 | 0.294 | 0.310 | 0.333 | -0.224 | 0.327 | 0.271 | ***0.849*** | 0.198 | 0.284 | 0.310 | 0.151 |
| PK4 | 0.315 | 0.351 | 0.306 | 0.315 | 0.276 | -0.206 | 0.329 | 0.309 | ***0.835*** | 0.205 | 0.283 | 0.303 | 0.180 |
| SA1 | 0.445 | 0.513 | 0.461 | 0.563 | 0.566 | -0.410 | 0.486 | 0.404 | 0.214 | ***0.855*** | 0.517 | 0.482 | 0.508 |
| SA2 | 0.402 | 0.500 | 0.420 | 0.459 | 0.477 | -0.380 | 0.538 | 0.389 | 0.202 | ***0.817*** | 0.427 | 0.511 | 0.357 |
| SA3 | 0.347 | 0.410 | 0.294 | 0.420 | 0.404 | -0.288 | 0.378 | 0.391 | 0.282 | ***0.745*** | 0.358 | 0.377 | 0.262 |
| SS1 | 0.428 | 0.466 | 0.351 | 0.456 | 0.427 | -0.313 | 0.474 | 0.316 | 0.297 | 0.411 | ***0.772*** | 0.411 | 0.426 |
| SS2 | 0.300 | 0.350 | 0.346 | 0.442 | 0.385 | -0.251 | 0.378 | 0.350 | 0.266 | 0.447 | ***0.707*** | 0.388 | 0.335 |
| SS3 | 0.341 | 0.325 | 0.352 | 0.449 | 0.368 | -0.279 | 0.415 | 0.355 | 0.258 | 0.376 | ***0.751*** | 0.379 | 0.386 |
| SS4 | 0.428 | 0.370 | 0.434 | 0.449 | 0.441 | -0.312 | 0.409 | 0.359 | 0.280 | 0.378 | ***0.718*** | 0.477 | 0.408 |
| TL1 | 0.422 | 0.366 | 0.353 | 0.375 | 0.377 | -0.280 | 0.404 | 0.361 | 0.267 | 0.365 | 0.423 | ***0.732*** | 0.351 |
| TL2 | 0.406 | 0.412 | 0.396 | 0.499 | 0.461 | -0.317 | 0.466 | 0.400 | 0.277 | 0.523 | 0.421 | ***0.788*** | 0.338 |
| TL3 | 0.434 | 0.420 | 0.409 | 0.427 | 0.380 | -0.321 | 0.457 | 0.400 | 0.348 | 0.432 | 0.459 | ***0.787*** | 0.385 |
| TL4 | 0.426 | 0.444 | 0.414 | 0.386 | 0.482 | -0.324 | 0.451 | 0.389 | 0.270 | 0.393 | 0.405 | ***0.721*** | 0.392 |
| TW1 | 0.352 | 0.378 | 0.306 | 0.304 | 0.311 | -0.218 | 0.359 | 0.431 | 0.257 | 0.272 | 0.356 | 0.405 | ***0.766*** |
| TW2 | 0.339 | 0.372 | 0.332 | 0.376 | 0.409 | -0.250 | 0.355 | 0.327 | 0.150 | 0.315 | 0.397 | 0.373 | ***0.741*** |
| TW3 | 0.387 | 0.399 | 0.359 | 0.414 | 0.408 | -0.302 | 0.379 | 0.395 | 0.174 | 0.526 | 0.492 | 0.404 | ***0.831*** |
| TW4 | 0.405 | 0.364 | 0.301 | 0.369 | 0.391 | -0.274 | 0.383 | 0.311 | 0.126 | 0.395 | 0.434 | 0.355 | ***0.835*** |

注：所有数值均取小数点后3位数，下同。

表 6-13 修正后的测量模型区别效度验证结果 2——AVE 的平方根 > LVC

| 变量 | CQ | CR | GP | IS | KA | KF | KS | OA | PK | SA | SS | TL | TW |
|---|---|---|---|---|---|---|---|---|---|---|---|---|---|
| CQ | **0.734** | | | | | | | | | | | | |
| CR | 0.534 | **0.836** | | | | | | | | | | | |
| GP | 0.462 | 0.548 | **0.795** | | | | | | | | | | |
| IS | 0.524 | 0.556 | 0.536 | **0.810** | | | | | | | | | |
| KA | 0.610 | 0.551 | 0.514 | 0.623 | **0.827** | | | | | | | | |
| KF | -0.466 | -0.390 | -0.356 | -0.415 | -0.505 | **0.775** | | | | | | | |
| KS | 0.607 | 0.578 | 0.521 | 0.615 | 0.567 | -0.568 | **0.768** | | | | | | |
| OA | 0.489 | 0.489 | 0.459 | 0.481 | 0.504 | -0.379 | 0.534 | **0.832** | | | | | |
| PK | 0.362 | 0.395 | 0.370 | 0.392 | 0.409 | -0.281 | 0.391 | 0.349 | **0.831** | | | | |
| SA | 0.497 | 0.590 | 0.492 | 0.602 | 0.604 | -0.450 | 0.581 | 0.487 | 0.284 | **0.807** | | | |
| SS | 0.512 | 0.515 | 0.504 | 0.609 | 0.551 | -0.394 | 0.570 | 0.467 | 0.374 | 0.545 | **0.738** | | |
| TL | 0.556 | 0.542 | 0.519 | 0.559 | 0.561 | -0.410 | 0.587 | 0.512 | 0.384 | 0.568 | 0.563 | **0.758** | |
| TW | 0.468 | 0.475 | 0.408 | 0.461 | 0.478 | -0.330 | 0.465 | 0.459 | 0.220 | 0.479 | 0.530 | 0.482 | **0.794** |

## 6.4 结构模型验证

本书研究模型由自变量、中介变量、因变量、控制变量组成,结构模型的验证主要从三方面着手,一是从个体、团队、协同创新中心三个层面关注相关控制变量对中介变量和因变量的控制效应;二是检验沟通质量和创新支持两个中介变量的中介效应;三是检验本书的假设模型。

### 6.4.1 控制变量的分析

本书的控制变量包括个体、团队、协同创新中心三个层面。个体层面主要有被调查者的性别、年龄、学历、职称、来源、职位;团队层面主要有团队规模;协同创新中心层面包括团队所在协同创新中心(平台)的级别。依据上文所述具体分析方法,采用统计分析软件SPSS17.0进行单因素方差分析,具体在"分析Analyze"菜单中的"比较均值Compare Means"中选用"单因素方差分析One-way ANOVA",进行单因素方差分析、均值多重比较和相对比较。

首先检验各控制变量对中介变量和因变量的认知差异,结果见表6-14。

表6-14 控制变量对中介变量和因变量的影响差异

| 变量名称 | 年龄 $F$ 值 | 年龄 $F$ 值 | 学历 $F$ 值 | 职称 $F$ 值 | 来源 $F$ 值 | 职位 $F$ 值 | 团队规模 $F$ 值 | 协同创新平台级别 $F$ 值 |
|---|---|---|---|---|---|---|---|---|
| CQ | 21.957*** | 6.034*** | 15.102*** | 3.059* | 16.471*** | 30.647*** | 3.154* | 1.653 |
| IS | 14.245*** | 4.465** | 15.795*** | 3.379* | 16.752*** | 21.728*** | 3.024* | 3.560* |
| KS | 2.792 | 7.116*** | 22.673*** | 3.387* | 21.571*** | 42.244*** | 6.162*** | 2.341 |

续表

| 变量名称 | 年龄 $F$ 值 | 年龄 $F$ 值 | 学历 $F$ 值 | 职称 $F$ 值 | 来源 $F$ 值 | 职位 $F$ 值 | 团队规模 $F$ 值 | 协同创新平台级别 $F$ 值 |
|---|---|---|---|---|---|---|---|---|
| KA | 21.552*** | 5.486*** | 12.535*** | 5.055** | 12.543*** | 30.488*** | 0.607 | 1.687 |

注：*表示 $p<0.05$，**表示 $p<0.01$，***表示 $p<0.001$（下同）。

单因素方差分析的 $F$ 绝对值越大，控制变量影响因素中至少两组方案之间的平均效果差异越大。为了更好地了解控制变量对中介变量和因变量的影响差异，在进行总体方差分析后分别对每一控制变量的不同分类组合进行多重比较检验。

1. 性别对中介变量和因变量的影响差异分析

表6-14显示：不同性别的团队成员对沟通质量CQ、创新支持IS、知识吸收能力KA的影响存在显著性差异，本书运用单因素方差分析法进行差异的两两比较，结果见表6-15、表6-16。

表6-15显示：沟通质量CQ、知识吸收能力KA的方差齐性概率均小于0.05，拒绝了方差齐性的假设，而创新支持IS的方差齐性概率大于0.05，接受了方差齐性的假设。由于只有男女两组，没有执行在此之后的检验，直接比较两组的均值。

表6-15 性别对中介变量和因变量影响的方差齐性检验

| 变量名称 | Levene 统计量 | df1 | df2 | 显著性 |
|---|---|---|---|---|
| 沟通质量CQ | 18.611 | 1 | 438 | 0.000 |
| 创新支持IS | 3.843 | 1 | 438 | 0.051 |
| 知识吸收能力KA | 11.412 | 1 | 438 | 0.001 |

注：方差齐性检验的显著性水平为0.05（下同）。

表6-16显示:对于沟通质量CQ而言,男女均值分别为5.214、4.923,均在95%的置信区间内,显著性概率小于0.05,男女均值比较为男>女*;对于创新支持IS而言,男女均值分别为5.938、5.664,均在95%的置信区间内,显著性概率小于0.05,男女均值比较为男>女*;对于知识吸收能力KA而言,男女均值分别为6.130、5.800,均在95%的置信区间内,显著性概率小于0.05,男女均值比较为男>女*。因此,团队成员的性别对沟通质量、创新支持中介变量的影响及对知识吸收能力因变量的影响均有显著差异;由均值差值可以发现,产学研协同创新团队中男性成员的沟通质量、创新支持、知识吸收能力显著高于女性。主要原因可能是产学研协同创新团队男性比例明显超过女性,男性成员之间兴趣爱好相同,更多的精力会投入到科研工作中,他们有大量时间进行各种形式的沟通交流、互相帮助与支持,进而更好地吸收知识完成协同创新;相比之下,女性成员除了工作科研之外,还要求对家庭和孩子投入更多的时间和精力,工作之余的沟通联系会大打折扣,也会影响到创新支持力度和知识吸收能力。

表6-16 性别对中介变量和因变量影响的比较结果

| 变量名称 | | N | 均值 | 标准差 | 标准误 | 均值的95%置信区间 | | 极小值 | 极大值 |
|---|---|---|---|---|---|---|---|---|---|
| | | | | | | 下限 | 上限 | | |
| 沟通质量CQ | 男 | 284 | 5.214 | 0.5389 | 0.0320 | 5.151 | 5.277 | 2.50 | 6.25 |
| | 女 | 156 | 4.923 | 0.7522 | 0.0602 | 4.804 | 5.042 | 2.25 | 6.00 |
| | 总数 | 440 | 5.1118 | 0.6375 | 0.0304 | 5.051 | 5.171 | 2.25 | 6.25 |
| 创新支持IS | 男 | 284 | 5.938 | 0.6611 | 0.0392 | 5.861 | 6.016 | 3.75 | 7.00 |
| | 女 | 156 | 5.664 | 0.8437 | 0.0676 | 5.530 | 5.797 | 3.00 | 7.00 |
| | 总数 | 440 | 5.841 | 0.7419 | 0.0354 | 5.771 | 5.910 | 3.00 | 7.00 |

续表

| 变量名称 | | N | 均值 | 标准差 | 标准误 | 均值的95%置信区间 | | 极小值 | 极大值 |
|---|---|---|---|---|---|---|---|---|---|
| | | | | | | 下限 | 上限 | | |
| 知识吸收能力 KA | 男 | 284 | 6.130 | 0.6072 | 0.0360 | 6.059 | 6.201 | 4.00 | 7.00 |
| | 女 | 156 | 5.800 | 0.8722 | 0.0698 | 5.662 | 5.938 | 2.40 | 7.00 |
| | 总数 | 440 | 6.013 | 0.7289 | 0.0347 | 5.944 | 6.081 | 2.40 | 7.00 |

注：所有数值均取小数点后3位数，均值差的显著性水平为0.05（下同）。

2. 年龄对中介变量和因变量的影响差异分析

表6-14显示：不同年龄段的团队成员对沟通质量CQ、创新支持IS、知识分享程度KS、知识吸收能力KA的影响存在显著性差异，本书运用单因素方差分析法和Post Hoc检验法进行差异的两两比较，具体分析结果见表6-17、表6-18。

表6-17显示：沟通质量CQ、创新支持IS、知识分享程度KS、知识吸收能力KA的方差齐性概率均大于0.05，接受了方差齐性的假设，所以在多重比较中应该采用LSD检验分析方法。

表6-17 年龄对中介变量和因变量影响的方差齐性检验

| 变量名称 | Levene统计量 | df1 | df2 | 显著性 |
|---|---|---|---|---|
| 沟通质量CQ | 0.870 | 4 | 435 | 0.482 |
| 创新支持IS | 1.241 | 4 | 435 | 0.293 |
| 知识分享程度KS | 1.921 | 4 | 435 | 0.106 |
| 知识吸收能力KA | 0.799 | 4 | 435 | 0.526 |

表 6-18 显示：就沟通质量 CQ 而言，26~35 岁成员与 36~45 岁、46~55 岁之间存在显著差异，相比之下，36~55 岁中年成员沟通质量更高。对于创新支持 IS 而言，36~45 岁成员与 26~35 岁、46~55 岁之间存在显著差异，相比之下，36~45 岁成员创新支持更高。对于知识分享程度 KS 而言，26~35 岁成员与 36~45 岁、46~55 岁之间存在显著差异，相比之下，36~55 岁成员的知识分享程度更高。对于知识吸收能力 KA 而言，26~35 岁成员与 36~45 岁、46~55 岁之间存在显著差异，同时 36~45 岁与 46~55 岁之间也存在显著差异，相比之下，36~45 岁成员知识吸收能力更强。

总之，26~35 岁的青年成员在沟通质量、创新支持、知识分享程度、知识吸收能力方面均低于中年成员，可能是因为青年人工作时间较短，科研经验有限，制约了他们的创新支持能力和知识吸收能力；青年人家庭负担较重，孩子较小，工作精力会受到限制，也会影响沟通质量和知识分享水平；另外青年人在团队中多担任一般成员，更多的时间是虚心学习、完成基本工作任务，这也会制约他们的沟通质量、创新支持、知识分享程度、知识吸收能力。相比之下，36~55 岁年龄段成员的科研阅历最广、经验最丰富，拥有知识的深度和广度都远超过年龄段的成员，他们多是产学研协同创新团队的科研骨干和团队带头人，他们会付出更大的精力通过知识转移实现协同创新。因此 36~55 岁的中年成员的沟通质量和知识分享程度更高，其中 36~45 岁成员的创新支持和知识吸收能力更强，主要因为这个年龄段的成员年富力强、精力充沛、科研干劲十足，他们还面临着晋级、提升等很多机会，需要不断取得成绩以证明自己，因此在创新支持和知识吸收能力方面表现更强。

表6-18　年龄对中介变量和因变量影响的多重比较结果

| 变量名称 | 分析方法 | 年龄（I） | 年龄（J） | 均值差（I-J） | sig. |
|---|---|---|---|---|---|
| 沟通质量CQ | LSD | 26~35岁 | 36~45岁 | −0.309* | 0.000 |
| | | | 46~55岁 | −0.285* | 0.000 |
| 创新支持IS | LSD | 26~35岁 | 36~45岁 | −0.310* | 0.000 |
| | | 36~45岁 | 56岁以上 | 0.532* | 0.015 |
| 知识分享程度KS | LSD | 26~35岁 | 36~45岁 | −0.348* | 0.000 |
| | | | 46~55岁 | −0.283* | 0.000 |
| 知识吸收能力KA | LSD | 26~35岁 | 36~45岁 | −0.372* | 0.000 |
| | | | 46~55岁 | −0.182* | 0.049 |
| | | 36~45岁 | 46~55岁 | 0.190* | 0.033 |

注：为节约空间将有效信息浓缩，仅注明具有显著差异分类组合间均值大小关系（下同）。

### 3. 学历对中介变量和因变量的影响差异分析

表6-14显示：不同学历的团队成员对沟通质量CQ、创新支持IS、知识分享程度KS、知识吸收能力KA的影响存在显著性差异，本书运用单因素方差分析法和Post Hoc检验法进行差异的两两比较，结果见表6-19、表6-20。

表6-19显示：沟通质量CQ、创新支持IS、知识分享程度KS、知识吸收能力KA的方差齐性概率均小于0.05，拒绝了方差齐性的假设，所以在多重比较中应该采用Tamhane检验分析方法。

表6-19　学历对中介变量和因变量影响的方差齐性检验

| 变量名称 | Levene统计量 | df1 | df2 | 显著性 |
|---|---|---|---|---|
| 沟通质量CQ | 6.146 | 3 | 436 | 0.000 |

续表

| 变量名称 | Levene 统计量 | df1 | df2 | 显著性 |
|---|---|---|---|---|
| 创新支持 IS | 6.521 | 3 | 436 | 0.000 |
| 知识分享程度 KS | 5.129 | 3 | 436 | 0.002 |
| 知识吸收能力 KA | 7.216 | 3 | 436 | 0.000 |

表 6-20 显示：对于沟通质量 CQ 和知识分享程度 KS 而言，本科学历成员与硕士、博士学历成员之间存在显著差异，相比之下，硕士、博士学历成员的沟通质量和知识分享程度更高。对于创新支持 IS 和知识吸收能力 KA 而言，硕士、博士学历成员与大专、本科成员之间存在显著差异，相比之下，硕士、博士学历成员的创新支持和知识吸收能力更高。

表 6-20　学历对中介变量和因变量影响的多重比较结果

| 变量名称 | 分析方法 | 学历（$I$） | 学历（$J$） | 均值差（$I-J$） | sig. |
|---|---|---|---|---|---|
| 沟通质量 CQ | Tamhane | 本科 | 硕士 | −0.448* | 0.000 |
| | | | 博士 | −0.465* | 0.000 |
| 创新支持 IS | Tamhane | 大专 | 博士 | −0.435 | 0.041 |
| | | 本科 | 硕士 | −0.457* | 0.000 |
| | | | 博士 | −0.616* | 0.000 |
| 知识分享程度 KS | Tamhane | 本科 | 硕士 | −0.496* | 0.000 |
| | | | 博士 | −0.582* | 0.000 |
| 知识吸收能力 KA | Tamhane | 大专 | 硕士 | −0.569* | 0.033 |
| | | | 博士 | −0.554* | 0.036 |
| | | 本科 | 硕士 | −0.477* | 0.000 |
| | | | 博士 | −0.462* | 0.000 |

总之，硕士、博士学历成员在沟通质量、知识分享程度、创新支持和

知识吸收能力等方面均比本科、专科成员高。主要原因是研究生学历的成员拥有更丰富的知识与经验,更为完善的知识结构与更高的知识水平,科研能力普遍较高。

4. 职称对中介变量和因变量的影响差异分析

表6-14显示:不同职称的团队成员对沟通质量CQ、创新支持IS、知识分享程度KS、知识吸收能力KA的影响存在显著性差异,本书运用单因素方差分析法和Post Hoc检验法进行差异的两两比较,结果见表6-21、表6-22。

表6-21显示:沟通质量CQ的方差齐性概率小于0.05,拒绝了方差齐性的假设,所以在多重比较中应该采用Tamhane检验分析方法;而创新支持IS、知识分享程度KS、知识吸收能力KA的方差齐性概率均大于0.05,接受了方差齐性的假设,所以在多重比较中应该采用LSD检验分析方法。

表6-21 职称对中介变量和因变量影响的方差齐性检验

| 变量名称 | Levene 统计量 | df1 | df2 | 显著性 |
| --- | --- | --- | --- | --- |
| 沟通质量CQ | 4.103 | 3 | 436 | 0.007 |
| 创新支持IS | 1.558 | 3 | 436 | 0.199 |
| 知识分享程度KS | 0.721 | 3 | 436 | 0.540 |
| 知识吸收能力KA | 1.367 | 3 | 436 | 0.252 |

表6-22显示:对于创新支持IS和知识吸收能力KA而言,中级职称成员与正高级职称成员及副高级职称成员与正高级职称成员之间存在显著差异,相比之下,中级职称和副高级职称的成员的创新支持和知识吸收能力更高。对于知识分享程度KS而言,初级、中级、副高级职称成员与正高级职称成员之间存在显著差异,相比之下,初级、中级、副高级职称成员的知识分享程度更高。

表6-22 职称对中介变量和因变量影响的多重比较结果

| 变量名称 | 分析方法 | 职称（I） | 职称（J） | 均值差（I-J） | sig. |
| --- | --- | --- | --- | --- | --- |
| 创新支持 IS | LSD | 中级 | 正高级 | 0.295* | 0.005 |
|  |  | 副高级 | 正高级 | 0.277* | 0.004 |
| 知识分享程度 KS | LSD | 初级 | 正高级 | 0.459* | 0.012 |
|  |  | 中级 | 正高级 | 0.234* | 0.009 |
|  |  | 副高级 | 正高级 | 0.172* | 0.038 |
| 知识吸收能力 KA | LSD | 中级 | 正高级 | 0.346* | 0.001 |
|  |  | 副高级 | 正高级 | 0.343* | 0.000 |

总之，正高级职称团队成员的创新支持、知识分享程度、知识吸收能力普遍较低，究其原因可能是正高级职称团队成员缺少晋升职称的动力，而初级、中级和副高级职称的成员处于事业的发展期，职称评定的压力大，需要不断通过知识转移加强协同创新，多产出科研成果以便早日晋升职称。

5. 来源对中介变量和因变量的影响差异分析

表6-14显示：来自于不同组织的团队成员对沟通质量CQ、创新支持IS、知识分享程度KS、知识吸收能力KA的影响存在显著性差异，本书运用单因素方差分析法和Post Hoc检验法进行差异的两两比较，结果见表6-23、表6-24。

表6-23显示：沟通质量CQ的方差齐性概率小于0.05，拒绝了方差齐性的假设，所以在多重比较中应该采用Tamhane检验分析方法；而创新支持IS、知识分享程度KS、知识吸收能力KA的方差齐性概率均大于0.05，接受了方差齐性的假设，所以在多重比较中应该采用LSD检验分析方法。

表6-23　来源对中介变量和因变量影响的方差齐性检验

| 变量名称 | Levene 统计量 | df1 | df2 | 显著性 |
|---|---|---|---|---|
| 沟通质量CQ | 3.398 | 2 | 437 | 0.034 |
| 创新支持IS | 0.486 | 2 | 437 | 0.615 |
| 知识分享程度KS | 1.524 | 2 | 437 | 0.219 |
| 知识吸收能力KA | 1.236 | 2 | 437 | 0.292 |

表6-24显示:对于沟通质量CQ、创新支持IS和知识吸收能力KA而言,高校成员与科研院所、公司或企业成员之间存在显著差异,同时科研院所成员与公司或企业成员之间也存在显著差异,相比之下,科研院所成员的沟通质量、创新支持和知识吸收能力最高,高校次之,公司或企业最低。对于知识分享程度KS而言,高校成员与公司或企业成员之间存在显著差异,同时科研院所成员与公司或企业成员之间也存在显著差异,相比之下,公司或企业成员的知识分享程度最低。

表6-24　来源对中介变量和因变量影响的多重比较结果

| 变量名称 | 分析方法 | 来源(I) | 来源(J) | 均值差(I-J) | sig. |
|---|---|---|---|---|---|
| 沟通质量CQ | Tamhane | 高校 | 科研院所 | −0.242* | 0.000 |
| | | 高校 | 公司或企业 | 0.336* | 0.002 |
| | | 科研院所 | 公司或企业 | 0.578* | 0.000 |
| 创新支持IS | LSD | 高校 | 科研院所 | −0.227* | 0.008 |
| | | 高校 | 公司或企业 | 0.448* | 0.000 |
| | | 科研院所 | 公司或企业 | 0.675* | 0.000 |

续表

| 变量名称 | 分析方法 | 来源(I) | 来源(J) | 均值差(I-J) | sig. |
| --- | --- | --- | --- | --- | --- |
| 知识分享程度KS | LSD | 高校 | 公司或企业 | 0.525* | 0.000 |
| | | 科研院所 | 公司或企业 | 0.590* | 0.000 |
| 知识吸收能力KA | LSD | 高校 | 科研院所 | −0.203* | 0.017 |
| | | 高校 | 公司或企业 | 0.377* | 0.000 |
| | | 科研院所 | 公司或企业 | 0.580* | 0.000 |

总之,在沟通质量、创新支持、知识分享程度和知识吸收能力方面,科研院所成员的沟通质量、创新支持和知识吸收能力均较高。主要原因可能是科研院所多是针对较单一和专业的研究领域,其成员在专业领域的科研能力较强,不但有较为坚实的理论基础,还具有长期与企业合作的实践经验,工作时间也较富裕;而高校科研人员主要是理论教学,实践经验不足,而且还肩负着较重的教学任务;企业技术人员更多的具有实践能力,但科学理论有限,同时也肩负生产研发任务。相比之下,高校和企业成员的沟通质量、创新支持和知识吸收能力要低一些。

6. 职位对中介变量和因变量的影响差异分析

表6-14显示:不同职位的团队成员对沟通质量CQ、创新支持IS、知识分享程度KS、知识吸收能力KA的影响存在显著性差异,本书运用单因素方差分析法和Post Hoc检验法进行差异的两两比较,具体分析的结果见表6-25和表6-26。

表6-25显示:沟通质量CQ、创新支持IS、知识分享程度KS、知识吸收能力KA的方差齐性概率均小于0.05,拒绝了方差齐性的假设,所以在多重比较中应该采用Tamhane检验分析方法。

表6-25 职位对中介变量和因变量影响的方差齐性检验

| 变量名称 | Levene 统计量 | df1 | df2 | 显著性 |
| --- | --- | --- | --- | --- |
| 沟通质量CQ | 40.722 | 2 | 437 | 0.000 |
| 创新支持IS | 23.781 | 2 | 437 | 0.000 |
| 知识分享程度KS | 21.068 | 2 | 437 | 0.000 |
| 知识吸收能力KA | 41.448 | 2 | 437 | 0.000 |

表6-26显示：在沟通质量CQ、创新支持IS和知识吸收能力KA方面，一般科研人员与科研骨干、科研骨干与团队带头人之间都存在显著差异，科研骨干的沟通质量、创新支持和知识吸收能力更高。在知识分享程度KS方面，一般科研人员与科研骨干以及团队带头人之间存在显著差异，科研骨干与团队带头人之间也存在显著差异，相比之下，科研骨干的知识分享程度最高，而团队带头人的知识分享水平最低。

表6-26 职位对中介变量和因变量影响的多重比较结果

| 变量名称 | 分析方法 | 职位（I） | 职位（J） | 均值差（I-J） | sig. |
| --- | --- | --- | --- | --- | --- |
| 沟通质量CQ | Tamhane | 一般科研人员 | 科研骨干 | -0.295* | 0.000 |
| | | 科研骨干 | 团队带头人 | 0.676* | 0.000 |
| 创新支持IS | Tamhane | 一般科研人员 | 科研骨干 | -0.317* | 0.000 |
| | | 科研骨干 | 团队带头人 | 0.660* | 0.001 |
| 知识分享程度KS | Tamhane | 一般科研人员 | 科研骨干 | -0.351* | 0.000 |
| | | 一般科研人员 | 团队带头人 | 0.413* | 0.017 |
| | | 科研骨干 | 团队带头人 | 0.764* | 0.000 |

续表

| 变量名称 | 分析方法 | 职位($I$) | 职位($J$) | 均值差($I-J$) | sig. |
|---|---|---|---|---|---|
| 知识吸收能力KA | Tamhane | 一般科研人员 | 科研骨干 | -0.420* | .0000 |
| | | 科研骨干 | 团队带头人 | 0.706* | 0.001 |

总之,科研骨干的沟通质量、创新支持、知识分享程度和知识吸收能力更高。主要原因可能是科研骨干是团队的中流砥柱,他们多拥有丰富的科研历练与教学经验、较高的知识水平以及完善的知识结构,他们精力充沛,有远大的目标,他们更愿意投入时间、精力参与知识转移活动,不断提高协同创新能力,取得更大的成绩。

7. 团队规模对中介变量和因变量的影响差异分析

表6-14显示:团队规模对沟通质量CQ、创新支持IS、知识分享程度KS的影响存在显著性差异,本书运用单因素方差分析法和Post Hoc检验法进行差异的两两比较,结果见表6-27、表6-28。

表6-27显示:沟通质量CQ、创新支持IS、知识分享程度KS的方差齐性概率均大于0.05,接受了方差齐性的假设,所以在多重比较中应该采用LSD检验分析方法。

表6-27 团队规模对中介变量和因变量影响的方差齐性检验

| 变量名称 | Levene统计量 | df1 | df2 | 显著性 |
|---|---|---|---|---|
| 沟通质量CQ | 1.715 | 4 | 435 | 0.146 |
| 创新支持IS | 1.013 | 4 | 435 | 0.400 |
| 知识分享程度KS | 0.788 | 4 | 435 | 0.533 |

表6-28显示:对于沟通质量CQ而言,5人及以下团队与6~10人团

队、11~15人团队之间都存在显著差异,同时11~15人团队与16~20人团队之间也存在显著差异,相比之下,11~15人团队的沟通质量更高。对于创新支持IS而言,5人及以下团队与其他规模团队之间均存在显著差异,相比之下,5人及以下团队的创新支持最低。对于知识分享程度KS而言,5人及以下团队与其他规模团队之间均存在显著差异,6~10人团队与16~20人团队以及21人以上团队之间都存在显著差异,11~15人团队与16~20人团队以及21人以上团队之间都存在显著差异,相比之下,6~15人团队的知识分享程度更高,而5人及以下团队的知识分享程度最低。

表6-28 团队规模对中介变量和因变量影响的多重比较结果

| 变量名称 | 分析方法 | 年龄($I$) | 年龄($J$) | 均值差($I-J$) | sig. |
|---|---|---|---|---|---|
| 沟通质量 CQ | LSD | 5人及以下 | 6~10人 | −0.884* | 0.050 |
| | | | 11~15人 | −0.947* | 0.036 |
| | | 11~15人 | 16~20人 | 0.219* | 0.009 |
| 创新支持 IS | LSD | 5人及以下 | 6~10人 | −1.596* | 0.002 |
| | | | 11~15人 | −1.646* | 0.002 |
| | | | 16~20人 | −1.568* | 0.003 |
| | | | 21人以上 | −1.361* | 0.013 |
| 知识分享程度 KS | LSD | 5人及以下 | 6~10人 | −1.624* | 0.000 |
| | | | 11~15人 | −1.665* | 0.000 |
| | | | 16~20人 | −1.443* | 0.001 |
| | | | 21人以上 | −1.311* | 0.005 |
| 知识分享程度 KS | LSD | 6~10人 | 16~20人 | 0.181* | 0.024 |
| | | | 21人以上 | 0.313* | 0.042 |
| | | 11~15人 | 16~20人 | 0.222* | 0.007 |
| | | | 21人以上 | 0.354* | 0.022 |

总之，11~15人团队的沟通质量更高，6~15人团队的知识分享程度更高，而5人及以下团队的创新支持和知识分享程度最低。主要原因可能是中等规模的团队便于有效分工与合作，也有利于激励与监督，团队沟通效果和知识分享程度更好；而团队成员过多，会在工作量与工作内容的分配问题上难以通过平等协商和沟通得出一个有效并令众人都满意的方案，也会由于成员身份背景的差异、复杂的人际关系以及对彼此工作不熟悉等原因造成彼此在相互合作沟通上存在相当大的难度，再者成员过多会因为不利于有效监督而导致一些成员偷懒，这些因素都会影响团队的沟通质量和知识分享程度；团队人员过少不利于分工与合作，在解决实际问题时力量也会有所限制，这都会降低创新支持能力和知识分享程度。

8. 协同创新平台级别对中介变量和因变量的影响差异分析

表6-14显示：协同创新平台级别对创新支持IS的影响存在显著性差异，本书运用单因素方差分析法和Post Hoc检验法进行差异的两两比较，结果见表6-29、表6-30。

表6-29显示：创新支持IS的方差齐性概率大于0.05，接受了方差齐性的假设，所以在多重比较中应该采用LSD检验分析方法。

表6-29 协同创新平台级别对中介变量和因变量影响的方差齐性检验

| 变量名称 | Levene 统计量 | df1 | df2 | 显著性 |
|---|---|---|---|---|
| 创新支持IS | 0.278 | 2 | 437 | 0.757 |

表6-30显示：对于创新支持IS而言，国家级协同创新平台与省级协同创新平台之间存在显著差异，相比之下，国家级协同创新平台的创新支持力度更高。主要原因可能是随着2012年正式实施"2011计划"，产学研协同创新的国家级协同创新平台不断出现，这些平台实力雄厚，受到

国家和教育部大力扶持,资金和项目不断涌入,创新人才不断被吸引,各项政策不断出台,因此在国家级协同协同创新平台下的产学研协同创新团队受到的创新支持明显较高,其知识转移效能也明显提升。

表6-30　协同创新平台级别对中介变量和因变量影响的多重比较结果

| 变量名称 | 分析方法 | 协同创新平台级别（I） | 协同创新平台级别（J） | 均值差（I-J） | sig. |
| --- | --- | --- | --- | --- | --- |
| 创新支持 IS | LSD | 国家级 | 省级 | 0.202* | 0.008 |

## 6.4.2　中介效应检验

为了检验沟通质量和创新支持在知识转移系统的各项投入与知识转移效能之间的中介作用,本书采用统计分析软件Smart PLS2.0和Mplus进行中介效应分析,具体流程见6.2.2小节阐述。

1. 检验系数 $c$

$c$ 是自变量 $X$ 作用于因变量 $Y$ 的路径系数,它代表自变量作用于因变量的总效应。本书自变量包括转移意愿、输出能力、学习能力、先验知识、知识模糊性、渠道丰富性、信任水平、制度协同、政府政策9个,因变量包括知识分享程度和知识吸收能力2个。

根据图6-1(a)中的路径示意图画出自变量作用于因变量的路径图,利用Smart PLS2.0软件中的Bootstrapping算法,样本数"Cases"为440,Bootstrapping次数"Samples"为2000(一般建议1000~5000之间,下同),计算出自变量作用于因变量的结构模型路径系数,结果整理后如图6-5所示。

(1)路径系数。图6-5描述了各个变量之间的路径系数的方向、大小和 $T$ 检验值(括号内数值)。

自变量渠道丰富性CR、知识模糊性KF、输出能力OA、学习能力SA、制度协同SS、信任水平TL到因变量知识分享程度KS的路径系数均达到显著性水平（$T>1.96$），即CR、KF、OA、SA、SS、TL对KS均产生显著影响；同时，CR、KF、OA、SA、SS、TL与KS的路径系数分别为0.133、-0.260、0.118、0.119、0.132、0.135，其中，SA与KS的路径系数在0.05水平上显著（$1.96<T<2.58$），CR、OA、SS、TL与KS的路径系数均在0.01水平上显著（$2.58<T<3.29$），KF与KS间的路径系数在0.001水平上显著（$T>3.29$）。

自变量政府政策GP、知识模糊性KF、先验知识PK、学习能力SA、制度协同SS、信任水平TL、转移意愿TW到因变量知识吸收能力KA的路径系数均达到显著性水平（$T>1.96$），即GP、KF、PK、SA、SS、TL、TW对KA均产生显著影响。同时，GP、KF、PK、SA、SS、TL、TW与KA间的路径系数分别为0.089、-0.177、0.114、0.207、0.102、0.104、0.084，其中，GP、SS、TL、TW与KA的路径系数均在0.05水平上显著（$1.96<T<2.58$），PK与KA的路径系数在0.01水平上显著（$2.58<T<3.29$），KF、SA与KA的路径系数均在0.001水平上显著（$T>3.29$）。

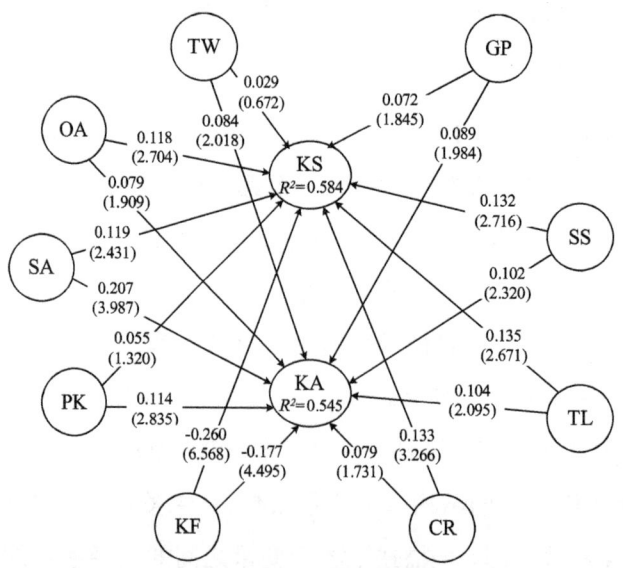

图6-5 自变量到因变量的路径分析结果（$T$检验）

由此可以判断：上述13条路径系数 $c$ 均达到显著性水平，按中介效应立论；其余 CR->KA、GP->KS、OA->KA、PK->KS、TW->KS 五条路径系数 $c$ 没有达到显著性水平，按遮掩效应立论。

（2）解释力 $R^2$。图6-5显示：模型内的内生潜变量即因变量知识分享程度 KS、知识吸收能力 KA 的确定系数 $R^2$ 分别为0.584、0.545，均大于0.3的标准值，可见外生潜变量，即9个自变量对 KS、KA 整体解释能力都比较高，模型的解释功能较好。

（3）适配度 GoF。在 Smart PLS2.0 软件上点击计算"Calculate"——偏最小二乘算法"PLS Algorithm"，整理报表数据结果见表6-31。GoF 是平均共同性（Communality）指标乘以上解释力 $R^2$ 的平均值再开根号，计算得出 GoF 为0.599（>0.36），因此模型整体适配度较强。

表6-31 自变量到因变量路径模型的 Communality

| 变量名称 | CR | GP | KA | KF | KS | OA |
|---|---|---|---|---|---|---|
| Communality | 0.699852 | 0.631908 | 0.683917 | 0.601270 | 0.589921 | 0.692272 |
| 变量名称 | PK | SA | SS | TL | TW | |
| Communality | 0.690289 | 0.651541 | 0.544098 | 0.573581 | 0.630791 | |

2. 检验系数 $a$ 和 $b$

$a$ 是自变量 $X$ 作用于中介变量 $M$ 的路径系数，它代表自变量作用于中介变量的效应；$b$ 是控制了自变量 $X$ 的影响后，中介变量 $M$ 作用于因变量 $Y$ 的效应。本书有自变量9个，中介变量包括沟通质量和创新支持2个，因变量包括知识分享程度和知识吸收能力2个。

根据图6-1（b）中的路径示意图画出加入中介变量的路径图，利用 Smart PLS2.0 软件中的 Bootstrapping 算法，计算出加入中介变量的结构模型路径系数，结果如图6-6所示。

(1) 路径系数。图6-6描述了各个变量之间的路径系数方向、大小和 $T$ 检验值(括号内数值)。

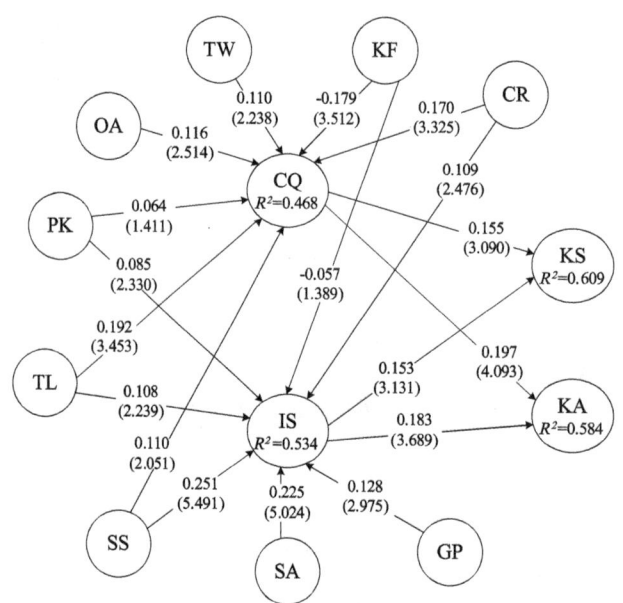

图6-6 加入中介变量的路径分析结果(T检验)

加入中介变量,自变量渠道丰富性CR、知识模糊性KF、输出能力OA、制度协同SS、信任水平TL、转移意愿TW到中介变量沟通质量CQ的路径系数均达到显著性水平($T>1.96$),即CR、KF、OA、SS、TL、TW对CQ产生显著影响;CR、KF、OA、SS、TL、TW与CQ的路径系数分别为0.170、-0.179、0.116、0.110、0.192、0.110,其中,OA、SS、TW与CQ的路径系数均在0.05水平上显著($1.96<T<2.58$),CR、KF、TL与CQ的路径系数均在0.001水平上显著($T>3.29$)。

加入中介变量,自变量渠道丰富性CR、政府政策GP、先验知识PK、学习能力SA、制度协同SS、信任水平TL到中介变量创新支持IS的路径系数均达到显著性水平($T>1.96$),即CR、GP、PK、SA、SS、TL对IS产生显著影响;

CR、GP、PK、SA、SS、TL 与 IS 的路径系数分别为 0.109、0.128、0.085、0.225、0.251、0.108，其中，CR、PK、TL 与 IS 的路径系数均在 0.05 水平上显著（$1.96 < T < 2.58$），GP 与 IS 的路径系数在 0.01 水平上显著（$2.58 < T < 3.29$），SA、SS 与 IS 的路径系数均在 0.001 水平上显著（$T > 3.29$）。

控制了自变量影响后，中介变量沟通质量 CQ 和创新支持 IS 到因变量知识分享程度 KS 和知识吸收能力 KA 的路径系数均达到显著性水平（$T > 1.96$），即 CQ 和 IS 不仅对 KS 产生显著影响，而且对 KA 也产生显著影响；CQ、IS 与 KS 的路径系数分别为 0.155、0.153，路径系数均在 0.01 水平上显著（$2.58 < T < 3.29$）；CQ、IS 与 KA 的路径系数分别为 0.197、0.183，路径系数均在 0.001 水平上显著（$T > 3.29$）。

由此可以判断：上述 12 条路径系数 $a$ 均达到显著性水平，但 KF->IS、PK->CQ 路径系数 $a$ 没有达到显著水平；上述 4 条路径系数 $b$ 均达到显著性水平。

(2) 解释力 $R^2$。图 6-6 显示：模型内的内生潜变量即中介变量沟通质量 CQ、创新支持 IS 和因变量知识分享程度 KS、知识吸收能力 KA 的确定系数 $R^2$ 分别为 0.468、0.534、0.609、0.584，均大于 0.3 的标准值，可见模型的解释功能较好。

(3) 适配度 GoF。在 Smart PLS2.0 软件上点击计算"Calculate"——偏最小二乘算法"PLS Algorithm"，整理报表数据结果见表 6-32。计算得出 GoF 为 0.588（$> 0.36$），因此模型整体适配度较强。

表6-32　中介变量路径模型的 Communality

| 变量名称 | CQ | CR | GP | IS | KA | KF | KS |
|---|---|---|---|---|---|---|---|
| Communality | 0.538310 | 0.699666 | 0.632498 | 0.655958 | 0.683795 | 0.601182 | 0.589984 |
| 变量名称 | OA | PK | SA | SS | TL | TW | |
| Communality | 0.692248 | 0.690133 | 0.651635 | 0.544037 | 0.574036 | 0.630975 | |

### 3. 用 Bootstrap 法检验 ab

上文中已经检验了系数 $a$ 和 $b$，只有 PK->CQ、KF->IS 两条路径系数 $a$ 没有达到显著性水平；当 $a$ 和 $b$ 有一个不显著时，应采用 Bootstrap 法检验 $ab$，显著就表明间接效应显著，进入下一步分析；不显著则表明间接效应不显著，停止分析。因此本书需要采用 Bootstrap 法检验 $ab$ 是否显著的路径包括：PK->CQ->KS、PK->CQ->KA、KF->IS->KS、KF->IS->KA。参考温忠麟文章附录3的程序[5]，编写程序见本书附录3。运用附录3的 Mplus 程序 Bootstrap 法间接效应检验的结果汇总如表6-33所示。

表6-33所显示：Bootstrap 法抽样2000次，系数乘积 $ab$ 的估计值 $H$ 分别为0.335、0.268、-0.179、-0.203；$ab$ 的95%置信区间的下限和上限结果分别为[0.221, 0.474]、[0.164, 0.407]、[-0.269, -0.102]、[-0.325, -0.119]，$ab$ 的99%置信区间的下限和上限结果分别为[0.178, 0.517]、[0.127, 0.463]、[-0.299, -0.075]、[-0.365, -0.100]，置信区间都没有包含0；表明沟通质量 CQ 在先验知识 PK 和知识分享程度 KS 之间、在先验知识 PK 和知识吸收能力 KA 之间的间接效应都显著，且间接效应估计值的绝对值大小分别为0.335、0.268；创新支持 IS 在知识模糊性 KF 和知识分享程度 KS 之间、在知识模糊性 KF 和知识吸收能力 KA 之间的间接效应都显著，且间接效应估计值的绝对值大小分别为0.179、0.203。

表6-33 Bootstrap 法检验潜变量中介效应的结果汇总

| 路径 | PK->CQ->KS | PK->CQ->KA | KF->IS->KS | KF->IS->KA |
|---|---|---|---|---|
| $H$ 值 | 0.335 | 0.268 | -0.179 | -0.203 |
| 95%置信区间 | [0.221, 0.474] | [0.164, 0.407] | [-0.269, -0.102] | [-0.325, -0.119] |

续表

| 路径 | PK->CQ->KS | PK->CQ->KA | KF->IS->KS | KF->IS->KA |
|---|---|---|---|---|
| 99%置信区间 | [0.178, 0.517] | [0.127, 0.463] | [−0.299, −0.075] | [−0.365, −0.100] |

**4. 检验系数 $c'$**

$c'$ 是考虑或控制中介变量 $M$ 后，自变量 $X$ 作用于因变量 $Y$ 的效应。如前所述，本书有自变量9个，中介变量2个，因变量2个。

根据图6-1(b)中的路径示意图画出加入中介变量的路径图，利用Smart PLS2.0软件中的Bootstrapping算法，计算出加入中介变量后自变量对因变量的结构模型路径系数，结果整理后如图6-7所示。

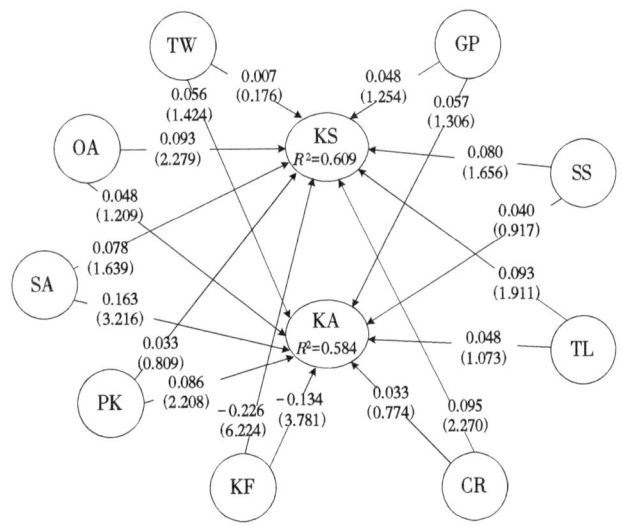

图6-7 加入中介变量后自变量对因变量的路径分析结果（$T$检验）

（1）路径系数。图6-7描述了各个变量之间的路径系数方向、大小和

T检验值（括号内数值）。

加入中介变量后，自变量渠道丰富性CR、知识模糊性KF、输出能力OA到因变量知识分享程度KS的路径系数均达到显著性水平（$T>1.96$），即CR、KF、OA对KS均产生显著影响；CR、KF、OA与KS的路径系数分别为0.095、-0.226、0.093，其中，CR、OA与KS的路径系数均在0.05水平上显著（$1.96<T<2.58$），KF与KS的路径系数在0.001水平上显著（$T>3.29$）。

加入中介变量后，自变量知识模糊性KF、先验知识PK、学习能力SA到因变量知识吸收能力KA的路径系数均达到显著性水平（$T>1.96$），即KF、PK、SA对KA均产生显著影响；KF、PK、SA与KA的路径系数分别为-0.134、0.086、0.163，其中，PK与KA的路径系数在0.05水平上显著（$1.96<T<2.58$），SA与KA的路径系数在0.01水平上显著（$2.58<T<3.29$），KF与KA的路径系数在0.001水平上显著（$T>3.29$）。

由此可以判断，上述6条路径系数$c'$均达到显著性水平，表明直接效应显著，可能存在其他中介，进入下一步分析；而剩余12条路径系数$c'$没有达到显著水平，表明直接效应不显著，只有中介效应，即沟通质量CQ在转移意愿TW、先验知识PK、信任水平TL、制度协同SS与知识分享程度KS影响关系中起到完全中介作用，沟通质量CQ在转移意愿TW、输出能力OA、渠道丰富性CR、信任水平TL、制度协同SS与知识吸收能力KA影响关系中起到完全中介作用；创新支持IS在学习能力SA、先验知识PK、信任水平TL、制度协同SS、政府政策GP与知识分享程度KS影响关系中起到完全中介作用，创新支持IS在渠道丰富性CR、信任水平TL、制度协同SS、政府政策GP与知识吸收能力KA影响关系中起到完全中介作用。

（2）解释力$R^2$。图6-7显示：模型内的内生潜变量KS和KA的确定系数$R^2$分别为0.609和0.584，均大于0.3的标准值，可见模型的解释功能较好。

（3）适配度GoF。由于加入中介变量后自变量对因变量的模型图与上文中检验系数 $a$ 和 $b$ 得出的模型图相同，点选"Html Report"后出现的报表数据也相同，因此，此处可以依据表6-32计算得出GoF为0.588（>0.36），因此模型整体适配度较强。

5. 比较 $ab$ 和 $c'$ 的符号

从检验系数 $c'$ 的分析中发现CR->KS、KF->KA、KF->KS、OA->KS、PK->KA、SA->KA六条路径系数 $c'$ 均显著，表明直接效应显著，需要检验：沟通质量CQ在渠道丰富性CR与知识分享程度KS之间、知识模糊性KF与知识分享程度KS之间、输出能力OA与知识分享程度KS之间的影响关系中是否具有部分中介作用，CQ在先验知识PK与知识吸收能力KA之间、知识模糊性KF与知识吸收能力KA之间的影响关系中是否具有部分中介作用；创新支持IS在渠道丰富性CR与知识分享程度KS之间、知识模糊性KF与知识分享程度KS之间的影响关系中是否具有部分中介作用，IS在知识模糊性KF与知识吸收能力KA之间、学习能力SA与知识吸收能力KA之间、先验知识PK与知识吸收能力KA之间的影响关系中是否具有部分中介作用。具体方法是比较 $ab$ 和 $c'$ 的符号，如表6-34所示。

表6-34可知：$ab$ 和 $c'$ 符号都同号，都属于部分中介效应，即CQ在CR、KF、OA与KS的影响关系中具有部分中介作用，CQ在PK、KF与KA的影响关系中具有部分中介作用；IS在CR、KF与KS的影响关系中具有部分中介作用，IS在KF、SA、PK与KA影响关系中具有部分中介作用。中介效应占总效应的比例大小不一，CQ在CR与KS间的中介作用占总效应的比例最大，而IS在KF与KS间的中介作用占总效应的比例最小。

表6-34　$ab$ 和 $c'$ 的符号比较

| 路径 | $a$ | $b$ | $ab$ | $c'$ | $c$ | $ab/c$ |
|---|---|---|---|---|---|---|
| CR->CQ->KS | 0.169 | 0.392 | 0.066 | 0.095 | 0.133 | 0.499 |
| KF->CQ->KS | −0.180 | 0.392 | −0.071 | −0.226 | −0.260 | 0.272 |
| OA->CQ->KS | 0.117 | 0.392 | 0.046 | 0.093 | 0.118 | 0.389 |
| PK->CQ->KA | 0.065 | 0.390 | 0.025 | 0.086 | 0.114 | 0.223 |
| KF->CQ->KA | −0.180 | 0.390 | −0.070 | −0.134 | −0.177 | 0.398 |
| CR->IS->KS | 0.106 | 0.409 | 0.043 | 0.095 | 0.133 | 0.325 |
| KF->IS->KS | −0.058 | 0.409 | −0.024 | −0.226 | −0.260 | 0.092 |
| KF->IS->KA | −0.058 | 0.419 | −0.024 | −0.134 | −0.177 | 0.138 |
| SA->IS->KA | 0.228 | 0.419 | 0.095 | 0.163 | 0.207 | 0.461 |
| PK->IS->KA | 0.086 | 0.419 | 0.036 | 0.086 | 0.114 | 0.317 |

综上所述，通过上述五个步骤的检验分析得出中介效应检验的最终结论。

沟通质量在转移意愿、先验知识、信任水平、制度协同与知识分享程度之间的影响关系中起到完全中介作用，而在渠道丰富性、知识模糊性、输出能力与知识分享程度之间的影响关系中具有部分中介作用；沟通质量在转移意愿、输出能力、渠道丰富性、信任水平、制度协同与知识吸收能力之间的影响关系中起到完全中介作用，而在先验知识、知识模糊性与知识吸收能力之间的影响关系中具有部分中介作用。

创新支持在学习能力、先验知识、信任水平、制度协同、政府政策与知识分享程度之间的影响关系中起到完全中介作用，而在渠道丰富性、知识模糊性与知识分享程度之间的影响关系中具有部分中介作用；创新支持在渠道丰富性、信任水平、制度协同、政府政策与知识吸收能力之间的影响关系中起到完全中介作用，而在知识模糊性、学习能力、先验知识与知识吸收能力之间的影响关系中具有部分中介作用。因此将沟通质量和创新支持作为模型的中介变量是有价值的。

### 6.4.3 假设模型检验

1. 初始假设模型的结构模型检验

测量模型经过信度和效度分析,删除了学习能力潜变量的测量问题SA4和渠道丰富性潜变量的测量问题CR3,信度和效度符合要求,测量模型效果较好。在修正后的测量模型基础上检验初始结构模型(模型1),利用Smart PLS2.0软件中的Bootstrapping算法,计算出模型1的路径系数,整理结果如图6-8所示。

(1)路径系数。图6-8描述了各个变量之间的路径系数方向、大小和显著性水平$T$检验值(括号内数值),初始结构模型(模型1)验证结果汇总见表6-35。

除了知识模糊性KF与沟通质量CQ和创新支持IS之间的路径系数为负值(-0.177、-0.056)之外,其他潜变量之间的路径系数都是正值,这说明KF对CQ和IS都产生负向影响,其他潜变量之间都是正向影响。

在T检验值方面,输出能力OA、制度协同SS、转移意愿TW与沟通质量CQ之间以及渠道丰富性CR、先验知识PK、信任水平TL与创新支持IS之间的路径系数均在0.05水平上显著($1.96<T<2.58$);沟通质量CQ、创新支持IS与知识分享程度KS之间,沟通质量CQ、创新支持IS与知识吸收能力KA之间,渠道丰富性CR、知识模糊性KF、信任水平TL与沟通质量CQ之间以及政府政策GP、学习能力SA、制度协同SS与创新支持IS之间路径系数均在0.001水平上显著($T>3.29$)。只有先验知识PK与沟通质量CQ、知识模糊性KF与创新支持IS路径系数没有达到显著性水平($T<1.96$),即PK对CQ以及KF对IS的影响均不显著。

因此,本书所提出的假设H8、H11不成立,其余假设均成立。

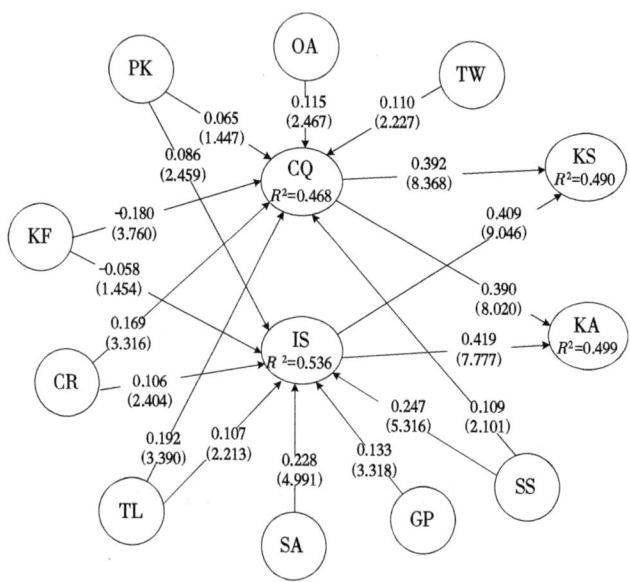

图6-8 初始结构模型(模型1)的路径分析结果($T$检验)

表6-35 初始结构模型(模型1)的验证结果汇总

| 假设 | 路径 | 路径系数 | $T$值 |
| --- | --- | --- | --- |
| H1 | CQ->KS | 0.392 | 8.368 |
| H2 | CQ->KA | 0.390 | 8.020 |
| H3 | IS->KS | 0.409 | 9.046 |
| H4 | IS->KA | 0.419 | 7.777 |
| H5 | TW->CQ | 0.110 | 2.227 |
| H6 | OA->CQ | 0.115 | 2.467 |
| H7 | SA->IS | 0.228 | 4.991 |
| H8 | PK->CQ | 0.065 | 1.447 |
| H9 | PK->IS | 0.086 | 2.459 |
| H10 | KF->CQ | −0.180 | 3.760 |

续表

| 假设 | 路径 | 路径系数 | $T$ 值 |
|---|---|---|---|
| H11 | KF->IS | −0.058 | 1.454 |
| H12 | CR->CQ | 0.169 | 3.316 |
| H13 | CR->IS | 0.106 | 2.404 |
| H14 | TL->CQ | 0.192 | 3.390 |
| H15 | TL->IS | 0.107 | 2.213 |
| H16 | SS->CQ | 0.109 | 2.101 |
| H17 | SS->IS | 0.247 | 5.316 |
| H18 | GP->IS | 0.133 | 3.318 |

（2）解释力 $R^2$。图 6-8 显示：模型内的内生潜变量沟通质量 CQ、创新支持 IS、知识分享程度 KS、知识吸收能力 KA 的确定系数 $R^2$ 分别为 0.468、0.536、0.490、0.499，均大于 0.3 的标准值，可见外生潜变量对 4 个内生潜变量的解释力都比较高，模型 1 的解释功能较好。

（3）适配度 GoF。依据表 6-36 计算得出 GoF 为 0.486（>0.36），因此模型整体适配度较强。

表6-36 初始结构模型（模型1）的 Communality

| 变量名称 | CQ | CR | GP | IS | KA | KF | KS |
|---|---|---|---|---|---|---|---|
| Communality | 0.538311 | 0.699452 | 0.632490 | 0.655959 | 0.683679 | 0.600802 | 0.589895 |
| 变量名称 | OA | PK | SA | SS | TL | TW | |
| Communality | 0.692120 | 0.689731 | 0.651325 | 0.543961 | 0.574271 | 0.631040 | |

2. 修正模型的结构模型检验

上述初始假设模型的结构模型（模型1）检验发现，个别潜变量之间的路径系数并不显著，因此将潜变量间关系不显著的路径予以删除，即删除 PK->CQ、KF->IS 两条路径,得到假设模型的修正结构模型(模型2),利用 Smart PLS2.0 软件中的 Bootstrapping 算法,计算出模型2的路径系数,整理结果后如图6-9所示。

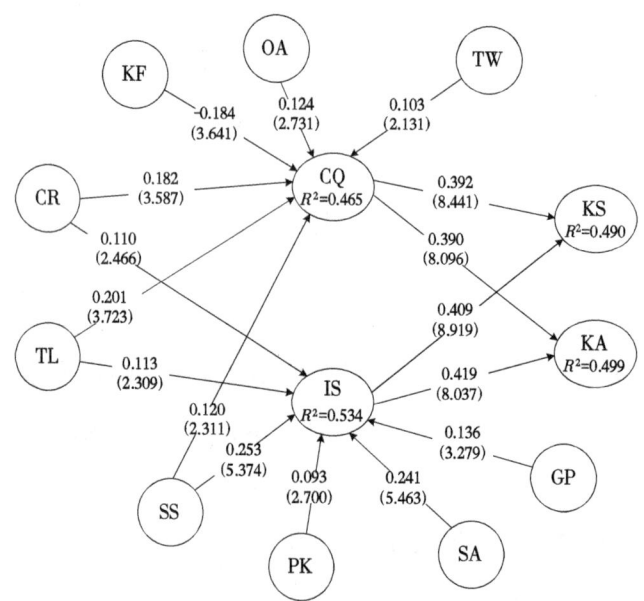

图6-9 修正结构模型(模型2)的路径分析结果(T检验)

(1)路径系数。图6-9描述了各个变量之间的路径系数方向、大小和显著性水平 T 检验值(括号内数值),修正结构模型(模型2)验证结果汇总如表6-37所示。

一方面,除了知识模糊性 KF 与沟通质量 CQ 之间的路径系数为负值(-0.184)之外,其他潜变量之间的路径系数都是正值,这说明 KF 对 CQ 产生负向影响,其他潜变量之间都是正向影响。

另一方面,删去 PK->CQ、KF->IS 两条不显著路径后,剩余路径显著水平均得到验证。其中:转移意愿 TW、制度协同 SS 与沟通质量之间 CQ

以及渠道丰富性 CR、信任水平 TL 与创新支持 IS 之间的路径系数均在 0.05 水平上显著（1.96<T<2.58）；输出能力 OA 与沟通质量 CQ 之间以及先验知识 PK、政府政策 GP 与创新支持 IS 之间的路径系数均在 0.01 的水平上显著（2.58<T<3.29）；其他路径系数均在 0.001 的水平上显著（T>3.29）。因此，修正结构模型（模型2）各路径系数的显著性较初始结构模型有所提高，但总体波动不大，反映出本书假设成立具有相当的稳定性。

由此可见，修正结构模型（模型2）检验证实：本书所提出的假设 H1、H2、H3、H4、H5、H6、H7、H9、H10、H12、H13、H14、H15、H16、H17、H18 均成立。

表6-37 修正结构模型（模型2）的验证结果汇总

| 假设 | 路径 | 路径系数 | $T$ 值 |
| --- | --- | --- | --- |
| H1 | CQ->KS | 0.392 | 8.441 |
| H2 | CQ->KA | 0.390 | 8.096 |
| H3 | IS->KS | 0.409 | 8.919 |
| H4 | IS->KA | 0.419 | 8.037 |
| H5 | TW->CQ | 0.103 | 2.131 |
| H6 | OA->CQ | 0.124 | 2.731 |
| H7 | SA->IS | 0.241 | 5.463 |
| H9 | PK->IS | 0.093 | 2.700 |
| H10 | KF->CQ | −0.184 | 3.641 |
| H12 | CR->CQ | 0.182 | 3.587 |
| H13 | CR->IS | 0.110 | 2.466 |
| H14 | TL->CQ | 0.201 | 3.723 |
| H15 | TL->IS | 0.113 | 2.309 |
| H16 | SS->CQ | 0.120 | 2.311 |
| H17 | SS->IS | 0.253 | 5.374 |

续表

| 假设 | 路径 | 路径系数 | $T$值 |
|---|---|---|---|
| H18 | GP->IS | 0.136 | 3.279 |

（2）解释力$R^2$。图6-9显示：删除两个路径后的修正结构模型（模型2）中的4个内生潜变量沟通质量CQ、创新支持IS、知识分享程度KS、知识吸收能力KA的确定系数$R^2$分别为0.465、0.534、0.490、0.499，均大于0.3的标准值；相比于修正之前的结构模型1来说，CQ和IS的确定系数$R^2$略有下降，而KS和KA的确定系数$R^2$保持不变；因此，与初始结构模型（模型1）相比，删除PK->CQ、KF->IS两条不显著路径后，修正结构模型2的外生潜变量对四个内生潜变量的解释功能并没有发生大的变化，该修正结构模型（模型2）是可以接受的。

（3）适配度GoF。依据表6-38计算得出GoF为0.559（>0.36），大于初始结构模型（模型1）的GoF值0.486，模型整体适配度有所提高，因此修正结构模型（模型2）的整体适配度更强。

表6-38　修正结构模型（模型2）的Communality

| 变量名称 | CQ | CR | GP | IS | KA | KF | KS |
|---|---|---|---|---|---|---|---|
| Communality | 0.538312 | 0.699452 | 0.632490 | 0.655961 | 0.683679 | 0.601468 | 0.589895 |
| 变量名称 | OA | PK | SA | SS | TL | TW | |
| Communality | 0.692120 | 0.688613 | 0.651325 | 0.543961 | 0.574271 | 0.631040 | |

3. 考虑直接效应的修正结构模型检验

本书在中介效应检验时发现，CR->KS、KF->KA、KF->KS、OA->KS、PK->KA、SA->KA六条路径系数$c'$均显著，存在直接效应，即沟通质量和创新支持也发挥着部分中介的作用。为了使修正结构模型（模型2）更具有价值,本书将这种直接效应考虑在内,在修正结构模型(模型2)的基础上新增6条直接效应路径,得到加入直接效应的修正结构模型(模型3),利用Smart PLS2.0软件中的Bootstrapping算法,计算出模型3的路径系数,结果整理后如图6-10所示。

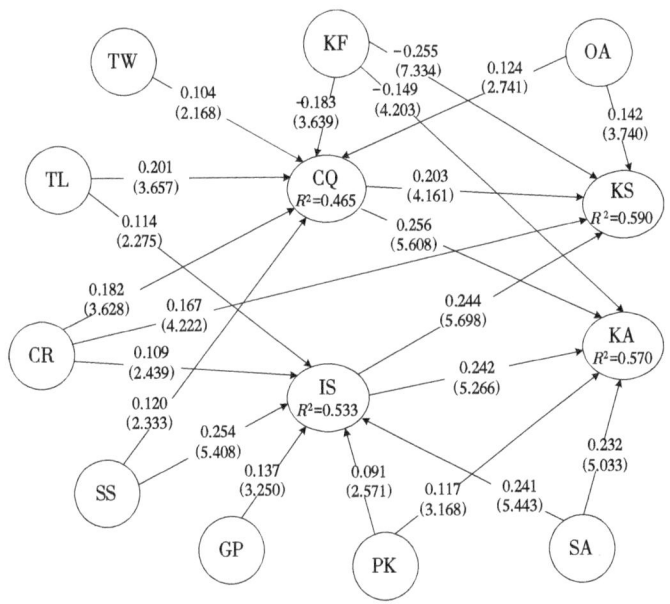

图6-10 加入直接效应的修正结构模型(模型3)路径分析结果(T检验)

(1)路径系数。图6-10描述了各个变量之间的路径系数方向、大小和显著性水平 $T$ 检验值(括号内数值),加入直接效应的修正结构模型(模型3)验证结果汇总如表6-39。

除了知识模糊性KF与沟通质量CQ、知识分享程度KS、知识吸收能力KA之间的路径系数为负值之外,其他潜变量之间的路径系数都是正值,这说明KF对CQ、KS、KA产生负向影响,其他潜变量之间都是正向影响。

从路径系数的显著性来看,所有路径系数均显著,转移意愿 TW、制度协同 SS 与沟通质量 CQ 之间以及渠道丰富性 CR、信任水平 TL 与创新支持 IS 之间的路径系数均在 0.05 水平上显著($1.96 < T < 2.58$),输出能力 OA 与沟通质量 CQ 之间、先验知识 PK、政府政策 GP 与创新支持 IS 之间以及先验知识 PK 与知识吸收能力 KA 之间路径系数均在 0.01 水平上显著($2.58 < T < 3.29$),其他路径系数均在 0.001 水平上显著($T > 3.29$)。

可见,在加入直接效应的修正结构模型(模型3)中,各潜变量之间的路径系数的显著性明显提高;除了原有各个研究假设均获得显著支持外,即本书所提出的假设 H1、H2、H3、H4、H5、H6、H7、H9、H10、H12、H13、H14、H15、H16、H17、H18 均成立;新增的6条假设也获得显著支持,即 CR->KS、KF->KA、KF->KS、OA->KS、PK->KA、SA->KA。

表6-39 加入直接效应的修正结构模型(模型3)的验证结果汇总

| 假设 | 路径 | 路径系数 | $T$ 值 |
| --- | --- | --- | --- |
| H1 | CQ->KS | 0.203 | 4.161 |
| H2 | CQ->KA | 0.256 | 5.608 |
| H3 | IS->KS | 0.244 | 5.698 |
| H4 | IS->KA | 0.242 | 5.266 |
| H5 | TW->CQ | 0.104 | 2.168 |
| H6 | OA->CQ | 0.124 | 2.741 |
| H7 | SA->IS | 0.241 | 5.443 |
| H9 | PK->IS | 0.091 | 2.571 |
| H10 | KF->CQ | −0.183 | 3.639 |
| H12 | CR->CQ | 0.182 | 3.628 |
| H13 | CR->IS | 0.109 | 2.439 |
| H14 | TL->CQ | 0.201 | 3.657 |
| H15 | TL->IS | 0.114 | 2.275 |

续表

| 假设 | 路径 | 路径系数 | $T$ 值 |
|---|---|---|---|
| H16 | SS->CQ | 0.120 | 2.333 |
| H17 | SS->IS | 0.254 | 5.408 |
| H18 | GP->IS | 0.137 | 3.250 |
| ① | OA -> KS | 0.142 | 3.740 |
| ② | SA -> KA | 0.232 | 5.033 |
| ③ | PK -> KA | 0.117 | 3.168 |
| ④ | KF -> KS | −0.255 | 7.334 |
| ⑤ | KF -> KA | −0.149 | 4.203 |
| ⑥ | CR -> KS | 0.167 | 4.222 |

注：①~⑥是新增的直接效应路径。

(2) 解释力 $R^2$。图6-10显示：在加入直接效应的修正结构模型（模型3）检验中，四个内生潜变量沟通质量CQ、创新支持IS、知识分享程度KS、知识吸收能力KA的确定系数 $R^2$ 分别为0.465、0.533、0.590、0.570，均大于0.3的标准值；相比于之前的修正结构模型（模型2）来说，CQ的 $R^2$ 没有变化，IS的 $R^2$ 略有下降，但KS和KA的 $R^2$ 明显上升；因此，整体来说加入直接效应的修正结构模型（模型3）的外生潜变量对4个内生潜变量的解释力有所提高，该模型（模型3）解释能力较强。

(3) 适配度GoF。依据表6-40计算得出GoF为0.586（大于0.36标准值），高于修正模型（模型2）的GoF值0.559，因此加入直接效应的修正结构模型（模型3）的整体适配度更强。

表6-40 加入直接效应的修正结构模型（模型3）的Communality

| 变量名称 | CQ | CR | GP | IS | KA | KF | KS |
|---|---|---|---|---|---|---|---|
| Communality | 0.538313 | 0.701199 | 0.632490 | 0.655961 | 0.683699 | 0.601351 | 0.589661 |

续表

| 变量名称 | OA | PK | SA | SS | TL | TW |
|---|---|---|---|---|---|---|
| Communality | 0.692180 | 0.688766 | 0.651257 | 0.543961 | 0.574271 | 0.631040 |

**4. 模型效果比较**

将上述3个模型进行比较,具体比较结果如表6-41所示。

表6-41显示:模型1~模型3中的拟合参数即确定系数 $R^2$ 均大于0.3标准值,适配度GoF均大于0.36标准值,所有自变量对因变量的解释程度均较高,整体模型的预测效用都较强,研究模型的拟合优度都较大,且研究模型具有相当的稳定性。模型2在模型1的基础上删除了两条不显著路径,沟通质量CQ和新支持IS的确定系数 $R^2$ 略有下降,知识分享程度KS和知识吸收能力KA的确定系数 $R^2$ 保持不变;适配度GoF有所提高;同时路径系数的显著性水平也有所提高;可见模型2略优于模型1。模型3在模型2的基础上增加了6条自变量与因变量之间的直接效应路径,结果与模型2相比,沟通质量CQ的确定系数 $R^2$ 没有变化,创新支持IS的确定系数 $R^2$ 略有下降,但知识分享程度KS和知识吸收能力KA的确定系数 $R^2$ 显著上升;适配度GoF有所提高;原有模型2的路径系数的显著性没有变化,但新增加的6条路径系数的显著性水平较高;可见模型3优于模型2。

因此模型3就是本书最终结构模型,其分析结果即是本书实证研究结果。

表6-41 模型1~3比较

| 路径 | 模型1 | | 模型2 | | 模型3 | |
|---|---|---|---|---|---|---|
| | 路径系数 | $R^2$ | 路径系数 | $R^2$ | 路径系数 | $R^2$ |
| CQ->KA | 0.390*** | — | 0.390*** | — | 0.256*** | — |

续表

| 路径 | 模型1 路径系数 | $R^2$ | 模型2 路径系数 | $R^2$ | 模型3 路径系数 | $R^2$ |
|---|---|---|---|---|---|---|
| CQ->KS | 0.392*** | — | 0.392*** | — | 0.203*** | — |
| CR->CQ | 0.169*** | — | 0.182*** | — | 0.182*** | — |
| CR->IS | 0.106* | — | 0.110* | — | 0.109* | — |
| CR->KS | — | — | — | — | 0.167*** | — |
| GP->IS | 0.133*** | — | 0.136** | — | 0.137** | — |
| IS->KA | 0.419*** | — | 0.419*** | — | 0.242*** | — |
| IS->KS | 0.409*** | — | 0.409*** | — | 0.244*** | — |
| KF->CQ | -0.180*** | — | -0.184*** | — | -0.183*** | — |
| KF->IS | -0.058 | — | 删除 | — | | |
| KF->KA | — | — | — | — | -0.149*** | — |
| KF->KS | — | — | — | — | -0.255*** | — |
| OA->CQ | 0.115* | — | 0.124** | — | 0.124** | — |
| OA->KS | — | — | — | — | 0.142** | — |
| PK->CQ | 0.065 | — | 删除 | — | | |
| PK->IS | 0.086* | — | 0.093** | — | 0.091** | — |
| PK->KA | — | — | — | — | 0.117** | — |
| SA->IS | 0.228*** | — | 0.241*** | — | 0.241*** | — |
| SA->KA | — | — | — | — | 0.232*** | — |
| SS->CQ | 0.109* | — | 0.120* | — | 0.120* | — |
| SS->IS | 0.247*** | — | 0.253*** | — | 0.254*** | — |
| TL->CQ | 0.192*** | — | 0.201*** | — | 0.201*** | — |
| TL->IS | 0.107* | — | 0.113* | — | 0.114* | — |
| TW->CQ | 0.110* | — | 0.103* | — | 0.104* | — |
| CQ | — | 0.468 | — | 0.465 | — | 0.465 |
| IS | — | 0.536 | — | 0.534 | — | 0.533 |

续表

| 路径 | 模型1 | | 模型2 | | 模型3 | |
|---|---|---|---|---|---|---|
| | 路径系数 | $R^2$ | 路径系数 | $R^2$ | 路径系数 | $R^2$ |
| KS | — | 0.490 | — | 0.490 | — | 0.590 |
| KA | — | 0.499 | — | 0.499 | — | 0.570 |
| 适配度GoF | 0.486 | | 0.559 | | 0.586 | |

注：数据仅显示小数点后三位，*表示 $p<0.05$，**表示 $p<0.01$，***表示 $p<0.001$。

5. 变量影响效应总结

综上所述，本书以模型3为研究的最终模型归，纳出自变量对中介变量以及自变量、中介变量对因变量的影响效应，具体见表6-42、表6-43。

表6-42显示：转移意愿、输出能力、知识模糊性、渠道丰富性、信任水平、制度协同6个自变量对沟通质量产生直接的影响，其中信任水平产生的影响最大，转移意愿产生的影响最小；学习能力、先验知识、渠道丰富性、信任水平、制度协同、政府政策6个自变量对创新支持产生直接的影响，其中制度协同产生的影响最大，先验知识产生的影响最小。

表6-42 自变量对中介变量的影响效应

| 自变量 | 沟通质量CQ | | | 创新支持IS | | |
|---|---|---|---|---|---|---|
| | 直接效应 | 间接效应 | 总体效应 | 直接效应 | 间接效应 | 总体效应 |
| 转移意愿TW | 0.104 | — | 0.104 | — | — | — |
| 输出能力OA | 0.124 | — | 0.124 | — | — | — |
| 学习能力SA | — | — | — | 0.241 | — | 0.241 |

续表

| 自变量 | 沟通质量CQ | | | 创新支持IS | | |
|---|---|---|---|---|---|---|
| | 直接效应 | 间接效应 | 总体效应 | 直接效应 | 间接效应 | 总体效应 |
| 先验知识PK | — | — | — | 0.091 | — | 0.091 |
| 知识模糊性KF | −0.183 | — | −0.183 | — | — | — |
| 渠道丰富性CR | 0.182 | — | 0.182 | 0.109 | — | 0.109 |
| 信任水平TL | 0.201 | — | 0.201 | 0.114 | — | 0.114 |
| 制度协同SS | 0.120 | — | 0.120 | 0.254 | — | 0.254 |
| 政府政策GP | — | — | — | 0.137 | — | 0.137 |

注：数据仅显示小数点后三位（下同）。

表6-43 自变量、中介变量对因变量的影响效应

| 自变量、中介变量 | 知识分享程度KS | | | 知识吸收能力KA | | |
|---|---|---|---|---|---|---|
| | 直接效应 | 间接效应 | 总体效应 | 直接效应 | 间接效应 | 总体效应 |
| 转移意愿TW | — | 0.021① | 0.021 | — | 0.027⑩ | 0.027 |
| 输出能力OA | 0.142 | 0.025② | 0.167 | — | 0.032⑪ | 0.032 |
| 学习能力SA | — | 0.059③ | 0.059 | 0.232 | 0.058⑫ | 0.290 |
| 先验知识PK | — | 0.022④ | 0.022 | 0.117 | 0.022⑬ | 0.139 |
| 知识模糊性KF | −0.255 | −0.037⑤ | −0.292 | −0.149 | −0.047⑭ | −0.196 |
| 渠道丰富性CR | 0.167 | 0.064⑥ | 0.231 | — | 0.073⑮ | 0.073 |
| 信任水平TL | — | 0.069⑦ | 0.069 | — | 0.079⑯ | 0.079 |
| 制度协同SS | — | 0.086⑧ | 0.086 | — | 0.092⑰ | 0.092 |
| 政府政策GP | — | 0.033⑨ | 0.033 | — | 0.033⑱ | 0.033 |
| 沟通质量CQ | 0.203 | — | 0.203 | 0.257 | — | 0.256 |
| 创新支持IS | 0.244 | — | 0.244 | 0.240 | — | 0.242 |

注：① 0.104×0.203=0.021；② 0.124×0.203=0.025；③ 0.241×0.244=0.059；④ 0.091×0.244=0.022；⑤ −0.183×0.203=−0.037；⑥ 0.182×0.203+0.109×0.244=0.064；⑦ 0.201×

0.203+0.114×0.244=0.069；⑧ 0.120×0.203+0.254×0.244=0.086；⑨ 0.137×0.244=0.033；⑩ 0.104×0.256=0.027；⑪ 0.124×0.256=0.032；⑫ 0.241×0.242=0.058；⑬ 0.091×0.242=0.022；⑭ −0.183×0.256=−0.047；⑮ 0.182×0.256+0.109×0.242=0.073；⑯ 0.201×0.256+0.114×0.242=0.079；⑰ 0.120×0.256+0.254×0.242=0.092；⑱ 0.137×0.242=0.033。

表6-43显示：9个自变量均通过沟通质量和创新支持对知识分享程度、知识吸收能力产生间接的影响，但是输出能力、知识模糊性、渠道丰富性对知识分享程度还有直接的影响，学习能力、先验知识、知识模糊性对知识吸收能力还有直接的影响，而且直接效应均大于间接效应。从总体影响效果来看，在自变量中，知识模糊性对知识分享程度的总体影响最大，而先验知识、转移意愿的影响较小；学习能力对知识吸收能力的总体影响最大，而输出能力、转移意愿的影响最小。中介变量对知识分享程度、知识吸收能力均有直接的影响，其中，创新支持对知识分享程度的影响大于沟通质量对知识分享程度的影响，而沟通质量对知识吸收能力的影响大于创新支持对知识吸收能力的影响。

## 6.5 假设模型验证结果与讨论

### 6.5.1 假设验证结果汇总与模型修正

根据上述检验结果汇总本书的验证结果，具体如表6-44。表6-44显示：在本书提出的18个假设中，16个假设获得支持，2个假设没有通过实证检验，即先验知识对沟通质量的正向影响和知识模糊性对创新支持的负向影响都没有通过实证结果的支持，因此只有假设8和假设11没有通过检验。

此外,在中介效应的检验中发现存在部分中介效应的情况,因此新增加了自变量到因变量6条直接路径,检验发现:在产学研协同创新团队内部知识转移过程中,输出能力、渠道丰富性对知识分享程度均有直接的正向影响,学习能力、先验知识对知识吸收能力均有直接的正向影响,知识模糊性对知识分享程度、知识吸收能力均有直接的负向影响。

表6-44 检验结果汇总

| 编号 | 假设内容 | 验证结果 |
| --- | --- | --- |
| H1 | 在产学研协同创新团队内部知识转移过程中(下同),沟通质量(CQ)对知识分享程度(KS)有显著的正向影响 | 显著,支持假设 |
| H2 | 沟通质量(CQ)对知识吸收能力(KA)有显著的正向影响 | 显著,支持假设 |
| H3 | 创新支持(IS)对知识分享程度(KS)有显著的正向影响 | 显著,支持假设 |
| H4 | 创新支持(IS)对知识吸收能力(KA)有显著的正向影响 | 显著,支持假设 |
| H5 | 转移意愿(TW)对沟通质量(CQ)有显著的正向影响 | 显著,支持假设 |
| H6 | 输出能力(OA)对沟通质量(CQ)有显著的正向影响 | 显著,支持假设 |
| H7 | 学习能力(SA)对创新支持(IS)有显著的正向影响 | 显著,支持假设 |
| H8 | 先验知识(PK)对沟通质量(CQ)有显著的正向影响 | 不显著,不支持假设 |
| H9 | 先验知识(PK)对创新支持(IS)有显著的正向影响 | 显著,支持假设 |
| H10 | 知识模糊性(KF)对沟通质量(CQ)有显著的负向影响 | 显著,支持假设 |
| H11 | 知识模糊性(KF)对创新支持(IS)有显著的负向影响 | 不显著,不支持假设 |

续表

| 编号 | | 假设内容 | 验证结果 |
|---|---|---|---|
| H12 | | 渠道丰富性(CR)对沟通质量(CQ)有显著的正向影响 | 显著,支持假设 |
| H13 | | 渠道丰富性(CR)对创新支持(IS)有显著的正向影响 | 显著,支持假设 |
| H14 | | 信任水平(TL)对沟通质量(CQ)有显著的正向影响 | 显著,支持假设 |
| H15 | | 信任水平(TL)对创新支持(IS)有显著的正向影响 | 显著,支持假设 |
| H16 | | 制度协同(SS)对沟通质量(CQ)有显著的正向影响 | 显著,支持假设 |
| H17 | | 制度协同(SS)对创新支持(IS)有显著的正向影响 | 显著,支持假设 |
| H18 | | 政府政策(GP)对创新支持(IS)有显著的正向影响 | 显著,支持假设 |
| 新增的研究结论 | ① | 输出能力(OA)对知识分享程度(KS)有直接的正向影响 | 显著 |
| | ② | 学习能力(SA)对知识吸收能力(KA)有直接的正向影响 | 显著 |
| | ③ | 先验知识(PK)对知识吸收能力(KA)有直接的正向影响 | 显著 |
| | ④ | 知识模糊性(KF)对知识分享程度(KS)有直接的负向影响 | 显著 |
| | ⑤ | 知识模糊性(KF)对知识吸收能力(KA)有直接的负向影响 | 显著 |
| | ⑥ | 渠道丰富性(CR)对知识分享程度(KS)有直接的正向影响 | 显著 |

根据实证检验的结果,将本书的假设模型修正后结果如图 6-11 所示。

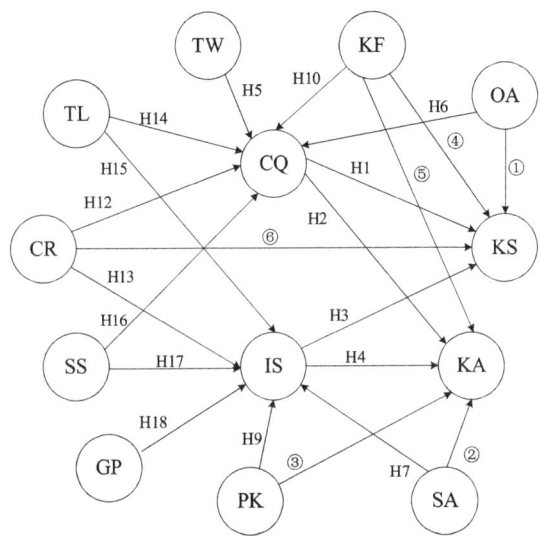

图6-11 本书修正的假设模型

## 6.5.2 模型验证结果讨论

**1. 转移意愿与知识转移效能**

表6-41显示：转移意愿(TW)影响沟通质量(CQ)，显著水平为0.05，估计值为0.104，假设5成立。现实中不难发现，只有当知识源愿意运用语言、文字等方式将自己的知识转移给知识受体时，他们才会与团队其他成员积极沟通、有效互动，进而了解知识受体的信息需求，为其提供所需的知识和信息。

表6-41显示：沟通质量(CQ)影响知识分享程度(KS)和知识吸收能力(KA)，显著水平均为0.001，估计值分别为0.203、0.256，假设1和假设2均成立。因为高质量的持续有效的沟通可以增进成员之间的了解、缩小成员之间的认知差距、减少成员之间的误会与障碍，促进知识分享水平；同时，通过频繁有效的沟通可以使知识受体更好地理解知识源转移的知识，深入把握其精髓与要领，最终更好地吸收与利用。

中介检验中的图6-7显示:转移意愿(TW)对知识分享程度(KS)和知识吸收能力(KA)的影响均没有通过检验,估计值仅为0.007和0.056,因此转移意愿对知识分享程度和知识吸收能力的直接影响均不显著。这与Simonin和Gupat等学者认为知识源的转移动机并不直接影响知识转移的研究结果相同[23][24],但与Bock和Claus等学者认为转移意愿直接影响知识转移的研究结果不同[25,26]。究其原因除了是所选样本导致的,还有可能存在两方面原因:一方面,对于知识受体而言,能否有效获取并吸收利用团队其他成员的知识主要取决于受体自身的经验、知识基础、沟通能力和转移投入等诸多内部要素,这正如即使是来自同一知识源的知识,不同的知识受体最终的分享效果和吸收利用效果也会大不相同;另一方面,由于产学研协同创新团队成员来自产学研不同组织,围绕协同创新开展合作,它们各自的优势不同但互补,成员之间都乐于向他人传授知识以便协作完成创新任务,知识转移效能也就不会受到转移意愿的过多影响。

由此可见,转移意愿只是通过沟通质量中介变量影响知识分享程度和知识吸收能力,它对知识分享程度和知识吸收能力只有间接效应,即沟通质量在转移意愿与知识分享程度和知识吸收能力之间发挥完全中介的作用。这与中介检验结果是一致的。

2. 输出能力与知识转移效能

表6-41显示:输出能力(OA)影响沟通质量(CQ),显著水平为0.01,估计值为0.124,假设6成立。众所周知,当知识源具有较高的认知、编码和表达能力时,他知道自身知识的具体应用价值和领域,也掌握知识受体的知识需求,并能够有针对性地将更多的隐形知识科学编码、准确表达,有效促进团队成员之间的信息沟通与交流,提高沟通水平。

表6-41显示:输出能力(OA)影响知识分享程度(KS),显著水平为

0.001,估计值为 0.142,该新发现的假设路径命名①(图 6-11);中介检验中的表 6-39 显示:输出能力(OA)对知识吸收能力(KA)的影响没有通过检验,估计值为 0.048。因此输出能力对知识分享程度的直接影响显著,但其对知识吸收能力的直接影响不显著。关于输出能力对知识分享程度的直接影响显著,许多学者都曾经验证过[27,28],因为知识源有良好的知识输出能力,就能对模糊性的专业技术知识做出恰当的诠释和表达,有利于更好地进行知识分享。此外,关于输出能力对知识吸收能力的直接影响不显著与一些学者的观点相反,主要原因除了是所选样本导致的,还有可能是因为知识受体的吸收能力主要取决于其自身的先验知识以及付出的时间经历,缺少这些内部要素,无论知识源的输出能力多强也很难保证知识受体对知识的吸收利用效果。

如前所述,假设 1 和假设 2 均成立,即沟通质量(CQ)对知识分享程度(KS)和知识吸收能力(KA)均有显著的正向影响。沟通质量的上升将有助于提升知识分享程度和知识吸收能力,提高知识转移效能。

由此可见,输出能力只是通过沟通质量中介变量影响知识转移效能,其中,沟通质量在输出能力与知识分享程度之间发挥部分中介的作用,而在输出能力与知识吸收能力之间发挥完全中介的作用,即输出能力对知识分享程度有直接和间接效应,但其对知识吸收能力只有间接效应。这与中介检验结果是一致的。

3. 学习能力与知识转移效能

表 6-41 显示:学习能力(SA)影响创新支持(IS),显著水平为 0.001,估计值为 0.241,假设 7 成立。因为如果团队成员的学习能力较强,其在知识转移中能快速高效地获取知识和信息,并不断融合新旧知识,提高分析问题和解决问题的能力,这有助于帮助其他成员解决创新中遇到的困难,提高协同创新能力。

表6-41显示:创新支持(IS)影响知识分享程度(KS)和知识吸收能力(KA),显著水平均为0.001,估计值分别为0.244、0.242,假设3和假设4均成立。当团队成员得到其他团队成员的有力支持时,他(她)对创新结果的期望会提高,更能够刺激其积极参与知识分享,广泛收集相关信息,不断获取创新所需资源;同时为了保证创新的成功,他(她)也会积极学习相关知识、努力提高相关技能,提升知识吸收能力。因此,创新支持对知识分享程度和知识吸收能力均有显著的正向影响。

中介检验中的图6-7显示:学习能力(SA)对知识分享程度(KS)的影响没有通过检验,估计值为0.078;表6-43显示:学习能力(SA)影响知识吸收能力(KA),显著水平为0.001,估计值为0.232,该新发现的假设路径命名②(图6-11)。学习能力对知识分享程度的直接影响不显著,主要原因除了是所选样本导致的,也可以尝试性理解为学习的有效性或学习投入程度不足以支持成员获取外部较新的知识和信息,还有可能是因为知识转移是双方参与的,知识分享的效果好坏还会取决于知识源的编码和表达能力以及其参与知识转移的积极性及其付出。至于学习能力对知识吸收能力的直接影响显著,许多学者研究都发现学习强度与学习方法对企业的吸收能力有重要影响[29,30];如果团队成员缺少学习技能,转移来的知识将很难被重构、吸收和利用。也正是由于学习能力不同,导致成员对同一知识的吸收效果存在显著差异,当成员学习能力越强,其越能以快捷、简便、有效的方式获取准确的知识、信息,并能将这些知识和信息转化为自身的能力。

由此可见,学习能力只是通过创新支持中介变量影响知识转移效能,其中,创新支持在学习能力与知识分享程度之间发挥完全中介的作用,而在学习能力与知识吸收能力之间发挥部分中介的作用,即学习能力对知识分享程度只有间接效应,但其对知识吸收能力既有直接效应,也有间接效应。这与中介检验结果是一致的。

4. 先验知识与知识转移效能

表6-41显示：先验知识(PK)对沟通质量(CQ)的影响没有通过检验，估计值为0.065，假设8不成立。主要原因除了是所选样本导致的，也可以理解为可能是协同创新团队成员来自不同的产学研组织，他们的知识背景、类型、侧重点相差较大，丰富的先验知识非但没有促进交流沟通水平，反而成为阻碍他们理解转移来的知识，降低了沟通质量。

表6-41显示：先验知识(PK)影响创新支持(IS)，显著水平为0.01，估计值为0.091，假设9成立。因为过去的经验教训可以使人们更好地面对相似情境并执行相似任务，团队成员会因具有较丰富的先验知识而掌握更多的方法、策略、技术、技巧等，当其他成员面临创新问题时会给予他们更好的工作策略、方法改进等实际有效的支持。

中介检验中的图6-7显示：先验知识(PK)对知识分享程度(KS)的影响没有通过检验，估计值为0.033；表6-43显示：先验知识(PK)影响知识吸收能力(KA)，显著水平为0.01，估计值为0.117，该新发现的假设路径命名③（图6-11）。至于先验知识对知识分享程度的直接影响不显著，主要原因除了是所选样本导致的，也可能是对于转移双方而言有效的知识分享更多依赖于转移能力，如果仅有丰富的先验知识而缺乏编码表达能力是很难让对方分享到有效的知识的。但先验知识对知识吸收能力的直接影响却比较显著，因为人的大脑存储的知识内容越多，越容易接受理解新技术和新方法，即丰富的先验知识使人更容易理解转移来的知识和更准确判断这些新知识的价值，并最终充分吸收理解和转化运用这些新知识。

如前所述，假设1、假设2、假设3、假设4均成立，即沟通质量(CQ)、创新支持(IS)对知识分享程度(KS)和知识吸收能力(KA)均有显著的正向影响。

由此可见,先验知识只是通过创新支持中介变量影响知识转移效能,其中,创新支持在先验知识与知识分享程度之间发挥完全中介的作用,而在先验知识与知识吸收能力之间发挥部分中介的作用,即先验知识对知识分享程度只有间接效应,但其对知识吸收能力既有直接效应也有间接效应。这与中介检验结果是一致的。

5. 知识特性与知识转移效能

表6-41显示:知识模糊性(KF)影响沟通质量(CQ),显著水平为0.001,估计值为-0.183,假设10成立。许多学者都验证过知识模糊性对沟通质量有显著的负向影响,冯长利认为知识的内隐性使成员之间沟通、学习知识的难度加大,并设计调研问卷实证研究后得出结论,知识的内隐性对沟通的负向影响十分显著[31];知识越是具有模糊性,越不易表达和传递,也不易被知识受体很好地理解、吸收并应用,会阻碍沟通交流。

表6-41显示:知识模糊性(KF)对创新支持(IS)的影响没有通过检验,估计值为-0.058,假设11不成立。主要原因除了是所选样本导致的,也可能是因为创新支持不仅仅是提供知识资源进行互帮互助,还包括团队领导对协同创新的宽容和支持、对团队的技术协助与组织协调、对团队成员的技能提升等多方面。

表6-41显示:知识模糊性(KF)影响知识分享程度(KS)和知识吸收能力(KA),显著水平均为0.001,估计值分别为-0.255、-0.149,该新发现的假设路径命名④和⑤(图6-11)。许多学者都论证过知识模糊性对知识分享程度和知识吸收能力的直接影响,知识的模糊性会让人无法完全理解知识的含义,所以知识的模糊性会影响知识转移的效果[32];知识的模糊程度越强,企业间知识转移的效果越差[33];究其原因主要是知识的模糊性对知识转移双方而言都是难以解决的问题,因为知识受体会由于知识的模糊性而难以有效获取、内化、应用知识,知识源也会由于知识的模糊

性而不了解自己到底掌握了什么样的知识,这和人们常说的"我们掌握的远比我们知道的多得多"是一个道理;可见,知识的模糊性增加了其编码、表达、内化、应用的难度,提高了知识转移的壁垒,降低了知识分享和知识吸收的效率和效果。

如前所述,假设1、假设2、假设3、假设4均成立,即沟通质量(CQ)、创新支持(IS)对知识分享程度(KS)和知识吸收能力(KA)均有显著的正向影响。

由此可见,知识模糊性只是通过沟通质量中介变量影响知识转移效能,沟通质量在知识模糊性与知识分享程度、知识吸收能力之间均发挥部分中介的作用,即知识模糊性无论对知识分享程度还是对知识吸收能力都既有直接效应也有间接效应。这与中介检验结果是一致的。

6. 渠道因素与知识转移效能

表6-41显示:渠道丰富性(CR)影响沟通质量(CQ),显著水平为0.001,估计值为0.182,假设12成立。许多学者研究发现,越是高丰富性的媒介越能提供更多的线索和信息,这会使人在沟通中感到更大的满足[34];面对面、电话、电子式、书面四种类型的媒介会影响沟通满足的沟通气候维度,因此,这四种不同类型的媒介对沟通满足有一定的影响[35];渠道的丰富性越高越有利于消除沟通过程中的复杂性和模糊性,进而提升沟通互动的质量。

表6-41显示:渠道丰富性(CR)影响创新支持(IS),显著水平为0.05,估计值为0.109,假设13成立。因为渠道越丰富,越有利于知识转移双方建立有效的联系,他们可以通过各种渠道紧密地联系在一起,随时消除理解上的偏差,达成共识,解决问题,促进知识转移,提高协同创新效率。

表6-41显示:渠道丰富性(CR)影响知识分享程度(KS),显著水平为0.001,估计值为0.167,该新发现的假设路径命名⑥(图6-11);中介检验

中的表6-39显示:渠道丰富性(CR)对知识吸收能力(KA)的影响没有通过检验,估计值为0.033,因此渠道丰富性对知识吸收能力的直接影响不显著。知识转移的渠道有正式的和非正式的,有个人的和非个人的渠道,当协同创新团队中媒介较完善和丰富时,就能创造更多的知识分享机会和更好的知识分享条件,最终促进知识分享水平。至于渠道丰富性对知识吸收能力的直接影响不显著,主要原因除了是所选样本导致的,也可能是因为知识吸收能力更多的是取决于受体自身的知识和能力。

如前所述,假设1、假设2、假设3、假设4均成立,即沟通质量(CQ)、创新支持(IS)对知识分享程度(KS)和知识吸收能力(KA)均有显著的正向影响。

由此可见,渠道丰富性通过沟通质量和创新支持两个中介变量影响知识转移效能,其中,沟通质量和创新支持在渠道丰富性与知识分享程度之间均发挥部分中介的作用,即渠道丰富性对知识分享程度既有直接效应也有间接效应;沟通质量和创新支持在渠道丰富性与知识吸收能力之间均发挥完全中介的作用,即渠道丰富性对知识吸收能力只有间接效应。这与中介检验结果是一致的。

### 7. 信任水平与知识转移效能

表6-41显示:信任水平(TL)影响沟通质量(CQ),显著水平为0.001,估计值为0.201,假设14成立。信任水平对沟通质量有显著的正向影响,这与许多学者的观点一致;高信任水平的成员更愿意承担交换互动的风险,相互信任使得团队成员之间开放自己接受所有的可靠的沟通和交流[36];知识受体对知识源的认知信任使他更加坚信所得到知识的可靠性,更加愿意与其交流沟通;另外处在情感信任关系中的人更愿意开放自己,通过与他人积极沟通来分享个人的信息、思想和知识。

表6-41显示:信任水平(TL)影响创新支持(IS),显著水平为0.05,估

计值为0.114,假设15成立。这与Cook研究发现信任对组织支持的影响十分显著的结论基本相同[37];当产学研协同创新团队信任度较高时,团队成员之间的凝聚力更强[38],信任也促进了团队成员之间的协同合作与关系承诺[39],这些都更有利于成员之间的互助和支持,最终提高协同创新能力。

中介检验中的图6-7显示:信任水平(TL)对知识分享程度和知识吸收能力的影响没有通过检验,估计值为0.093和0.048,因此信任水平(TL)对知识分享程度(KS)和知识吸收能力(KA)的直接影响均不显著。这与一些学者的观点有差异,主要原因除了是所选样本导致的,也可能是因为产学研协同创新团队成立时间不长,团队成员来自不同组织且在一起工作时间有限,彼此之间的情感信任和认知信任还没有完全建立,对知识分享水平和知识吸收能力产生的影响不大。

如前所述,假设1、假设2、假设3、假设4均成立,即沟通质量(CQ)、创新支持(IS)对知识分享程度(KS)和知识吸收能力(KA)均有显著的正向影响。

由此可见,信任水平通过沟通质量和创新支持两个中介变量影响知识转移效能,沟通质量和创新支持在信任水平与知识分享程度和知识吸收能力之间均发挥完全中介的作用,即信任水平对知识分享程度和知识吸收能力都只有间接效应。这与中介检验结果是一致的。

8. 制度协同与知识转移效能

表6-41显示:制度协同(SS)影响沟通质量(CQ),显著水平为0.05,估计值为0.120,假设16成立;制度协同(SS)影响创新支持(IS),显著水平为0.001,估计值为0.254,假设17成立。制度协同是指协同创新中心和产学研协同单位的制度制定真正满足了协同创新团队成员的需求。制度协同对沟通质量和创新支持均有显著的正向影响,因为有关的人事

制度、薪酬福利制度、考核制度、晋级晋职称制度、科研成果共享制度等的协同将有效解决人员的边界管理问题,激励团队成员产生,充分调动他们的创新积极性和协同作战的能力,进而促进了团队成员之间的有效沟通、交流、相互帮助,更好地完成协同创新活动。

中介检验中的图6-7显示:制度协同(SS)对知识分享程度(KS)和知识吸收能力(KA)的影响没有通过检验,估计值分别为0.080、0.040,因此制度协同对知识分享程度和知识吸收能力的直接影响均不显著。主要原因除了是所选样本导致的外,也可能是因为制度协同有效保障了知识源的利益(主要起激励作用),它使团队成员更愿意相互交流、互相帮助、协同作战,对知识转移活动没有直接的影响,但可以通过沟通质量和创新支持来间接影响知识转移效能。

如前所述,假设1、假设2、假设3、假设4均成立,即沟通质量(CQ)、创新支持(IS)对知识分享程度(KS)和知识吸收能力(KA)均有显著的正向影响。

由此可见,制度协同通过沟通质量和创新支持两个中介变量影响知识转移效能,沟通质量和创新支持在制度协同与知识分享程度和知识吸收能力之间均发挥完全中介的作用,即制度协同对知识分享程度和知识吸收能力都只有间接效应。这与中介检验结果是一致的。

9. 政府政策与知识转移效能

表6-41显示:政府政策(GP)影响创新支持(IS),显著水平为0.001,估计值为0.137,假设18成立。主要因为政府制定的各项政策为产学研协同创新团队内部知识转移活动提供了资金、人员等各种资源,这都是创新支持的有力保障。

中介检验中的图6-7显示:政府政策(GP)对知识分享程度(KS)和知识吸收能力(KA)的影响没有通过检验,估计值分别为0.048、0.057,因此政府政策对知识分享程度和知识吸收能力的直接影响均不显著。主要可能是所选样本导致的,也可能是因为政策属于宏观环境因素,只是为协同创新和知识转移提供了资金、人员、政策法规等支持,无法对知识分享程度和知识吸收能力产生直接影响,只有通过创新支持来实现对知识转移效能的促进作用。

如前所述,假设1、假设2、假设3、假设4均成立,即沟通质量(CQ)、创新支持(IS)对知识分享程度(KS)和知识吸收能力(KA)均有显著的正向影响。

由此可见,政府政策通过创新支持中介变量影响知识转移效能,创新支持在政府政策与知识分享程度和知识吸收能力之间均发挥完全中介的作用,即政府政策对知识分享程度和知识吸收能力都只有间接效应。这与中介检验结果是一致的。

## 6.6 本章小结

运用第5章设计的产学研协同创新团队内部知识转移影响机理的正式测量量表,选取调查对象并主要采用方便抽样和滚雪球抽样相结合的方式进行问卷发放与回收,共获得有效问卷440份,问卷有效回收率为78.15%。对样本进行描述性统计分析,得出被调查者的性别、年龄、学历、职称、来源、职位分布基本合理,且被调查样本所在团队的规模分布主要集中于6~20人、所在协同创新中心级别主要是国家级和省级。整个样本数据分布基本合理,比较切合产学研协同创新团队的特点,同时样本具有一定的覆盖面,总体来说,调查样本基本符合研究要求;对变量进行描述性统计分析,发现各变量的均值均较大,标准差均较小。

对问卷量表进行信度和效度检验,删除载荷因子较低的学习能力潜变量中测量问题 SA4 和渠道丰富性潜变量中测量问题 CR3，修正后的测量模型收敛效度、区别效度和信度均显著。

将被调查者的性别、年龄、学历、职称、来源、职位、团队规模、团队所在协同创新中心（平台）的级别作为控制变量，采用单因素方差分析法分析这些控制变量的作用，具体采用统计分析软件 SPSS17.0 进行操作分析。控制效应分析得出结论：产学研协同创新团队中男性成员的沟通质量、创新支持、知识吸收能力显著高于女性；26~35 岁的青年成员在沟通质量、创新支持、知识分享程度、知识吸收能力方面均低于中年成员，36~55 岁的中年成员的沟通质量和知识分享程度更高，而且 36~45 岁成员的创新支持和知识吸收能力更强；硕士、博士学历成员在沟通质量、知识分享程度、创新支持和知识吸收能力等方面均比本科、专科成员高；正高级职称团队成员的创新支持、知识分享程度、知识吸收能力普遍较低；科研院所成员的沟通质量、创新支持和知识吸收能力均较高；科研骨干的沟通质量、创新支持、知识分享程度和知识吸收能力更高；11~15 人团队的沟通质量更高，6~15 人团队的知识分享程度更高，而 5 人及以下团队的创新支持和知识分享程度最低；国家级协同创新平台的创新支持更高。

依据我国学者温忠麟总结的中介效应分析流程，采用统计分析软件 Smart PLS2.0 和 Mplus 进行中介效应分析。中介效应检验发现：一方面，沟通质量在转移意愿、先验知识、信任水平、制度协同与知识分享程度之间的影响关系中起到完全中介作用，而在渠道丰富性、知识模糊性、输出能力与知识分享程度之间的影响关系中具有部分中介作用；沟通质量在转移意愿、输出能力、渠道丰富性、信任水平、制度协同与知识吸收能力之间的影响关系中起到完全中介作用，而在先验知识、知识模糊性与知识吸收能力之间的影响关系中具有部分中介作用；另一方面，创新支持在学习能力、先验知识、信任水平、制度协同、政府政策与知识分享程度之间的影响关系中起到完全中介作用,而在渠道丰富性、知识模糊性与知识分享程度之间的影响关系中具有部分中介作用;创新支持在渠道丰富性、信任水平、制度协同、政府政策与知识吸收能力之间的影响关系中起到完全中介作用,而在知识模糊性、学习能力、先验知识与知识吸收能力之间的影响关系中具有部分中介作用。

采用偏最小二乘法结构方程建模方法,基于Bootstrapping算法,利用Smart PLS 2.0软件进行假设检验和路径分析。主模型检验结果:本书所提出的假设H1、H2、H3、H4、H5、H6、H7、H9、H10、H12、H13、H14、H15、H16、H17、H18均成立,而假设H8、H11不成立,此外新增的6条假设也获得显著支持,即在产学研协同创新团队内部知识转移过程中,输出能力、渠道丰富性对知识分享程度有直接的正向影响,知识模糊性对知识分享程度有直接的负向影响;学习能力、先验知识对知识吸收能力有直接的正向影响,知识模糊性对知识吸收能力有直接的负向影响。

汇总假设验证的结果并修正本书的概念模型,分别讨论分析个人特质、知识特性、渠道因素和情境要素对产学研协同创新团队内部知识转移效能的影响。

## 参考文献

[1] 米子川. 并发多样本滚雪球抽样的捕获再捕获估计[J]. 统计研究, 2015, 32(6): 99-104.

[2] Gerbing J L, Zhong C B, Anderson J C. An updated paradigm for scale development incorporating unidimensionlity and its assessment[J]. Journal of Marketing Research, 1988, 25: 186-192.

[3] Gorsuch R L. Factor analysis(2nd Edition)[M]. Hillsdale: Lawrence Erlbaum Associates, 1983.

[4] Rucker D D, Preacher K J, Tormala Z L, et al. Mediation analysis in social psychology: Current practices and new recommendations[J]. Social and Personality Psychology Compass, 2011, 5(6): 359-371.

[5] 温忠麟, 叶宝娟. 中介效应分析: 方法和模型发展[J]. 心理科学进展, 2014, 22(5): 731-745.

[6] Baron R M, Kenny D A. The moderator-mediator variable distinction in social psychological research: Conceptual, strategic, and statistical considerations[J]. Journal of Personality and Social Psychology, 1986, 51(6): 1173-1182.

[7] Mackinnon D P, Krull J L, Lockwood C M. Equivalence of the mediation, confounding, and suppression effect[J]. Prevention Science, 2000, 1(4): 173-181.

[8] Mackinnon D P, Lockwood C M, Hoffman J M, et al. A comparison of methods to test mediation and other intervening variable effects[J]. Psychological Methods, 2002, 7(1): 83-104.

[9] Cheung G W, Lau R S. Testing mediation and suppression effects of latent variables: Bootstrapping with structural equation models[J]. Organizational Research Methods, 2008, 11(2): 296-325.

[10] Preacher K J, Hayes A F. Asymptotic and resampling strategies for assessing and comparing indirect effects in multiple mediator models[J]. Behavior Research Methods, 2008, 40(3): 879-891.

[11] Hayes A F, Preacher K J, Myers T A. Mediation and the estimation of indirect effects in political communication research[A]. In Bucy E P, Holbert R L. Sourcebook for Political Communication Research: Methods, measures and analytical techniques [C]. New York: Routledge. 2011, 434-465.

[12] 李云仙, 王学仁. 带有缺失数据的结构方程模型中的模型选择问题

[J]. 数理统计与管理, 2012, 31(6): 1010-1021.

[13] 霍映宝. LISREL 与 PLS 路径建模原理分析与比较[J]. 统计与决策, 2006(20): 19-21.

[14] 赵丽梅. 面向知识创新的高校科研团队内部知识整合研究[D]. 哈尔滨:哈尔滨工业大学, 2013.

[15] 孙立成, 梅强, 周江华. 基于 PLS-SEM 的加油站客户忠诚度研究[J]. 数理统计与管理, 2013, 32(4): 608-616.

[16] 孙红, 陈艳艳, 陈靖. PLS 路径模型在顾客满意度相关性中的应用——基于中国零售企业的研究[J]. 北京航空航天大学学报(社会科学版), 2010, 23(5): 65-68.

[17] Bagozzi R P, Yi Y. On the evaluation of structural equation models[J]. Journal of the Academy of Marketing Science, 1988, 16(1): 74-94.

[18] Gregoire Y, Fisher R J. The effects of relationship quality on customer retaliation[J]. Marketing Letters, 2006,17(1):31-46.

[19] Fornell C, Larcker D F. Evaluating structural equation models with unobservable variables and measurement error[J]. Journal of Marketing Research, 1981, 18(1): 39-50.

[20] 萧文龙. 统计分析入门与应用:SPSS 中文版+PLS-SEM(SmartPLS)[M]. 台北:碁峰资讯股份有限公司, 2015.

[21] Wetzels M, Odekerken-Schroder G, Van Oppen C. Using PLS path modeling for assessing hierarchical construct medels:guidelines and empirical illustration[J]. MIS Quarterly, 2009, 33(1): 177-195.

[22] 刘炳胜, 王雪青, 李冰. 中国建筑产业竞争力形成机理分析——基于 PLS 结构方程模型的实证研究[J]. 数理统计与管理, 2011, 30(1): 12-22.

[23] Simonin B L. Ambiguity and the process of knowledge transfer in strategic

alliances[J]. Strategic Management Journal, 1999, 20(7):595-623.

[24] Gupat A K, Govindarajan V. Knowledge management's social dimension: lessons from Nucor Steel[J]. Sloan Management Review, 2000b, 42(l): 71-80.

[25] Bock G W, Kim Y G. Breaking the myths of rewards: an exploratory study of attitudes about knowledge sharing[J]. Information Resources Management Journal, 2002, 15(2): 14-21.

[26] Claus R. Imperfection, transfer failure, and the replication of knowledge: an interview with Gabriel Szulanski[J]. Journal of Management Inquiry, 2004, 13(2): 141-150.

[27] Darvenport T H, Prusak L. Working knowledge:how organizations manage what they know[M]. Cambridge, MA: Harvard Business School Press, 1998: 17-18.

[28] Aladwani A M. An integrated performance model of information systems projects[J]. Journal of Management Information Systems, 2002, 19(1): 185-210.

[29] 刘常勇, 谢洪明. 企业知识吸收能力的主要影响因素[J]. 科学学研究, 2003, 21(3): 307-310.

[30] 陈劲, 蒋子军, 陈钰芬. 开放式创新视角下企业知识吸收能力影响因素研究[J]. 浙江大学学报(人文社会科学版), 2011, 41(5): 71-82.

[31] 冯长利, 韩玉彦. 供应链视角下共享意愿沟通与知识共享效果关系的实证研究[J]. 软科学, 2012, 26(4): 48-53.

[32] Tyre M J, Hippel E. The situated nature of adaptive learning in organizations[J]. Organizational Science, 1997, 8(l): 71-83.

[33] 王向楠, 张立明. 企业间知识转移的影响因素和作用结果[J]. 企业经济, 2012(3): 39-43.

[34] Allen D G, Van Scotter J R, Otondo R F. Recruitment communication: impact on prehire outcomes[J]. Personnel Psychology, 2004, 57(1): 143-171.

[35] 蔡智勇,薛义诚.沟通媒介、沟通特性与沟通满足关系之探讨:以社福慈善基金会为例[J].中华管理评论国际学报,2009,12(1):1-28.

[36] Nahapiet J, Ghoshal S. Social capital, intellectual capital, and the organizational advantage[J]. Academy of Management Review, 1998, 23(2): 242-266.

[37] Cook J, Wall T D. New work attitude measures of trust, organizational commitment and personal need non-fulfillment[J]. Journal of Occupational Psychology, 1980, 53(1): 39-52.

[38] 韩凤晶,付娉娉.团队互动中的信任问题探讨[J].学术交流, 2008, 175(10): 109-111.

[39] Hsu M, Chiu C. Internet self-efficacy and electronic service acceptance[J]. Decision Support Systems, 2004, 38(3): 369-381.

# 第7章 产学研协同创新团队内部知识转移效能的优化策略

第6章运用PLS结构方程模型的方法验证了产学研协同创新团队内部知识转移影响机理假设模型的合理性,研究发现,阻碍产学研协同创新团队内部知识转移的因素多种多样、错综复杂。要突破这些障碍因素,提高产学研协同创新团队内部知识转移效能,进而推动产学研协同创新能力,促进我国国家创新系统的形成和发展,需要产学研协同创新团队、产学研各组织、政府相关部门齐抓共管、协同合作。

## 7.1 产学研协同创新团队层面的优化策略

### 7.1.1 塑造优秀的沟通文化

实证检验发现,在产学研协同创新团队内部知识转移过程中,沟通质量在转移意愿、先验知识、信任水平、制度协同与知识分享程度之间以及在转移意愿、输出能力、渠道丰富性、信任水平、制度协同与知识吸收能力之间的影响关系中起到完全中介作用;同时,沟通质量在渠道丰富性、知识模糊性、输出能力与知识分享程度之间以及在先验知识、知识模糊性与知识吸收能力之间的影响关系中具有部分中介作用。可见,沟通质量影响知识转移效能。

高质量的沟通促使团队成员得到大量反馈信息,及时发现问题,缩小成员间的认知差距,促进思想交流与碰撞,增强关键信息的共享;高质量的沟通也有利于知识受体对知识的理解、吸收与应用,提升知识吸收能力。因此,产学研协同创新团队应积极塑造优秀的沟通文化,提高沟通质量,最终提升知识转移效能。

沟通文化是指组织中崇尚沟通、利于沟通的价值观念、制度规范、行为准则、作风形象等的总和[1]。沟通的有效性与组织文化息息相关,拥有优秀的沟通文化,是组织走向成功的关键。优秀的沟通文化既可以提高个人知识转移能力,也能够凝聚团队整体知识转移能力,形成1+1＞2的协同效应。

1. 树立沟通的共享价值观

沟通文化的核心就是它的价值观。团队的管理者作为高效沟通的践行者、规则的维护者、良好团队文化的建设者,必须以身作则,积极培育、激发团队成员的沟通意识,努力创造良好的沟通氛围。如:广开言路、倾听每一个成员的意见,鼓励互相交流,让团队成员充分认识到沟通文化的重要影响并自觉推动沟通文化的形成。只有在团队内部建立起沟通价值观,才能促使团队成员积极地将自己的好主意或观点传递给他人,提高沟通质量,并最终提高这是知识转移效能。

2. 建立有效的沟通机制

优秀的沟通文化也要求构建有效的沟通机制。沟通的实现依赖于良好的机制,沟通机制是一种交流制度,主要通过思想、语言、身体等多方面建立沟通机制。例如,定期召开经验会、座谈会;建立畅所欲言、保密的双向沟通制度;开展有意义的团队活动,增加团队成员互动交流的机会等。有效的沟通机制能够整合情感要素,使团队成员将心里话和内心情感表达出来,形成一种和谐向上的沟通氛围,有利于提高沟通质量,促进知识转移效能的提升。

## 7.1.2 创造支持创新的气氛

实证检验发现,在产学研协同创新团队内部知识转移过程中,创新支持在学习能力、先验知识、信任水平、制度协同、政府政策与知识分享程度之间以及在渠道丰富性、信任水平、制度协同、政府政策与知识吸收能力之间的影响关系中起到完全中介作用;同时,创新支持在渠道丰富性、知识模糊性与知识分享程度之间以及在知识模糊性、学习能力、先验知识与知识吸收能力之间的影响关系中具有部分中介作用。可见,创新支持影响知识转移效能。

当团队成员越能感受到其所在团队较高的创新支持气氛时,越能提升自己的工作效率,也越愿意分享知识。创新支持能够促使团队成员更好地完成角色行为,团队成员感觉团队创新支持的力度越大,其创新行为的投入越多;为了保证创新的成功,团队成员会积极学习相关知识、努力提高相关技能,而本身技能的提高将有利于成员理解、转化和运用来自于知识源的新知识,增强知识吸收能力。因此,产学研协同创新团队应该创造一种支持创新的气氛,提高知识转移效能。

1. 创造宽容的创新氛围

团队领导应该积极营造有利于激励创新的大环境,鼓励团队成员追求做事的新方式,督促团队成员大胆探索、勇于创新,经常刊发有关团队工作创新的言论文章和经验做法,并能够容忍创新探索中的失误和无法预知的风险,努力营造崇尚创新、人人创新、尊重创新、鼓励创新的良好氛围。只有这样才能减少团队成员创新的工作压力,增加团队成员的安全感,提高团队成员的创新积极性,最终提升团队成员间的知识转移效能。

2. 积极提供创新资源

创新资源主要是指创新过程中需要的各种投入,包括人力、物力、财力。在产学研协同创新团队内部知识转移过程中,团队应该积极为成员追求并实施新构想的行为提供足够的创新资源支持,主要包括充足的设备、资金和时间等;并且通过各种宣传让成员能够感知到,进而激发成员的创新动力,使其积极投身团队协同创新活动,提高知识转移效能。

3. 建立健全创新管理制度

团队创新管理主要指对创新活动的管理,旨在树立全方位创新理念,建立创新机制,倡导学习和提升个人工作技能,利用资源配置上的倾斜,加强团队成员创新方面的训练,提升成员创新技能。团队应做好创新的培训、宣传和辅导,定期召开创新例会,畅谈创新,相互学习、补充与完善;设立创新奖励基金,对成员重大创新予以奖励;鼓励成员提出各种创新性的意见和建议,强化团队内部原创性创新想法的界定和保护。通过这些制度充分调动团队成员的创新积极性,提高团队成员实现团队目标的责任感,使其在工作中更加投入,更乐于贡献自己的力量,最终提高知识转移效能。

## 7.1.3 强化全面薪酬激励制度

实证检验发现,在产学研协同创新团队内部知识转移过程中,转移意愿通过影响沟通质量间接影响知识转移效能。如果团队成员不愿意转移知识,他们就失去了与他人交换知识、信息、技术、意见、看法等的动力,协同创新团队也就失去了存在的价值。因此,提高团队成员知识转移意愿势在必行。

激励理论可以简单地概括为需要引起动机,动机决定行为。产学研协同创新团队成员的知识转移需要使团队成员产生知识转移动机,知识转移行为是知识转移动机的表现和结果。即是否对团队成员产生了激励取决于激励制度是否能满足成员的需要。由于产学研协同创新团队成员几乎都是知识型员工,知识创新能力是其主要的特点。除了物质需要之外,精神需要及机会需要也非常重要。因此,团队应该制定报酬激励、成就激励和机会激励相结合的全面薪酬激励制度,提高团队成员知识转移意愿,促进知识转移活动。

1. 报酬激励

报酬的多少可以表明团队成员对团队协同创新贡献的大小,也可以衡量团队成员社会地位的高低;报酬越高,感知自己对团队协同创新贡献越大;报酬越高,感知自己越被别人尊重。因此,对团队成员协同创新的科技成果应给予物质奖励、知识产权激励,使团队成员转移的知识能够得到丰厚的回报,加速创新知识的转移。

2. 成就激励

知识型员工都会有争取成功并希望做得更好的成就需要,建立成就激励机制可以充分调动和激发企业、高校、科研院所的科研和技术人员的创新积极性。因此,通过职位提升、荣誉称号、宣传等精神奖励满足团队成员的成就欲望,使其更好地投入协同创新工作中,增强知识转移意愿,提高知识转移效能。

3. 机会激励

由于知识老化现象严重,对知识型员工的威胁增大。因此,对积极参与协同创新活动、表现优秀的团队成员给予更多的国内外进修、访学、培训的机会,不断充实知识,提高创新能力,满足他们自我实现的需要;还可以根据培训的效果对参加培训的人员进行物质、精神或晋升激励。

## 7.1.4 建立学习长效机制

知识转移能力既包括向知识受体传递知识的输出能力,也包括将获取的新知识与已有知识融合而具有的分析和解决实际问题的学习能力。实证检验发现,在产学研协同创新团队内部知识转移过程中,输出能力直接影响知识分享程度,同时通过影响沟通质量间接影响知识转移效能;学习能力直接影响知识吸收能力,同时通过影响创新支持间接影响知识转移效能。当团队成员知识输出能力不强时,对要转移的专业技术知识难以做出恰当的诠释和表达,知识交流活动效率下降,现有的知识难以转移或转移效率大打折扣。学习是个人为了实现发展目标、提高核心竞争力而围绕信息和知识技能所采取的各种行动。团队成员较强的学习能力将使他们能够更好地重构、表达、吸收、创造和利用各种转移来的知识,在知识转移过程中更有能力互帮互助、相互支持,共同解决创新中遇到的困难,最终提升知识转移效能。因此,提升团队成员知识转移能力是一个必须解决的问题。

提升团队成员知识转移能力的最好的方法是在团队内部建立学习长效机制,制定学习制度、拓宽学习渠道、丰富学习载体、改进学习形式,使学习成为产学研协同创新团队的一种经常化、普遍化、制度化的行为,最大限度提高团队成员知识转移能力。

1. 树立新的学习理念

缺乏学习理念很难产生有效的学习行为,应该在团队内部树立新的学习理念,即拥有能力比拥有文凭更重要、终身学习比阶段学习更重要、学会什么比学了什么更重要。团队成员都是知识型员工,经过多年的阶段学习并拥有了较高的文凭,他们具备很强的自学能力,只要不吃老本,能够意识到终身学习的必要性,就能将不断学到的知识转化成各种能力,有效提高知识输出能力和分析和解决实际问题的学习能力。

2. 搭建有利于成长的学习平台

学习的主要目的是更好地工作,实现人生价值观,产学研协同创新团队应该为团队成员搭建一个有利于成长的学习平台,拓宽学习渠道、丰富学习载体、改进学习形式。积极为团队成员提供各种学习、培训、交流和合作的机会,提高团队成员的知识水平和认知能力,促进知识转移;鼓励团队成员积极参与各种知识创新活动,通过"干中学"来吸收合作伙伴的技术知识,提高转移能力和学习能力;定期组织各种研讨活动或讨论班,集思广益、相互学习,提高知识转移能力。

## 7.1.5 重视团队知识管理

实证检验发现,在产学研协同创新团队内部知识转移过程中,先验知识直接影响知识吸收能力,同时通过影响创新支持间接影响知识转移效能;知识模糊性直接影响知识分享程度和知识吸收能力,同时通过影响沟通质量间接影响知识转移效能。团队成员的知识储备越丰富,越有能力掌握更多的方法、策略、技术、技巧等,进而为其他成员的创新工作策略、方法改进等提供实际有效的支持,最终提高知识转移效能。知识内隐性、复杂性、专用性等模糊性特征降低了人们对知识的理解程度,导致知识不容易被模仿、学习和交流,阻碍了知识转移效能。因此,重视团队知识管理是十分必要的。

尽管知识管理的价值和作用已经逐渐被越来越多的领域认可,但知识管理的实践却不尽如人意。团队知识管理主要是为知识的积累和共享提供有效平台,其核心是知识能够成为整个团队的资产,并为团队创造价值。团队成员自身的离散知识很难实现团队价值的最大化,团队只有把协同创新奠定在知识资源有效整合的基础上,协同创新才不会成为"无源之水"。

1. 提高知识积累水平

团队应该重点关注那些与职责和使命紧密相关的、且与团队的核心能力相对应的核心知识,加强对核心知识的收集、共享、应用;团队在选择成员时要有意识地选择知识面较广、知识层次较高的人,培训时也要增加成员的知识面和专业性,尽量减少给知识转化带来的不利影响,提高知识转移效能;团队的每一个成员都是知识管理的载体,不断产出大量有价值的知识,因此团队应该以开发团队成员的知识资本为核心,通过挖掘、提炼、固化,最大限度地形成为可共享的知识,不断提高协同创新的能力。

2. 促进有效知识共享

团队应该经常总结利用隐性知识并分享给其他成员,增加团队成员的知识储备,提高团队成员对转移知识的理解、吸收和利用能力;团队应该发挥"知识桥梁人物"在知识共享中的纽带作用,由于"知识桥梁人物"既熟悉自己所在组织的知识、技术,又熟悉团队其他成员的知识、技术与文化,他们对本组织的复杂知识认知能力强,能够根据知识受体的特征将隐性知识科学的编码化传递给知识受体,加速知识共享。

## 7.1.6 构建多元化知识转移渠道

实证检验发现,在产学研协同创新团队内部知识转移过程中,渠道丰富性直接影响知识分享程度,同时通过影响沟通质量和创新支持间接影响知识转移效能。转移渠道在一定程度上减少了知识转移的不确定性、模糊性,可以有效提高知识转移的效果;转移渠道会影响沟通的满意度,进而影响沟通质量;转移渠道越丰富,越有利于转移双方处理复杂的主观信息,消除分歧,提高创新支持力度,实现协同创新。

多元化知识转移渠道可以促使团队成员广泛地吸收多背景、多层次、快节奏的知识,增加了成员之间的知识整合与交换频数,提升了成员对有效知识信息辨别与转化能力,有效实现了知识交融、整合和创新,最终使知识转移效能达到最大化[2]。因此,构建多元化知识转移渠道有利于提高知识转移效能。

1. 重视面对面交流

面对面交流具有立即回馈的特点,可以使用表情、声调、肢体语言等传送多重线索,使用自然语言,是高个人化的媒介,被视为是丰富度最高的媒介。团队应该重视面对面交流,为成员面对面交流提供有效的平台。团队可以定期召开相关会议,团队成员集思广益讨论急需解决的难题,促进知识转移;团队可以在特殊节日举办一些活动,提高成员面对面交流的机会,增进成员之间的感情与了解,这将有利于成功的知识转移。

2. 鼓励非面对面交流

团队应该充分利用现代化的信息技术、网络技术作为技术支撑建设有效的信息网络和全方位、多渠道的沟通网络,利用博客、网上论坛、BBS、E-mail群、QQ群、电话会议、视频聊天等手段鼓励团队成员之间经常沟通交流,加速知识、技术、信息的高效流通,提高知识转移效能。

## 7.1.7 营造信任的氛围

实证检验发现,在产学研协同创新团队内部知识转移过程中,信任通过影响沟通质量和创新支持间接影响知识转移效能。团队成员之间的信任感越强,他们之间的沟通越频繁,组织支持越容易实现,凝聚力越强。信任是知识能否成功并彻底转移的重要基础,在产学研协同创新团队中,营造信任的氛围有利于推动知识传递的成功和被转移知识的有效吸收与利用,最终提高知识转移效能。

1. 培育情感信任水平

由于产学研协同创新团队成员来自不同的组织,相互不太熟悉,情感信任水平较低。因此,在协同创新团队内部应该积极营造自由开放的环境氛围,提高团队成员个人之间的接触频率,增进相互了解;利用各种节日经常举办各种活动,培育团队成员间的情感信任,有效促进知识转移。

2. 增强认知信任水平

当某个成员在实际工作中显现出的绩效可靠性和技术可信性较强时,例如,优秀的教育背景、较强的专业技能、丰富的经验、成功的经历等,其他成员对他(她)的认知信任就随之产生,在实际工作中如果遇到困难,需要某些知识帮助时,首先就会想到分享他(她)的知识。因此,协同创新团队应通过定期举办技术培训会、学术研讨会、专业技能培训和参观访问等活动增强团队成员的知识水平和能力经验。

3. 提高制度信任水平

在产学研协同创新团队内部知识转移过程中,制度信任强调团队成员因为各项制度措施而感到安全,进而产生信任,如:建立符合各方利益的知识产权管理制度、团队成员的信誉档案制度、团队激励制度等。制度越健全的地方信任越盛行,团队成员才愿意进行知识创造、分享和运用。因此应该健全团队各种制度,提高制度信任水平,提高知识转移效能。

## 7.2 产学研参与组织层面的优化策略

### 7.2.1 加强配套制度改革

实证检验发现，在产学研协同创新团队内部知识转移过程中，制度协同通过影响沟通质量和创新支持间接影响知识转移效能。产学研协同创新团队是一种新型的人才组织模式。团队成员主要来自产学研不同协同单位，团队成员动态进出，组织边界具有一定的模糊性。这就要求参与协同创新的产学研各组织要制定科学的协同制度保障团队成员的各种利益，这样才能促进知识转移有效进行。因此，参与协同创新的产学研组织加强配套制度的改革势在必行。

具体措施包括：在人事制度方面，可以采取岗位工作与人事关系相分离的形式，协同单位应保留成员人事档案关系，聘期结束仍回到协同单位；在职称评聘制度方面，聘任单位有职称评聘自主权，其评聘结果协同单位应该予以承认；在薪酬制度方面，实行"绩效+奖励"的薪酬模式等；此外，保证协同创新的学术成果与协同单位共享，鼓励单位员工积极参加协同创新团队，并在评职、评优、晋升等方面给予各项优惠政策等。这些配套制度的制定调动并激发了产学研各组织单位员工参与协同创新的积极性，解除了参与协同创新员工的后顾之忧，为知识转移的顺利进行提供了有效的保障。

### 7.2.2 培育高水平人才队伍

控制效应分析发现，在产学研协同创新团队内部知识转移过程中，硕士、博士学历成员在沟通质量、知识分享程度、创新支持和知识吸收能力等方面均比本科、专科成员高;科研院所成员的沟通质量、创新支持和知识吸收能力均较高;科研骨干的沟通质量、创新支持、知识分享程度和知识吸收能力更高。这说明高水平人才在协同创新团队内部知识转移过程中发挥着不可估量的作用,因此,产学研各组织应积极培育高水平人才并将其输入到协同创新团队中,确保协同创新的效率,也有利于提升知识转移效能。

1. 学研方

制定相关制度鼓励青年科研人员以读博、访问学者、进修等多种形式继续深造,提高理论水平和实践能力,进而提升科技创新水平;支持并鼓励优秀科研人员积极参与各类项目的申报,尤其是产学研间的横向课题,以课题带动提升科研人员的科研能力;经常聘请国内外知名专家学者开展各类讲座,开阔科研人员的视野,激发其创新积极性;鼓励支持成立科研研讨班,将同领域的科研人才聚集起来,大家通过研讨,群策群力,共同提升科研创新能力;积极建设优秀的学术梯队,保证拔尖人才有从事业务工作的良好的环境条件,避免因对拔尖人才使用不合理,而造成人才的浪费。

2. 企业

建立完善的高技术人才培训体系,采取"送出去、请进来"的办法,不断提高技术人才的培养力度,并加大培训投入的资金支持,加快培养具有较高知识水平、能够独立解决技术难题的高技术人才;采用公平竞争机制,让优秀的青年人才看到企业发展的希望,明确自身发展的目标,扎扎实实地立足岗位、建功成才;定期举办各类技术竞赛,利用培训、竞赛、评定的方式形成一批青年岗位能手和技术能手。

### 7.2.3 打造特色协同创新平台

控制效应分析发现,在产学研协同创新团队内部知识转移过程中,国家级协同创新平台的创新支持更高。国家级协同创新平台实力雄厚,受国家和教育部大力扶持,资金和项目不断涌入,创新人才不断被吸引,其创新支持的力度会更大,进而更有效影响知识转移的效能。目前,国家级协同创新中心数量有限,要想成为国家级协同创新中心,打造特色有竞争力的协同创新平台至关重要。

协同创新需要产学研三方共同努力,现阶段协同创新中心多以高校牵头,因此高校应该依据特色优势学科,整合资源、克服困难,积极牵头申报各类型的协同创新中心;高校也应在世界范围内吸引和招聘高技术创新人才参与协同创新活动;高校还应设立专项资金用于支持校级协同创新中心的培育与建设等;研究院所和企业也应该积极参与配合协同创新中心的申报,共同促进协同创新中心良性发展,提高协同创新能力;产学研各组织还应给予协同创新中心各种政策支持,主要包括对中心招生、优秀人才计划、公派出国学习与交流等相关资源配置方面的政策倾斜与支持;产学研各组织也应积极开展与国外大学、企业的长期合作伙伴关系,吸取经验,资源共享,实现开放共赢、持续发展,共同推进特色协同创新平台的构建。

## 7.3 政府相关部门层面的优化策略

实证检验发现,在产学研协同创新团队内部知识转移过程中,政府政策通过影响创新支持间接影响知识转移效能。协同创新是通过国家意志的引导和机制安排,充分调动产学研协同各方的能力和优势,产生

"1+1>2"的效应。政府在资金、政策、法律法规等方面制定的各项政策为产学研知识创新、技术研发提供了有利条件,同时也对产学研协同创新团队内部知识转移起到极大的促进作用。

## 7.3.1 加大创新资金投入

政府资助下的产学研协同创新中心有利于政府引导经济社会发展重点领域,开展产学研活动。美国国家科学基金会推出了多项促进产学研合作的计划,这些计划成功地将美国科学研究与企业发展紧密联系起来。美国国家科学基金会研究发现,这些计划的成功与联邦政府的资金支持密不可分[3]。何洁(2013)研究得出结论:政府应给予产学研协同创新中心稳定的经费支持,中心建设初期的经费支持力度较大,而随着中心建设中后期市场化程度的提高逐渐减少经费支持[4]。由于我国产学研协同创新中心还处于建设初期阶段,需要政府加大资金支持力度。因此,各级政府应充分运用资金支持等手段,有力促进产学研协同创新的发展与完善,提高产学研协同创新团队内部知识转移效能。

中央政府应进一步加大在产学研协同创新各个项目上的资金投入,重点集中在符合国家战略发展目标、需要长期高强度投入而产业界难以大规模投入的重大科技项目方面;除了中央政府之外,国家各部委、地方各级政府和相关部门也应根据实际情况积极制定各种类型的资助项目,提高项目资助额度,给予产学研协同创新团队优先项目支持;除了项目资金支持之外,各级政府部门也应加强对产学研协同创新科学研究和创新活动的直接拨款,可以采取无偿资助、贷款贴息等方式为产学研协同创新提供资金支持,如设立产学研协同创新专项基金,设立科技专项经费。

## 7.3.2　优化协同创新环境

产学研协同创新是一项风险系数较高的商业活动,所有参与者都希望获得较高的回报和补偿,产学研各组织都希望降低风险。因此,各级政府部门需要制定相关的经济政策、科技政策、产业政策、技术创新政策、法律法规等加强引导和调节,优化协同创新环境,鼓励产学研协同创新知识转移活动。

政府应制定鼓励创新活动的奖励措施,积极制定各项有利于产学研协同创新的税收减免等优惠政策,完善产学研合作环境和体系,提高产学研协同创新;政府应制定科学合理的科技战略规划,积极建设国家层面的协同创新平台,提升基础研究和科技投资的支持力度;政府应提高人力资本的财政投资,通过制定增加教育投入、吸引留学生和高科技人才的政策等,不断提高优秀科技创新人才的储备,为产学研协同创新团队注入更优秀和更有创新能力的人力资本,保障知识转移顺利进行;政府要积极制订支持产学研协同创新的各类科技计划,将高校、科研院所和企业紧密地联系起来,最大限度地提高产学研协同创新能力;政府应充分利用自身地位和有利条件协调产学研协同创新各主体之间的矛盾冲突,审时度势,积极制定并修订促进技术创新和产学研合作的完备的法律体系,深入规范产学研协同创新团队内部知识转移过程中的知识产权归属、利益分配、科技人员奖励等必然涉及的诸多问题,为产学研协同创新团队内部知识转移活动营造一个良好的法律生态环境。

## 7.3.3　完善新型科技服务体系

所谓新型科技服务体系,是指向社会提供研发设计、科研条件、创业孵化、技术交易、知识产权、投融资等专业化服务,主要包括科技企业孵化器、国家大学科技园、生产力促进中心、特色产业基地、技术交易和服务机构、技术转移示范机构、创新驿站、科技金融服务机构、创业投资机构等。科技服务机构的各种专业化服务在一定程度上降低了知识转移过程中的信息、技术、管理和融资的壁垒和交易成本,对主体间知识流动和转移发挥着关键性的作用。因此,应不断完善新型科技服务体系,促进产学研协同创新,提高知识转移效能。

政府应出台政策大力支持建立能够供各类服务机构共享的重要数据库,如科技成果数据库、专利数据库等,打破多年来形成的行业条块分割、资源分散的状况,最大限度实现资源整合;政府应改变目前主要以政府出资为主的科技服务发展模式,真正建立政府、大企业、金融保险、民间资金等共同介入科技服务资金的运作模式;政府应积极引导金融机构为产学研协同创新知识转移提供多样化融资渠道和服务;政府应积极制定相关法律法规,进一步明确科技中介机构的发展方向及其性质和市场地位;政府应在财政补贴、长期贷款、税收优惠、人才吸引等方面制定扶持政策;政府应帮助科技中介服务机构培训人才,为培训提供财政支持等;政府应积极组建结构合理、门类齐全、功能完备的科技中介服务网络;政府应有效激励科技服务机构为产学研协同创新知识转移扩大服务范围并提高服务水平等。

## 7.4 本章小结

本章在第六章产学研协同创新团队内部知识转移影响机理的实证研究基础上,从产学研协同创新团队层面、产学研参与组织层面、政府相关部门层面系统提出产学研协同创新团队内部知识转移效能的优化策略。产学研协同创新团队层面的优化策略包括塑造优秀的沟通文化、创造支持创新的气氛、强化全面薪酬激励制度、建立学习长效机制、重视团队知识管理、构建多元化知识转移渠道、营造信任的氛围；产学研参与组织层面的优化策略包括加强配套制度改革、培育高水平人才队伍、打造特色协同创新平台；政府相关部门层面的优化策略包括加大创新资金投入、优化协同创新环境、完善新型科技服务体系。

## 参考文献

[1] 丁政, 张光宇. 沟通文化——企业之魂[J]. 企业经济, 2005(12): 44-46.

[2] 杨栩, 肖蘅, 廖姗. 知识转移渠道对知识转移的作用机制——知识粘性前因的中介作用和治理机制的调节作用[J]. 管理评论, 2014, 26(9): 89-99.

[3] 蓝晓霞, 刘宝存. 美国政府推动产学研协同创新的路径探析[J]. 中国高教研究, 2013(6): 64-68.

[4] 何洁, 李晓强, 周辉. 美国工程研究中心建设对我国政府资助产学研协同创新平台建设的启示[J]. 科技进步与对策, 2013, 30(17): 10-13.

# 第8章 全书总结与展望

本书主要以产学研协同创新为背景,以提高高校、科研院所的科学研究和人才培养水平及企业创新能力为研究目的,以知识转移为研究内容,通过文献调查研究与实际调查相结合、理论研究和实证分析相结合、定性分析与定量分析相结合的方法,试图从知识协同、复杂性科学、团队效能等理论出发,对产学研协同创新团队内部知识转移影响机理开展研究,提出新的理论和观点。本章作为本书的最后总结,包括三部分:对本书的主要结论进行总结,提取主要创新点,针对研究不足提出未来研究的设想。

## 8.1 主要结论与创新

本书基于耗散结构理论,分析了产学研协同创新团队内部知识转移的过程;以团队效能理论与复杂性科学为基本思想,借鉴团队效能基本的"I-P-O"模型,构建了产学研协同创新团队内部知识转移影响机理的"I-P-O"理论模型,并采用结构方程建模方法进行实证研究;有针对性地提出提高产学研协同创新团队内部知识转移效能的优化策略。本书的主要结论包括:

第一,产学研协同创新团队是国家创新系统的微观组织单元,是保证协同创新活动成功开展的关键。目前几乎没有文献真正界定产学研协同创新团队的定义，本书借鉴团队的定义并结合产学研协同创新的含义，界定了产学研协同创新团队的概念，并从目标层面、操作层面、组织层面阐述了产学研协同创新团队的内涵和特征。同时，本书科学界定了产学研协同创新团队中知识转移的含义，并指出产学研协同创新团队内部知识转移除了具备一般知识转移的特征外，还具有其特定的特点，包括：任务复杂性特征，转移主体之间的知识深度距离较小、知识宽度距离较大，转移的知识以隐形知识为主，团队内部信任关系建立时间较长，多重调控的特征。

第二，产学研协同创新团队内部知识转移是一个复杂系统，包括知识分享和知识吸收两个子系统。以系统为主要研究对象的耗散结构理论能用于研究社会性、经济性较为明显的产学研协同创新团队内部知识转移系统的问题，运用耗散结构理论进行产学研协同创新团队内部知识转移系统的研究具有可行性。因此，基于耗散结构理论分析了产学研协同创新团队内部知识转移系统的耗散结构特征，发现知识转移系统是一个耗散结构体，具有开放性、远离平衡态、非线性作用的特点，该系统能够不断地与外界进行物质、能量、知识、信息的交换，从无序走向有序，形成新的稳定结构。由于系统的有序程度是通过体系状态函数"熵"来表示的，因此，基于耗散结构理论构建了产学研协同创新团队内部知识转移的熵变模型，揭示了产学研协同创新团队内部知识转移过程的耗散结构演变。在此基础上，依托耗散结构理论构建了产学研协同创新团队内部知识转移过程模型，指出知识转移包括主体、客体、渠道、情境四大要素，分知识分享和知识吸收两个环节，并包含转移准备、分享和吸收、反馈三大阶段。

第三，吸收团队效能理论与复杂性科学的思想，借鉴团队效能基本"I-P-O"模型，构建了产学研协同创新团队内部知识转移影响机理的"I-P-O"理论模型。通过对各变量的研究维度的科学界定，提出相应的研究假设,详细分析了产学研协同创新团队内部知识转移系统中各输入要素如何通过知识转移过程中团队互动的中介作用影响知识转移效能,构建了包含转移意愿、输出能力、学习能力、先验知识、知识模糊性、渠道丰富性、信任水平、制度协同、政府政策9个自变量,沟通质量、创新支持2个中介变量,知识分享程度、知识吸收能力2个因变量在内的产学研协同创新团队内部知识转移影响机理的概念模型。最后,分析了变量之间的关系并构建了本书的假设模型。

第四,参考国内外相关文献的研究成果,依据本书的需求,结合本书的特定情境,设计完成了各类研究变量的测量问题,并采用7点李克特(Likert)测量量表的形式构建了本书的初始量表。为了保证量表的科学性、完备性,对初始量表进行定性修订和定量评估,最终形成本书的最终测量工具——正式量表,由问卷说明、问卷基本问题、基本信息、结束语构成。

第五,运用PLS结构方程模型对产学研协同创新团队内部知识转移影响机理进行了实证分析和结果验证。研究结果发现:9个自变量对知识分享程度的总体影响由大到小依次为知识模糊性、渠道丰富性、输出能力、制度协同、信任水平、学习能力、政府政策、先验知识、转移意愿;9个自变量对知识吸收能力的总体影响由大到小依次为学习能力、知识模糊性、先验知识、制度协同、信任水平、渠道丰富性、政府政策、输出能力、转移意愿;中介变量对知识分享程度、知识吸收能力均有直接的影响,其中,创新支持对知识分享程度的影响大于沟通质量对知识分享程度的影响,而沟通质量对知识吸收能力的影响大于创新支持对知识吸收能力的影响。

第六,提出了产学研协同创新团队内部知识转移效能提升的优化策略。具体包括塑造优秀的沟通文化、创造支持创新的气氛、强化全面薪酬激励制度、建立学习长效机制、重视团队知识管理、构建多元化知识转移渠道、营造信任的氛围等产学研协同创新团队层面的优化策略,加强配套制度改革、培育高水平人才队伍、打造特色协同创新平台等产学研参与组织层面的优化策略,加大创新资金投入、优化协同创新环境、完善新型科技服务体系等政府相关部门层面的优化策略。

本书主要创新包括如下几点。

第一,基于耗散结构理论构建了产学研协同创新团队内部知识转移的熵变模型,深入分析其变化趋势及其形成稳定有序结构的基本条件,揭示了产学研协同创新团队内部知识转移过程的耗散结构演化。在此基础上,基于耗散结构理论构建了产学研协同创新团队内部知识转移过程模型,通过对知识转移要素和过程阶段的深入分析,探明了产学研协同创新团队内部知识转移的实质。本书拓展了知识转移过程的研究视角,丰富了知识转移理论。

第二,基于团队效能理论和复杂性科学的思想构建了产学研协同创新团队内部知识转移影响机理的"I-P-O"模型,研究知识转移系统中各输入要素如何通过知识转移过程中团队互动的中介作用来影响知识转移效能。在知识转移影响机理的研究模型中,提出知识转移效能包含知识分享程度、知识吸收能力,将创新支持列入团队成员互动要素中,并提出制度协同的概念,将其归为情境要素中。本书模型极大丰富了知识转移理论,拓展了知识转移影响机理的研究视角。

第三,以往知识转移影响机理的研究中,鲜有将沟通质量、创新支持作为中介变量来研究它们如何影响知识转移的。本书构建了以沟通质量、创新支持为中介变量的产学研协同创新团队内部知识转移影响机理模型,运用PLS结构方程建模方法探查并实证检验了沟通质量、创新支持在产学研协同创新团队内部知识转移影响机理中的中介作用。本书丰富了沟通质量、创新支持影响知识转移的模型,找到了沟通质量、创新支持对知识转移发挥更大作用的条件。

第四,从产学研协同创新团队层面、产学研参与组织层面、政府相关部门层面立体化全方位提出产学研协同创新团队内部知识转移效能的优化策略。该优化策略的提出主要基于产学研协同创新团队内部知识转移影响机理的理论和实证研究结论,涉及微观、中观、宏观三方面,涵盖面广泛,突破了以往策略研究比较分散的局面。优化策略的提出对产学研协同创新团队、产学研协同创新参与组织、政府相关部门具有非常重要的借鉴作用,对提高产学研协同创新团队内部知识转移效能,推动产学研协同创新能力,促进我国国家创新系统的形成和发展具有重要意义。

## 8.2 研究不足与展望

本书对产学研协同创新团队内部知识转移的内涵、过程、影响机理、效能方面的提升优化策略进行了较为系统的研究与探索,并提出了几点创新性的学术观点。但因研究问题的复杂性、研究水平、研究时间、客观条件的限制,仍然存在一些不足之处,需要在今后的研究过程中进一步拓展和完善。

第一,在产学研协同创新团队内部知识转移影响因素的选取中,只考虑了比较重要的变量因素,个别变量的选取仍然存在不足。团队互动中介变量只选取了沟通质量和创新支持两个变量,知识特性和渠道因素变量下的细分变量只有一个,数目较少。后续研究还应该考虑尝试进一步细分团队互动、知识特性和渠道因素变量,对产学研协同创新团队内部知识转移的影响因素进行更系统和全面的研究。

第二,本书仅考虑了产学研协同创新团队内部知识转移系统中各输入要素是如何通过知识转移过程中团队互动的中介作用来影响知识转移效能的,忽视了输入要素(自变量)之间的关系,后续研究中还应该深入探究各个自变量之间的关系,找出更多的假设路径,构建更系统全面的知识转移影响因素模型,在此基础上进一步进行实证分析,得出更有价值的结论。

第三,研究过程中,问卷调查耗费了大量的时间和精力,经过多方沟通和努力,最终有效样本量基本满足实证研究的需要。但是,本书样本主要来自哈尔滨、北京、成都、大连等几座城市,样本的覆盖面有限,研究结论可能带有一定的地域特征,实证分析的说服力可能受到限制。后续研究应该进一步加大问卷调查和数据收集的投入力度,尽可能扩大调查范围,加大样本选取的数量,以此进一步加强实证分析结果的说服力,增加研究结论推广的可行性和适用性。

第四,本书仅仅分析了产学研协同创新团队内部知识转移影响机理,后续研究还可以考虑产学研协同创新团队内部知识转移的绩效评价问题。本书在走访产学研协同创新团队的专家时发现,现阶段团队内部知识转移缺少有效的评价指标体系,影响知识转移的效率。本书在进行文献综述研究时也发现,关于知识转移绩效评价的指标评价体系建立不全面、评价方法的选择还较简单、单一,知识转移绩效评价问题的研究成果在数量和质量方面都有待提高。因此,有必要建立科学的综合评价指标体系,采用科学的评价方法对产学研协同创新团队内部知识转移的绩效开展评价研究,让知识转移双方都能真正实现自身价值,促进知识转移效率的提升。

# 附录1 产学研协同创新团队内部知识转移影响机理的初始量表汇总

| 变量类型 | 变量名称 | | 变量符号 | 变量题号 | 测量问题 |
|---|---|---|---|---|---|
| 自变量 | 个人特质 | 转移意愿 TW | $TW_1$ | Q1 | 我愿意将自己的知识和经验告诉团队其他成员 |
| | | | $TW_2$ | Q2 | 在作决策或讨论时,我会尽己所能提供意见 |
| | | | $TW_3$ | Q3 | 我投入了充足的时间和精力来参与知识转移 |
| | | | $TW_4$ | Q4 | 我能主动提出改进团队内部知识流动的方案 |
| | | | $TW_5$ | Q5 | 我会积极参与团队各种内部知识交流活动 |
| | | 输出能力 OA | $OA_1$ | Q6 | 我清晰地了解自身知识的用途 |
| | | | $OA_2$ | Q7 | 我能科学评价自身知识的价值 |
| | | | $OA_3$ | Q8 | 我清楚地知道知识受体所需的知识 |
| | | | $OA_4$ | Q9 | 我能以恰当的方式清楚地表达要转移的知识 |
| | | | $OA_5$ | Q10 | 我能够为知识受体获取知识提供有效帮助 |

续表

| 变量类型 | 变量名称 | | 变量符号 | 变量题号 | 测量问题 |
|---|---|---|---|---|---|
| 自变量 | 个人特质 | 学习能力 SA | $SA_1$ | Q11 | 我有很强的学习知识的意愿 |
| | | | $SA_2$ | Q12 | 我虚心向团队其他成员学习知识 |
| | | | $SA_3$ | Q13 | 我积极参与各种知识的学习 |
| | | | $SA_4$ | Q14 | 我有正确的方法学习各种知识 |
| | | | $SA_5$ | Q15 | 我树立了终身学习的理念 |
| | | 先验知识 PK | $PK_1$ | Q16 | 我具有丰富的专业知识 |
| | | | $PK_2$ | Q17 | 我具有丰富的工作技能 |
| | | | $PK_3$ | Q18 | 我拥有较高的科研能力 |
| | | | $PK_4$ | Q19 | 我具有丰富的工作经验 |
| | 知识特性 | 知识模糊性 KF | $KF_1$ | Q20 | 转移的知识很难用格式化语言和书面方式表达 |
| | | | $KF_2$ | Q21 | 转移的知识涉及多个知识领域并包含多个知识类型,其专业化程度非常高 |
| | | | $KF_3$ | Q22 | 转移的知识必须要知识源亲自教导才能学会 |
| | | | $KF_4$ | Q23 | 转移来的知识需要相关知识背景才能理解 |
| | | | $KF_5$ | Q24 | 转移的知识在应用时需要对相关人员进行专门培训 |
| | 渠道因素 | 渠道丰富性 CR | $CR_1$ | Q25 | 团队成员经常通过非正式交流方式(如聊天、日常交谈)交流、分享、传递知识 |
| | | | $CR_2$ | Q26 | 团队成员经常利用网络方式(如MSN、QQ、E-mail、BBS、Blog等)交流、分享、传递知识 |
| | | | $CR_3$ | Q27 | 团队建立知识库和信息共享平台 |

续表

| 变量类型 | 变量名称 | | 变量符号 | 变量题号 | 测量问题 |
|---|---|---|---|---|---|
| 自变量 | 渠道因素 | 渠道丰富性 CR | $CR_4$ | Q28 | 团队经常开展面对面各种讨论会 |
| | | | $CR_5$ | Q29 | 团队中资深专家学者经常指导新人 |
| | 情境要素 | 信任水平 TL | $TL_1$ | Q30 | 团队成员对团队领导工作能力和方式是认可的 |
| | | | $TL_2$ | Q31 | 团队成员对团队的规章制度、规范准则、约束条例等是认可的 |
| | | | $TL_3$ | Q32 | 团队成员非常负责任的工作态度,让我很放心依赖他 |
| | | | $TL_4$ | Q33 | 团队成员具有很强的知识理解能力以及领悟能力 |
| | | | $TL_5$ | Q34 | 如果我和成员分开,不再一起工作,我们都会有失落感 |
| | | | $TL_6$ | Q35 | 我与团队中的成员能够自由地表达观念、感觉和看法 |
| | | 制度协同 SS | $SS_1$ | Q36 | 我所在组织制定鼓励积极参与创新团队薪酬福利制度 |
| | | | $SS_2$ | Q37 | 我所在组织承认我在协同创新中心的职称评聘结果 |
| | | | $SS_3$ | Q38 | 我所在组织承认我在协同创新中心取得的学术成果 |
| | | | $SS_4$ | Q39 | 我所在组织承认我在协同创新中心的考核评价结果 |
| | | | $SS_5$ | Q40 | 我所在组织保留我的人事档案关系并随时接纳我 |

续表

| 变量类型 | 变量名称 | 变量符号 | 变量题号 | 测量问题 |
|---|---|---|---|---|
| 自变量 | 情境要素 | 政府政策 GP | $GP_1$ | Q41 | 各级政府对基础研究与应用研究领域协同创新的财政拨款支持力度很大 |
| | | | $GP_2$ | Q42 | 各级政府对促进协同创新的各类科技攻关项目的研发经费支持力度很大 |
| | | | $GP_3$ | Q43 | 各级政府在培育和引进创新人才方面的相关政策支持力度很大 |
| | | | $GP_4$ | Q44 | 各级政府积极制定政策鼓励建立以技术入股、期股期权、福利补贴为主要内容的"宽带薪酬"制度 |
| | | | $GP_5$ | Q45 | 各级政府在制定科技与经济界面联系的创新政策法规方面的相关政策支持力度很大 |
| 中介变量 | 团队互动 | 沟通质量 CQ | $CQ_1$ | Q46 | 团队成员间很容易、很自由地进行沟通和交流 |
| | | | $CQ_2$ | Q47 | 团队内部成员间沟通及时顺畅 |
| | | | $CQ_3$ | Q48 | 团队成员间沟通和交流的准确性较高 |
| | | | $CQ_4$ | Q49 | 团队成员间能够充分表达个人的观点 |
| | | | $CQ_5$ | Q50 | 团队成员沟通全面,不缺少任何重要信息 |
| | | 创新支持 IS | $IS_1$ | Q51 | 允许成员用不同的办法处理相同的问题 |
| | | | $IS_2$ | Q52 | 我的新想法及其应用会得到团队成员的支持 |
| | | 创新支持 IS | $IS_3$ | Q53 | 团队中有足够的时间用于创新 |
| | | | $IS_4$ | Q54 | 团队中有足够的资金检验创新想法 |
| | | | $IS_5$ | Q55 | 团队领导对成员创新能力是认可的 |

续表

| 变量类型 | 变量名称 | | 变量符号 | 变量题号 | 测量问题 |
|---|---|---|---|---|---|
| 因变量 | 知识转移效能 | 知识分享程度 KS | $KS_1$ | Q56 | 我和团队成员经常一起交流专业领域的知识 |
| | | | $KS_2$ | Q57 | 团队成员经常合作,共同分析和解决问题 |
| | | | $KS_3$ | Q58 | 团队成员分享的知识非常可靠及时 |
| | | | $KS_4$ | Q59 | 团队成员分享的知识非常容易理解 |
| | | | $KS_5$ | Q60 | 团队成员分享的知识对我非常有用 |
| | | | $KS_6$ | Q61 | 我对参与的知识分享活动十分满意 |
| | | 知识吸收能力 KA | $KA_1$ | Q62 | 我能正确理解转移来的新知识 |
| | | | $KA_2$ | Q63 | 我对转移的新知识有能力较快吸收和消化 |
| | | | $KA_3$ | Q64 | 我能将已消化的新知识与其他知识融合 |
| | | | $KA_4$ | Q65 | 我有能力重构和使用获得的新知识 |
| | | | $KA_5$ | Q66 | 我能把新知识应用在工作实践中 |
| | | | $KA_6$ | Q67 | 通过知识转移,我的知识能力、创新能力和创新水平都得到提升 |
| 控制变量 | 个人 | 性别 | G | Q68 | 您的性别 |
| | | 年龄 | A | Q69 | 您的年龄 |
| | | 学历 | EB | Q70 | 您的学历 |
| | | 职称 | T | Q71 | 您现在的职称 |
| | | 来源 | S | Q72 | 您来自于 |
| | | 职位 | P | Q73 | 您在团队中的位置 |
| | 团队 | 团队规模 | TS | Q74 | 您所在团队的总人数 |
| | 协同中心 | 平台级别 | PL | Q75 | 您团队所在协同创新中心(平台)的级别 |

续表

| 变量类型 | 变量名称 | 变量符号 | 变量题号 | 测量问题 |
|---|---|---|---|---|
| | 甄别题 | | Q76 | 您所在团队的成员组成情况 |

注:除控制变量之外,所有的变量测量问题均采用7点李克特(Likert)测量量表,1=极不符合,2=不符合,3=有点不符合,4=不确定,5=有点符合,6=符合,7=非常符合。控制变量均为一般性的分类变量,对它们的测量都采用单项选择法。

# 附录2 产学研协同创新团队内部知识转移影响因素调查问卷

尊敬的女士/先生：

您好！谢谢您抽出宝贵时间参与此次调查。本问卷的目的是调查协同创新团队内部知识转移的影响因素，旨在提高团队协同创新能力。

本问卷仅供学术研究分析之用，没有任何商业目的。本问卷采用匿名回答的方式进行，您所提供的资料将不对外公开，并且保证不将您写的资料提供给任何第三方。本调查旨在对影响协同创新团队内部知识转移的主要因素进行整体分析，并不关注某一组织或个人的填写结果，因此，您不必有任何顾虑，请根据所在组织和自己的实际情况如实填写。

您几分钟的帮忙，对本研究的成功至关重要。真诚希望能够借助您的工作经验和学术观点，使本研究成果更具实际价值。若您需要本研究的成果摘要，请提供您个人联系方式，我们会给您发送一份汇总报告供您参考。

再次感谢您的真诚参与，祝您身体健康，工作顺利！

# 第一部分　问卷说明

1. 基本概念说明

（1）知识：本研究所说的知识可以理解为团队成员为了完成协同创新所需要的信息、知识、经验、诀窍、技能、方法等。

（2）知识转移：本研究所说的知识转移可以理解为团队成员为了完成协同创新而进行的相互之间的知识输入和输出活动。

2. 填写说明

（1）网络填写的请将选项数字改为红色，纸质填写的只需在对应数字上打"√"即可。

（2）问题设计采用7点Lkiert量表的形式，数字1~7依次为完全不符合、很不符合、比较不符合、说不清、比较符合、很符合、完全符合。

# 第二部分 问卷基本内容

## 1. 个人特质调查

请您根据自身的实际情况,对表格中的问题描述进行评价,在您认为最合适的选项上打"√",或将数字颜色改为红色。

(1) 转移意愿调查

| 题号 | 问题 | 完全不符合 ↔ 完全符合 ||||||| 
|---|---|---|---|---|---|---|---|---|
| | | 1 | 2 | 3 | 4 | 5 | 6 | 7 |
| Q1 | 我愿意将自己的知识和经验告诉团队其他成员 | 1 | 2 | 3 | 4 | 5 | 6 | 7 |
| Q2 | 在作决策或讨论时,我会尽己所能提供意见 | 1 | 2 | 3 | 4 | 5 | 6 | 7 |
| Q3 | 我投入了充足的时间和精力参与知识转移 | 1 | 2 | 3 | 4 | 5 | 6 | 7 |
| Q4 | 我能主动提出改进团队内部知识流动的方案 | 1 | 2 | 3 | 4 | 5 | 6 | 7 |

(2) 输出能力调查

| 题号 | 问题 | 完全不符合 ↔ 完全符合 |||||||
|---|---|---|---|---|---|---|---|---|
| | | 1 | 2 | 3 | 4 | 5 | 6 | 7 |
| Q5 | 我清晰地了解自身知识的用途 | 1 | 2 | 3 | 4 | 5 | 6 | 7 |
| Q6 | 我能科学评价自身知识的价值 | 1 | 2 | 3 | 4 | 5 | 6 | 7 |

续表

| 题号 | 问题 | 完全不符合 ↔ 完全符合 | | | | | | |
|---|---|---|---|---|---|---|---|---|
| | | 1 | 2 | 3 | 4 | 5 | 6 | 7 |
| Q7 | 我清楚地知道知识受体所需的知识 | 1 | 2 | 3 | 4 | 5 | 6 | 7 |
| Q8 | 我能够为知识受体获取知识提供有效帮助 | 1 | 2 | 3 | 4 | 5 | 6 | 7 |

(3) 学习能力调查

| 题号 | 问题 | 完全不符合 ↔ 完全符合 | | | | | | |
|---|---|---|---|---|---|---|---|---|
| | | 1 | 2 | 3 | 4 | 5 | 6 | 7 |
| Q9 | 我有很强的学习知识的意愿 | 1 | 2 | 3 | 4 | 5 | 6 | 7 |
| Q10 | 我虚心向团队其他成员学习知识 | 1 | 2 | 3 | 4 | 5 | 6 | 7 |
| Q11 | 我有正确的方法学习各种知识 | 1 | 2 | 3 | 4 | 5 | 6 | 7 |
| Q12 | 我树立了终身学习的理念 | 1 | 2 | 3 | 4 | 5 | 6 | 7 |

(4) 先验知识调查

| 题号 | 问题 | 完全不符合 ↔ 完全符合 | | | | | | |
|---|---|---|---|---|---|---|---|---|
| | | 1 | 2 | 3 | 4 | 5 | 6 | 7 |
| Q13 | 我具有丰富的专业知识 | 1 | 2 | 3 | 4 | 5 | 6 | 7 |
| Q14 | 我具有丰富的工作技能 | 1 | 2 | 3 | 4 | 5 | 6 | 7 |
| Q15 | 我拥有较高的科研能力 | 1 | 2 | 3 | 4 | 5 | 6 | 7 |
| Q16 | 我具有丰富的工作经验 | 1 | 2 | 3 | 4 | 5 | 6 | 7 |

## 2. 知识特性调查

请您根据所在团队转移知识的实际情况,对表格中的问题描述进行评价,在您认为最合适的选项上打"√",或将数字颜色改为红色。

| 题号 | 问题 | 完全不符合 ↔ 完全符合 | | | | | | |
|---|---|---|---|---|---|---|---|---|
| | | 1 | 2 | 3 | 4 | 5 | 6 | 7 |
| Q17 | 转移的知识涉及多个知识领域并包含多个知识类型,其专业化程度非常高 | 1 | 2 | 3 | 4 | 5 | 6 | 7 |
| Q18 | 转移的知识必须要知识源亲自教导才能学会 | 1 | 2 | 3 | 4 | 5 | 6 | 7 |
| Q19 | 转移来的知识需要相关知识背景才能理解 | 1 | 2 | 3 | 4 | 5 | 6 | 7 |
| Q20 | 转移的知识在应用时需要对相关人员进行专门培训 | 1 | 2 | 3 | 4 | 5 | 6 | 7 |

## 3. 渠道因素调查

请您根据所在团队知识转移渠道的实际情况,对表格中的问题描述进行评价,在您认为最合适的选项上打"√",或将数字颜色改为红色。

| 题号 | 问题 | 完全不符合 ↔ 完全符合 | | | | | | |
|---|---|---|---|---|---|---|---|---|
| | | 1 | 2 | 3 | 4 | 5 | 6 | 7 |
| Q21 | 团队成员经常通过非正式交流方式(如聊天、日常交谈)交流、分享、传递知识 | 1 | 2 | 3 | 4 | 5 | 6 | 7 |
| Q22 | 团队成员经常利用网络方式(如MSN、QQ、E-mail、BBS、Blog等)交流、分享、传递知识 | 1 | 2 | 3 | 4 | 5 | 6 | 7 |

续表

| 题号 | 问题 | 完全不符合 ↔ 完全符合 | | | | | | |
|---|---|---|---|---|---|---|---|---|
| | | 1 | 2 | 3 | 4 | 5 | 6 | 7 |
| Q23 | 团队经常开展面对面各种讨论会 | 1 | 2 | 3 | 4 | 5 | 6 | 7 |
| Q24 | 团队中资深专家学者经常指导新人 | 1 | 2 | 3 | 4 | 5 | 6 | 7 |

### 4. 情境要素调查

请您根据所在团队知识转移内部以及外部情景的实际情况，对表格中的问题描述进行评价，在您认为最合适的选项上打"√"，或将数字颜色改为红色。

（1）信任水平调查

| 题号 | 问题 | 完全不符合 ↔ 完全符合 | | | | | | |
|---|---|---|---|---|---|---|---|---|
| | | 1 | 2 | 3 | 4 | 5 | 6 | 7 |
| Q25 | 团队成员对团队领导工作能力和方式是认可的 | 1 | 2 | 3 | 4 | 5 | 6 | 7 |
| Q26 | 团队成员对团队的规章制度、规范准则、约束条例等是认可的 | 1 | 2 | 3 | 4 | 5 | 6 | 7 |
| Q27 | 团队成员具有很强的知识理解能力以及领悟能力 | 1 | 2 | 3 | 4 | 5 | 6 | 7 |
| Q28 | 我与团队中的成员能够自由地表达观念、感觉和看法 | 1 | 2 | 3 | 4 | 5 | 6 | 7 |

### (2)制度协同调查

| 题号 | 问题 | 完全不符合 ↔ 完全符合 ||||||| 
|---|---|---|---|---|---|---|---|---|
| | | 1 | 2 | 3 | 4 | 5 | 6 | 7 |
| Q29 | 我所在组织制定鼓励积极参与创新团队的薪酬福利制度 | 1 | 2 | 3 | 4 | 5 | 6 | 7 |
| Q30 | 我所在组织承认我在协同创新中心的职称评聘结果 | 1 | 2 | 3 | 4 | 5 | 6 | 7 |
| Q31 | 我所在组织承认我在协同创新中心取得的学术成果 | 1 | 2 | 3 | 4 | 5 | 6 | 7 |
| Q32 | 我所在组织承认我在协同创新中心的考核评价结果 | 1 | 2 | 3 | 4 | 5 | 6 | 7 |

### (3)政府政策调查

| 题号 | 问题 | 完全不符合 ↔ 完全符合 |||||||
|---|---|---|---|---|---|---|---|---|
| | | 1 | 2 | 3 | 4 | 5 | 6 | 7 |
| Q33 | 各级政府对基础研究与应用研究领域协同创新的财政拨款支持力度很大 | 1 | 2 | 3 | 4 | 5 | 6 | 7 |
| Q34 | 各级政府在培育和引进创新人才方面的相关政策支持力度很大 | 1 | 2 | 3 | 4 | 5 | 6 | 7 |
| Q35 | 各级政府积极制定政策鼓励建立以技术入股、期股期权、福利补贴为主要内容的"宽带薪酬"制度 | 1 | 2 | 3 | 4 | 5 | 6 | 7 |

续表

| 题号 | 问题 | 完全不符合 ↔ 完全符合 | | | | | | |
|---|---|---|---|---|---|---|---|---|
| | | 1 | 2 | 3 | 4 | 5 | 6 | 7 |
| Q36 | 各级政府在制定科技与经济界面联系的创新政策法规方面的相关政策支持力度很大 | 1 | 2 | 3 | 4 | 5 | 6 | 7 |

### 5. 团队互动过程调查

请您根据所在团队知识转移过程中互动的实际情况,即沟通质量和创新支持的实际情况,对表格中的问题描述进行评价,在您认为最合适的选项上打"√",或将数字颜色改为红色。

(1) 沟通质量调查

| 题号 | 问题 | 完全不符合 ↔ 完全符合 | | | | | | |
|---|---|---|---|---|---|---|---|---|
| | | 1 | 2 | 3 | 4 | 5 | 6 | 7 |
| Q37 | 团队内部成员间沟通及时顺畅 | 1 | 2 | 3 | 4 | 5 | 6 | 7 |
| Q38 | 团队成员间沟通和交流的准确性较高 | 1 | 2 | 3 | 4 | 5 | 6 | 7 |
| Q39 | 团队成员间能够充分表达个人的观点 | 1 | 2 | 3 | 4 | 5 | 6 | 7 |
| Q40 | 团队成员沟通全面,不缺少任何重要信息 | 1 | 2 | 3 | 4 | 5 | 6 | 7 |

(2)创新支持调查

| 题号 | 问题 | 完全不符合 ↔ 完全符合 | | | | | | |
|---|---|---|---|---|---|---|---|---|
| | | 1 | 2 | 3 | 4 | 5 | 6 | 7 |
| Q41 | 允许成员用不同的办法处理相同的问题 | 1 | 2 | 3 | 4 | 5 | 6 | 7 |
| Q42 | 我的新想法及其应用会得到团队成员的支持 | 1 | 2 | 3 | 4 | 5 | 6 | 7 |
| Q43 | 团队中有足够的时间用于创新 | 1 | 2 | 3 | 4 | 5 | 6 | 7 |
| Q44 | 团队领导对成员创新能力是认可的 | 1 | 2 | 3 | 4 | 5 | 6 | 7 |

## 6. 知识转移效能调查

请您根据所在团队知识转移后的实际收获,对表格中的问题描述进行评价,在您认为最合适的选项上打"√",或将数字颜色改为红色。

(1)知识分享程度调查

| 题号 | 问题 | 完全不符合 ↔ 完全符合 | | | | | | |
|---|---|---|---|---|---|---|---|---|
| | | 1 | 2 | 3 | 4 | 5 | 6 | 7 |
| Q45 | 我和团队成员经常一起交流专业领域的知识 | 1 | 2 | 3 | 4 | 5 | 6 | 7 |
| Q46 | 团队成员经常合作,共同分析和解决问题 | 1 | 2 | 3 | 4 | 5 | 6 | 7 |
| Q47 | 团队成员分享的知识非常容易理解 | 1 | 2 | 3 | 4 | 5 | 6 | 7 |
| Q48 | 团队成员分享的知识对我非常有用 | 1 | 2 | 3 | 4 | 5 | 6 | 7 |
| Q49 | 我对参与的知识分享活动十分满意 | 1 | 2 | 3 | 4 | 5 | 6 | 7 |

(2) 知识吸收能力调查

| 题号 | 问题 | 完全不符合 ↔ 完全符合 | | | | | | |
|---|---|---|---|---|---|---|---|---|
| | | 1 | 2 | 3 | 4 | 5 | 6 | 7 |
| Q50 | 我能正确理解转移来的新知识 | 1 | 2 | 3 | 4 | 5 | 6 | 7 |
| Q51 | 我对转移的新知识有能力较快吸收和消化 | 1 | 2 | 3 | 4 | 5 | 6 | 7 |
| Q52 | 我能将已消化的新知识与其他知识融合 | 1 | 2 | 3 | 4 | 5 | 6 | 7 |
| Q53 | 我有能力重构和使用获得的新知识 | 1 | 2 | 3 | 4 | 5 | 6 | 7 |
| Q54 | 通过知识转移,我的知识能力、创新能力和创新水平都得到提升 | 1 | 2 | 3 | 4 | 5 | 6 | 7 |

# 第三部分 基本信息

Q55 您的性别：
①男 ②女

Q56 您的年龄：
①25岁以下 ②26-35岁 ③36-45岁 ④46-55岁 ⑤56岁以上

Q57 您的学历：
①大专 ②本科 ③硕士 ④博士

Q58 您现在的职称：
①初级 ②中级 ③副高级 ④正高级

Q59 您来自于：
①高校 ②科研院所 ③公司或企业

Q60 您在团队中的职位：
①一般科研人员 ②科研骨干 ③团队带头人

Q61 您所在团队的总人数：
①5人及以下 ②6-10人 ③11-15人 ④16-20人 ⑤21人以上

Q62 您团队所在协同创新中心（平台）的级别：
①国家级 ②省级 ③校级

Q63 您所在团队的成员组成情况：
①高校+科研院所+企业或公司 ②高校+科研院所 ③高校

问卷到此结束，再次感谢您的支持与协助！

如您对本次问卷调查有任何问题或建议,请与作者联系。

联系方式为QQ:2283332175

若您需要本次调研的汇总报告,请留下联系方式:

  地址:

  邮箱:

# 附录3 用偏差校正的非参数百分位 Bootstrap 法检验潜变量中介效应 Mplus 程序

DATA:FILE IS p.dat;! p.dat 是原始数据文件,按 x1-x4 m1-m4 y1-y5 顺序排列

VARIABLE:NAMES ARE x1-x4 m1-m4 y1-y5;!变量名称

Analysis:bootstrap=2000;! Bootstrap 法抽样2000次

MODEL:

Y by y1-y5;! y1-y5 是潜变量 Y 的指标

M by m1-m34;! m1-m4 是潜变量 M 的指标

X by x1-x4;! x1-x4 是潜变量 X 的指标

Y on X;!做 Y 对 X 的回归

M on X (a);!做 M 对 X 的回归,X 的回归系数命名为 a

Y on X

M (b);!做 Y 对 X 和 M 的回归,M 的回归系数命名为 b,需要单独一行

MODEL CONSTRAINT:

new (H);!定义辅助变量

H=a*b;!系数乘积 ab 的估计

OUTPUT:

cinterval (bcbootstrap);

!输出各个系数及系数乘积 ab 的偏差校正的非参数百分位 Bootstrap

法置信区间。

[注释:X、M、Y的指标数量依据具体情况修改;系数乘积ab的估计值对应Mplus输出结果中的"New/Additional Parameters"中的H参数估计值;ab的95%(或99%)置信区间的下限和上限对应于Mplus输出结果中的"New/Additional Parameters"中的H"Lower 2.5%"(或".5%")和"Upper 2.5%"(或".5%")的值。]